2024
年版

中小企業診断士
2次試験合格者の頭の中にあった

全知識

関山春紀・川口紀裕［編著］
Sekiyama Haruki / Kawaguchi Norihiro

同友館

はじめに

このたびは本書をご購入いただき，まことにありがとうございます。

数少ない中小企業診断士2次試験専門の攻略書として，好評をいただき続け，今や中小企業診断士2次試験合格の定番書ともいえる本シリーズ（『全知識』編＆『全ノウハウ』編）ですが，今年もまた，2023（令和5）年度の中小企業診断士試験に合格したばかりの熱い気持ちを持った力強いメンバーが執筆に参加し，『全知識』『全ノウハウ』ともに内容のブラッシュアップと最新試験対応を行いました。

本シリーズは2007年に刊行して以来今年で18年目を迎えるわけですが，老舗の鰻屋のタレが何十年も継ぎ足され，他にない深い味わいを醸しだすように，毎年新たなメンバーに執筆に参加してもらい，のべ60人以上の合格者によって18年間，内容の見直しとブラッシュアップを行い続け，まさに他にない深い内容になっていると自負しております。

このように毎年新たな試験合格者により内容の見直しをし続けている中小企業診断士試験関連の教材は，なかなか世にないのではないでしょうか。私たちがそうするのは，試験を熟知した受験予備校や研究者だけによる指導内容は確かに効率的ですが，生々しい実践力に欠けると考えるからです。よって，一意に解答が決まらないことが多い中小企業診断士2次試験では，実際に合格したばかりの人間による内容の見直しが，本シリーズで活きた内容を維持するうえで外すことができないと考えています。

また，これは毎年お伝えしていることですが，本当に内容がパワーアップしているかどうかを受験者の皆さまにご判断いただくことは今年度の合格結果を見ないとわかりません。そこでまずは『全ノウハウ』編の模範解答をご覧いただき，その内容と質にいかにご自分が納得できるか，という点で本書の力を推し量っていただくことは一つの手段かと思います。すべてが納得できなくとも，できるだけ多くの気づきをご提供できるよう執筆しております。

本シリーズの意図は，解答作成の背景にある2次試験特有の必要な知識内容を紹介するだけではなく，合格者がどうやってそれらを解答作成プロセスに落とし込んだか，という思考経路を明示することです。『全知識』編では前者の背景知識，『全ノウハウ』編では後者の解答構築プロセスを主眼に構成されています。

2024年版も新チームとして，試験の辛酸を強く知る新旧中小企業診断士合格者計6名が本気で議論と検討を重ね，"受験者の役に立つため"という熱い想いを反映し完成に至りました。

他資格に比べ独占業務が少ないといわれる中小企業診断士資格ですが，合格した後の大きな自己成長の喜び，それによる自己への確固たる自信，そして何よりも以前では得られなかった，新たな顧客や仲間たちという"人と人との大きな広がり"は，合格した者にしかわからないすばらしいものであると自信を持っていえます。私たちもそうしたつながりを経て本シリーズを出版し続けています。

ぜひ，本シリーズを最大限ご活用いただき，中小企業診断士2次試験合格を悠々と勝ち取っていただくことを願っております。そして，合格された暁には，ぜひとも本シリーズの2025年版の執筆への参加も考えていただき，合格の襷を次の世代へ一緒につないでいただければ，と願っております。

本シリーズの構成は，以下のようになっています。
知識編＝『2次試験合格者の頭の中にあった全知識』
　1．事例Ⅰの知識
　2．事例Ⅱの知識
　3．事例Ⅲの知識
　4．事例Ⅳの知識
ノウハウ編＝『2次試験合格者の頭の中にあった全ノウハウ』
　1．2次試験のノウハウ（基本）
　2．本試験問題でのノウハウ活用例（令和5年度，令和4年度）
　3．2次筆記試験対策
　4．事例別最頻出テーマと令和6年度予測
　5．2次口述試験対策
　それぞれ，代表的切り口，各事例特有のSWOT分析，テーマ別パッケージ，と必要な内容をまとめています。また今回，新たに『全ノウハウ』編に「合格者が実践した事例の復習方法」を掲載しました。
　受験者の皆さまには，ご自分の不得意な分野から読み進めていただくことをお勧めいたします。

2024年6月

中小企業診断士（登録休止中）　関山　春紀

中小企業診断士　　　　　　　　　川口　紀裕

目　　次

第1章　事例別対策【事例Ⅰ】 ———————————— 9

■事例Ⅰの概要 ……………………………………………… 10

Ⅰ　代表的 SWOT 項目 ……………………………………… 11

Ⅱ　最重要の切り口 ………………………………………… 12

Ⅲ　項目別パッケージ ……………………………………… 14

　1．事例Ⅰの基本的な考え方 …………………………… 14

　2．大枠戦略検討 ………………………………………… 15

　3．リーダーシップとマネジメント …………………… 17

　4．組織形態（組織デザイン）………………………… 20

　5．組織の成立と存続要件 ……………………………… 28

　6．組織風土・組織文化 ………………………………… 30

　7．組織のライフサイクル ……………………………… 37

　8．モチベーションアップ ……………………………… 40

　9．能力開発 ……………………………………………… 43

　10．インターナルマーケティング ……………………… 46

　11．評価 …………………………………………………… 48

　12．報酬 …………………………………………………… 51

　13．キャリアコース ……………………………………… 53

　14．非正規社員の活用 …………………………………… 55

　15．採用・退職 …………………………………………… 57

　16．同族会社，非同族会社 ……………………………… 60

　17．事業承継 ……………………………………………… 63

　18．M&A（合併と買収）………………………………… 66

　19．アウトソーシング …………………………………… 70

　20．ダイバーシティ・マネジメント …………………… 72

　21．業務の定型化 ………………………………………… 76

　22．IT 活用 ……………………………………………… 78

　23．両利きの経営 ………………………………………… 80

Ⅳ　使える解法テクニック ………………………………… 82

Ⅴ　知っておきたい考え方のトレンド …………………… 85

第2章　事例別対策【事例Ⅱ】———————————— 87

■事例Ⅱの概要……………………………………………………………… 88
Ⅰ　代表的SWOT項目……………………………………………………… 89
Ⅱ　最重要の切り口………………………………………………………… 90
Ⅲ　項目別パッケージ……………………………………………………… 92
　　1．大枠戦略検討……………………………………………………… 92
　　2．競争戦略…………………………………………………………… 102
　　3．市場細分化（標的市場の選定）………………………………… 104
　　4．PPM………………………………………………………………… 106
　　5．Product①　品揃え拡充………………………………………… 108
　　6．Product②　共同開発…………………………………………… 111
　　7．Product③　カニバリゼーション……………………………… 113
　　8．Product④　サービス財………………………………………… 115
　　9．Place①　直販…………………………………………………… 117
　　10．Place②　OEM…………………………………………………… 119
　　11．Place③　主要顧客依存………………………………………… 121
　　12．Place④　企業間連携（事業連携）…………………………… 123
　　13．Place⑤　外注（アウトソーシング）………………………… 125
　　14．Price①　価格設定……………………………………………… 127
　　15．Price②　ロスリーダー政策…………………………………… 129
　　16．Price③　メニュー選択式価格設定…………………………… 131
　　17．Price④　プライスライニング政策…………………………… 132
　　18．Promotion①　パブリシティ（プル戦略1）………………… 133
　　19．Promotion②　口コミ（プル戦略2）………………………… 135
　　20．Promotion③　ホームページ，SNSなど…………………… 137
　　21．Promotion④　人的販売………………………………………… 139
　　22．Promotion⑤　具体的なPromotion案……………………… 140
　　23．ブランド…………………………………………………………… 141
　　24．IT…………………………………………………………………… 145
　　25．店舗販売…………………………………………………………… 149
　　26．インストアマーチャンダイジング（ISM）…………………… 150
　　27．POSシステム……………………………………………………… 151
　　28．商店街……………………………………………………………… 152
　　29．合併・買収………………………………………………………… 154
　　30．地域資源の活用…………………………………………………… 155

　　31. リスクマネジメント：危機管理 ……………………………… 157
　　32. 4C …………………………………………………………… 159
　Ⅳ　使える解法テクニック …………………………………………… 161
　Ⅴ　知っておきたい考え方のトレンド ……………………………… 163

第3章　事例別対策【事例Ⅲ】 ——————————— 165

　■事例Ⅲの概要 ………………………………………………………… 166
　Ⅰ　代表的 SWOT 項目 ……………………………………………… 167
　Ⅱ　最重要の切り口 …………………………………………………… 168
　Ⅲ　項目別パッケージ ………………………………………………… 170
　　1. 生産計画はどうあるべきか …………………………………… 170
　　2. 生産方式 ………………………………………………………… 174
　　3. 管理方式 ………………………………………………………… 177
　　4. PQ 分析 ………………………………………………………… 179
　　5. コミュニケーション …………………………………………… 180
　　6. Q（品質）……………………………………………………… 182
　　7. C（コスト）…………………………………………………… 187
　　8. D（納期）……………………………………………………… 197
　　9. IT 活用 ………………………………………………………… 202
　　10. 営業と工場の役割分担 ………………………………………… 211
　　11. 製造現場のチェックポイント ………………………………… 212
　　12. 工場設置の SLP ………………………………………………… 213
　　13. IE ………………………………………………………………… 214
　　14. 設備保全 ………………………………………………………… 215
　　15. 製品開発 ………………………………………………………… 216
　　16. アウトソーシング ……………………………………………… 217
　　17. 販売に関する事項 ……………………………………………… 220
　　18. 出荷・配送 ……………………………………………………… 225
　　19. CAD/CAM ……………………………………………………… 226
　　20. CE（コンカレントエンジニアリング）……………………… 227
　　21. 技術継承 ………………………………………………………… 228
　　22. 工作機械 ………………………………………………………… 230
　　23. 海外進出／国内回帰 …………………………………………… 231
　　24. OEM，PB ……………………………………………………… 233
　Ⅳ　使える解法テクニック …………………………………………… 235

Ⅴ　知っておきたい考え方のトレンド ………………………………………237

第4章　事例別対策【事例Ⅳ】 ————————————— 239

■事例Ⅳの概要 ……………………………………………………………240
Ⅰ　出題のポイント …………………………………………………………241
Ⅱ　最重要の切り口 …………………………………………………………242
Ⅲ　項目別パッケージ ………………………………………………………243
　1．B/S，P/L 分析 ………………………………………………………243
　2．CF 計算書の作成と基本分析 ………………………………………256
　3．投資（プロジェクト）の評価とリスクの計算 …………………260
　4．損益分岐点分析（セールスミックス）……………………………274
　5．企業価値と株価 ……………………………………………………282
　6．原価計算 ……………………………………………………………285
　7．連結会計 ……………………………………………………………293
　8．他の科目の関連知識 ………………………………………………297
　9．デリバティブ（金融派生商品）…………………………………302
　10．その他 ………………………………………………………………307
Ⅳ　使える解法テクニック …………………………………………………314

事 例 別 対 策

事
例

I

■事例Ⅰの概要

<事例Ⅰで問われていること>
やる気と能力のある人間が，円滑な流れの中で，
正しい方向へ，持続的に，業務を行えているか？

Can do spirit
やる気

- ●企業文化
- ●モチベーション管理（給与／仕事）
- ●評価
- ●社員配置

Capability
能力ある

- ●社員教育
- ●キャリアコース
- ●非正規社員活用
- ●インターナルマーケティング

Comfortable
円滑な流れ

- ●組織体制
- ●アウトソーシング
- ●コミュニケーション
- ●採用・配置・退職ルール

Correct Way
正しい方向へ

- ●企業大枠戦略検討
- ●リーダーシップ
- ●ビジョンと理念
- ●マーケティング戦略

Continuously
持続的に

- ●人事諸制度
- ●企業文化
- ●業務標準化
- ●事業承継

IT 活 用

Ⅰ ▶▶▶ 代表的 SWOT 項目

事例Ⅰ～Ⅲでは，SWOT 分析は必ず行う作業となるため，各事例の解説の冒頭で，与件文の中でよく使われる代表的な SWOT 項目を紹介します。明らかな強みや弱みは問題ないですが，代表的な SWOT 項目を押さえておくと，試験中 SWOT の 4 項目を判断する際にスムーズにいくはずです。

【事例Ⅰの代表的な SWOT 項目】

S（強み）	W（弱み）
・経営者がなんらかの能力を持っている ・なんらかの能力を持った後継者がいる ・自社ブランド（屋号）がある ・商品・サービス品質が優れている（こだわりがある） ・優秀な社員がいる ・固定客（リピーター）を持つ ・経営者が積極的な姿勢を持っている ・経営者が経営理念を持っている ・社員に経営理念が浸透している ・組織の機動性が高く，柔軟性が高い ・経営者に人を引きつける魅力がある ・経営者が経営ビジョンを持っている ・適切な外注管理を行っている ・学習する組織文化が根付いている	・社長・役員が代わらず高齢化／同族化している ・社員のモチベーションが低下している ・組織が硬直化している ・社員の能力開発が行われていない ・年功給になっている ・情報が共有化されていない ・売上高対人件費比率が高い ・必要な能力を持った社員がいない ・社員に経営理念が浸透していない ・経営理念が存在していない ・新しい取組みがされない雰囲気である ・役員が創業者一族で占められている ・役員が親会社からの出向者で占められている ・ある取引先への売上依存度が高い ・取引先の経営が不安定になっている
O（機会）	T（脅威）
・周辺人口が増加している ・カスタマイズニーズ ・小口取引ニーズ（少量，おひとり様） ・オリジナル商品ニーズ ・ネット購買（遠方通信販売）ニーズ ・贈答用・記念日など高級品ニーズ ・半調理品・中食・惣菜ニーズ ・需要の変動が小さいカテゴリーがある ・対応が面倒だが，利益率の高いカテゴリーがある ・改良・修理のような付加価値向上系ニーズ ・商圏にライバルが存在しない ・インバウンドブーム	・業界の海外生産進展により低コスト化が進み経営不振 ・大手進出により影響を受け経営不振 ・同業者の躍進による経営不振 ・IT 化が急速に進み，対応しきれずに経営不振 ・少子高齢化に対応しきれずに経営不振 ・過去の中途半端な規模の経済の追求による過大な設備投資で経営不振 ・自然災害などの突発的な現象の発生 ・急な法制度施行による経営悪化 ・景気がよく人材の獲得費が上昇している ・取扱製品の国内消費量の減少

II ▶▶▶ 最重要の切り口

■切り口1

4C：Company（自社→自社の資源としては人・物・金・情報・ブランドの切り口がある），Customer（顧客），Competitor（競合会社），Cooperator（協力会社）

■切り口2

PDSサイクル（P：PLAN（計画），D：DO（実行），S：SEE（統制））

■切り口3

公式組織成立の3要素：共通目的，貢献意欲，コミュニケーション

■切り口4

リーダーシップ：指示的リーダーシップ，説得的リーダーシップ，参加的リーダーシップ，委任的リーダーシップ

■切り口5

モチベーション向上①：動機づけ要因，衛生要因

■切り口6

モチベーション向上②：職務拡大，職務充実

■切り口7

モチベーション向上③：生理的欲求，安全欲求，社会的欲求，自我の欲求，自己実現欲求

■切り口8

能力開発：OJT，OFF-JT，自己啓発

■切り口9

インターナルマーケティング：標準化，能力開発，モチベーション向上

■切り口10

組織：組織構造，組織文化

■切り口 11

　基本的組織の組織構造：ライン組織（機能別組織），ファンクショナル組織，ラインアンドスタッフ組織，事業部制組織，それぞれのメリットとデメリット

■切り口 12

　組織の原則：専門化の原則，権限・責任一致の原則，命令一元化の原則，統制範囲の原則

■切り口 13

　採用→配置→教育→モチベーション（評価・給与）→退職のサイクル

■切り口 14

　効率（組織・人事の取組みによるコストダウン）と効果（組織・人事の取組みによる売上アップ）

■切り口 15

　管理階層：トップマネジメント（戦略的意思決定），ミドルマネジメント（管理的意思決定），ロワーマネジメント（業務的意思決定）

■切り口 16

　社長：社長の特殊な能力，社長のカリスマ性，社長のリーダーシップ，社長の人脈

■切り口 17

　企業の存続：円滑な事業承継，経営統合，両利きの経営

Ⅲ ▶▶▶ 項目別パッケージ

1. 事例Ⅰの基本的な考え方

事例Ⅰ「組織・人事」は，一言でいえば，以下のことを聞いているのです。
「やる気と能力ある人間が，円滑な流れの中で，正しい方向へ，持続的に，業務を行えているか？」

- **やる気** ＝企業文化，モチベーション管理（給与／仕事），評価，社員配置
- **能力** ＝社員教育，キャリアコース，非正規従業員活用，インターナルマーケティング
- **円滑な流れ** ＝組織体制，アウトソーシング，コミュニケーション，採用・配置・退職ルール
- **正しい方向** ＝企業大枠戦略検討，リーダーシップ，ビジョンと理念，マーケティング戦略
- **持続的に** ＝人事諸制度，企業文化，業務定型化（マニュアル化），人件費抑制

　事例Ⅰでは，まず大枠で何が問題かを考えるときに，この枠組みを使って考えましょう。この枠組みのすべてが満たされている企業はまず存在せず，満たされない場合には大抵はどこかに問題が潜んでいるはずです。その問題こそが，出題者が最も意図している出題テーマといえます。そのメインの問題をとらえながら設問にあたると，比較的一貫した解答がつくりやすくなります。

　組織・人事は，企業の最大の資産である「人」をフル活用するためにあるといえます。機械であれば購入し，定期メンテナンスを行い，エネルギーを送り，フル稼働させ，活用します。同じように，人も，採用から退職まで給与を与えたり，動機づけを与えたりしながらそのやる気を引き出し，さまざまな能力開発を行いながらその能力を高めることにより，社員の持つ最大能力を発揮させるのです。機械と人が異なるのは，人は感情を持ち成長するという点です。感情を持つということは，やる気を失えばその能力を発揮しなくなることです。その意味で，人事考課や給与などによる「モチベーション管理」と，能力開発により成長するという点から「社員教育」を考えることも重要となります。

　以上から，「やる気と能力ある人間が，円滑な流れの中で，正しい方向へ，持続的に，業務を行えているか？」のものさしを使って大枠を押さえた解答を心がけましょう。

　事例Ⅰは，主に組織・人事にかかわる問題とマーケティングにかかわる問題で二分されます。また他の事例と異なり，ITに関する出題が少ない点にも特徴があります。ここでは主に組織・人事に特化して解説を紹介し，マーケティングは次章で押さえていただくつもりです。また出題が少ないとはいえ，組織・人事に関してもIT活用の取組みは中小企業にとって十分に有効であるため，紹介いたします。

2. 大枠戦略検討

■概要

> 　事例Ⅰは組織・人事の問題となりますが，まず問題を解くうえで基本となる考え方は，チャンドラーの**「組織は戦略に従う」**というものです。これを常に意識してください。そして，その考え方を当てはめると**「組織体制も人事制度も経営戦略に従う」**ということです。つまり，SWOT分析や経営者の"想い"などから事例企業の経営戦略を設定したら，それが実現できるような組織体制や人事制度を構築することを意識しましょう。
>
> 　2次試験においては，解答の一貫性が非常に重要視されています。したがって，各問題の解答が，すべて事例企業のために設定した経営戦略を実現できるための提案となっているかを意識して落とし込んでいくことによって，自然と解答全体の一貫性がとれるようになります。

（1）SWOT分析

　SWOT分析を行ううえで，組織・人事に関する特徴的な強みや弱みを事例企業が持っていることは，当然ながら多いです。特に，弱みについては，前出のSWOT項目に書かれているような内容が多く見受けられます。基本的には，与件文を読み込みながら見つけ出した事例企業の抱えている組織構造，組織文化，人事制度などの弱みを，設問の解答を通じて解決していくことを意識しましょう。

　また，事例企業によっては，目立った組織・人事の弱みが存在しないこともあり得ます。そのような場合には，①事例企業の持っている組織・人事上の強みと機会をマッチングして，事例企業がさらに発展していく体制づくりを考える，②現在は表面化していないが，将来的に発生することが予測されるリスクに対応できる組織・人事制度の体制づくりを考える（リスクマネジメント），といった提案をすることを意識しながらSWOT分析を行いましょう。

（2）本テーマに関する設問と解答の例

　単に強みや弱みを聞いてくる（聞き方はいろいろで，強みや弱みを聞かれていることに気づきにくい場合もあるので注意）。

　Ｑ１．Ａ社の業績を急速に成長させた強みとして，どういった要因が考えられるか？

　Ｑ２．Ａ社の業績不振を加速させている組織的な要因はなにか？

　→シンプルに強み・弱みを解答する

　Ａ１．①外部環境の変化に対し柔軟に対応できる機動力の高い組織体制であること，②高い技術を有する優秀な人材を保有していることなどである。

Ａ２．主要顧客への依存度が高く安定的な取引を継続していたため，組織変革に対する意欲が低下していることである。

（３）押さえておくべきキーワード

社長　　社員　　組織構造　　組織文化　　人事制度　　経営理念　　経営ビジョン モチベーション　　能力　　リスク　　成長戦略　　市場浸透戦略 新製品開発戦略　　新市場開拓戦略　　多角化戦略　　競争戦略 コストリーダーシップ戦略　　差別化戦略　　集中戦略　　差別化集中戦略 両利きの経営

3.　リーダーシップとマネジメント

■概要

> 　組織・人事においては，経営トップのリーダーシップ発揮が重要なテーマとなります。リーダーシップについては1次試験の際にいろいろな理論を学習していることと思います。たとえば，レビンのリーダーシップ形成論，ブレークとムートンのマネジリアルグリッド理論，三隅二不二のPM理論，リッカートのシステムⅣ理論，フィードラーの状況適合論，ハーシーとブランチャードのSL理論などがありましたね。
>
> 　ただし，1次試験と違い2次試験の学習においては，これらのリーダーシップ理論をすべて覚える必要はありません。むしろ，どれか1つの理論の概要をしっかりと理解して，事例企業に対して応用できることが必要です。
>
> 　ここでは，その中でも比較的使いやすい理論として**ハーシーとブランチャードのSL理論**をお勧めします。
>
> 　また，トップ経営者は組織において最も大きな影響を持つ一方，現場に近い部長や課長などのミドルマネジメントに権限を委譲することで，迅速に，かつ的確に対応することができます。マネジメントにおいては，環境や役割によって求められる能力が異なってくることも押さえておきましょう。

（1）SL理論

　SL理論では，リーダー（社長，上司など）はフォロワー（社員，部下など）の成熟度によって発揮するリーダーシップを変えることが有効であると述べられています。部下の成熟度とは，簡単にいってしまうと部下の能力や意欲のことです。具体的には，以下の4つのリーダーシップがあります。

【SL理論におけるリーダーシップの類型】

フォロワーの能力		フォロワーの意欲：低い	フォロワーの意欲：高い
	高い	フォロワーの成熟度　やや成熟 ↓ **参加的リーダーシップ** （指示的行動　低い） （協労的行動　高い）	フォロワーの成熟度　成熟 ↓ **委任的リーダーシップ** （指示的行動　低い） （協労的行動　低い）
	低い	フォロワーの成熟度　未成熟 ↓ **指示的リーダーシップ** （指示的行動　高い） （協労的行動　高い）	フォロワーの成熟度　やや未成熟 ↓ **説得的リーダーシップ** （指示的行動　高い） （協労的行動　低い）

① 指示的リーダーシップ

フォロワーは，まだ新人で意欲も能力も低く未成熟な状態なので，まずは言われたことが確実にできるようになるまで，フォロワーの行動に対してきめ細かな指示を与えていくリーダーシップを発揮します。

② 説得的リーダーシップ

能力が少し高くなってきたフォロワーに対して，次の段階として，引き続き行動に対する指示を与えながらも，なぜそのような指示を与えているのかという理由を教える，などのコミュニケーションをとりながら，リーダーシップを発揮します。フォロワーもただ命令を受けるだけでなく与えられた命令の意味が理解できるので，指示に従うことに納得感を持つことができるようになります。

③ 参加的リーダーシップ

フォロワーの成熟度がやや高くなり，能力が高くなったことに応じて与える仕事のレベルも高くなっていくと，フォロワーが不安を感じるようになり，意欲がやや低下します。そこで次の段階として，細かな指示を与えることはせず，フォロワーの自主的な行動を重んじつつ，リーダーは情報提供やサポートを行うことでフォロワーの参画意識の向上を促します。

④ 委任的リーダーシップ

フォロワーは成熟している状態であり，フォロワーに対し大きく権限委譲をして，任せてしまいます。しかし，経営の核となる部分については，トップとしてリーダーシップを発揮することになります。2次試験において，事例企業に対してこの委任的リーダーシップを発揮するような提案をすることは，あまりないと思われます。

補足として，指示的行動とは，目標達成のためにフォロワーに指示命令を行うタスク志向型の行動をいい，協労的行動とは，フォロワーとのコミュニケーションを重視した人間志向型の行動をいいます。

試験上の対策としては，以上のSL理論における4つのリーダーシップの特徴やそれを発生させる状況を十分理解し，事例企業の社員の成熟度に対応したリーダーシップを発揮するよう，社長に対して提案できるようにしておきましょう。

（2）マネジメントに必要な能力

中小企業は，企業規模は小さいながらも組織が階層化されており，その階層毎の管理者によって求められるマネジメント能力が異なります。マネジメントレベル別に必要な能力を示すモデルとして，アメリカの経営学者ロバート・カッツが提唱した「カッツ・モデル」があります。「カッツ・モデル」ではマネジメントに必要な能力を，①コンセプチュアルスキル，②ヒューマンスキル，③テクニカルスキルの3つに分けて考えます。

① コンセプチュアルスキル…仕事を取り巻く状況を構造的，概念的に捉え，取り組むべき課題の本質を見極める技術。

②　ヒューマンスキル…仕事上の人間関係を構築する技術で，人を観察，分析し，望ましい働きかけを選択，実行する技術。

③　テクニカルスキル…担当業務を遂行するうえで必要な知識や技術。

3つのうち，どれが重要かは，以下の図のとおり，マネジメントレベルによって異なりますが，②のヒューマンスキルについては，どの階層においても重要とされています。

【カッツ・モデル】

トップ マネジメント	①コンセプチュアル スキル		
ミドル マネジメント		②ヒューマン スキル	
ロワー マネジメント			③テクニカル スキル

（3）連結ピン機能

「連結ピン」とは，アメリカの組織心理学者R.リッカートが提唱した組織とリーダーシップの関係に関する概念です。組織は少人数の職場集団の集合として捉えることができ，人と人，人と組織，組織と組織を有効に結びつけ，コミュニケーションを円滑化する"潤滑油"の役割，あるいはそうした役割を果たす能力を「連結ピン」と呼んでいます。リーダーやマネジメント層には連結ピンとしての機能が求められます。

（4）本テーマに関する設問と解答の例

Q1．X社長は右往左往するばかりであった。X社長へどのようなアドバイスを行うか

A1．X社長に対しリーダーシップを発揮するようにアドバイスする。具体的には，現状の焼肉店には店舗運営経験の浅い若い社員しかいないため，社長自らが指示的リーダーシップを発揮して，社員に対してきめ細かな指示を行い，店舗の建て直しを図る。

（5）押さえておくべきキーワード

指示的リーダーシップ　　説得的リーダーシップ　　参加的リーダーシップ 委任的リーダーシップ　　リーダー　　フォロワー　　権限委譲　　指示命令 成熟　　未成熟　　能力　　意欲　　トップマネジメント　　ミドルマネジメント ロワーマネジメント　　連結ピン

4. 組織形態（組織デザイン）

■概要

> 平成20年度では，直接問われてはいないものの，権限の移管に関する問題が出題されており，間接的に組織体制について問われていると判断できます。また，平成27年度，平成28年度では，組織形態変更の理由が問われています。さらに令和元年度では機能別組織を採用し続けた理由について問われており，事例知識の有無が解答の質を左右することになりました。
>
> 今後も組織形態に関する問題が出題される可能性は十分ですので，しっかりと理解を深め，確実に得点できるようにしましょう。

（1）組織の原則

組織の編成や組織の管理をするうえで基本的な原則があります。代表的なものとしては以下の4つがあり，その他に例外の原則や階層化の原則がありますが，2次試験を解答するうえでは以下を確実に理解できていれば十分です。この4原則は，与件文を読むときに事例企業の組織をチェックする際の切り口にもなりますので，最低限覚えておきましょう。

① 専門化の原則

できるだけ同じ種類の仕事に分類して，各構成員が単一の仕事に従事できるように考慮し，配分すべきとする原則です。そうすることで各構成員は，専門家として必要な専門知識と熟練を容易に習得でき，安定的かつ能率的な業務成果を生むことができるようになります。営業部や人事課といった単位を会社に設置するのは，この原則に沿った考え方です。

② 権限・責任一致の原則

仕事を遂行するために各構成員に対して与えられる権限の大きさは，その仕事に対して負うべき責任と同じ大きさでなければならないとする原則です。権限が大きすぎれば権限乱用や無責任状態が生じ，責任が大きすぎればモラールダウンが生じます。

③ 統制範囲の原則

1人の管理者が監督できる部下の人数には限界があり，その限界を超えた数の部下を監督すると管理効率が低下してしまうという原則です。事業の売上拡大に伴い，従業員数が増加した場合，1人の管理者の負担が大きくなりすぎると，この原則により非効率な組織となってしまうことがあります。

④ 命令一元化の原則

組織内の各構成員は，常に1人の上司からのみ命令を受けるようにしなければならないという原則です。この原則が守られることで，指示命令系統が一本化され，組織の上下関係の秩序維持，組織としての統一的行動ができるようになります。

（2）主な組織形態

　上記の組織原則を踏まえたうえで，いくつかの組織形態をあげておきます。特に試験に出る可能性の高い重要な組織については，何度も復習し，各組織の特徴やメリット・デメリットを必ず書けるようにしておいてください。

①　ライン組織（≒機能別組織と呼ばれることもあり）

特徴	・**命令一元化の原則**が適用されている組織 ・経営トップから末端までが単一の命令系統によって結ばれている
メリット	・各構成員の持つ権限と責任が明確 ・経営トップを中心とし迅速な意思決定を可能とし，組織全体の統一的行動が実現する ・部門ごとの専門化を実現する
デメリット	・組織の規模が拡大すると，上位者の負担が過度に増大 ・組織の規模が拡大すると，情報伝達の遅滞や情報のひずみが発生

②　ファンクショナル組織

特徴	・**専門化の原則**が適用されている組織 ・各々の専門職能を担当する複数の上位者が，その職能に関する事項についてどの下位者に対してもそれぞれ命令できる権限を有する組織
メリット	・上位者の持つ専門能力を効率よく活用できる ・上位者の管理負担が軽減する
デメリット	・命令系統が錯綜し，責任の所在が不明確になりやすい ・命令系統が複雑になり混乱するため，命令の重複や矛盾が生じやすい

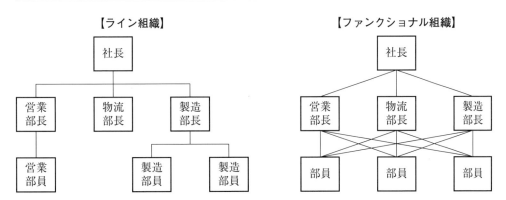

③　ラインアンドスタッフ組織

特徴	・**命令一元化の原則と専門化の原則**が適用されている組織 ・ライン組織にスタッフ部門を加えて設置した組織。スタッフ部門は専門家の立場からライン部門に対して助言や支援を行う
メリット	・スタッフ部門の設置により専門的な能力を活用できる ・組織の命令統一性を確保できる
デメリット	・スタッフの越権行為によりライン部門との対立が起こり，組織が混乱するおそれがある ・スタッフの人数の増大により，間接経費が増大する

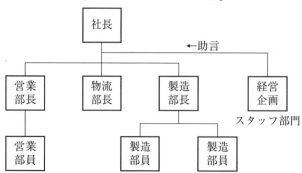

【ラインアンドスタッフ組織】

④ 事業部制組織

特徴	・事業毎に編成された組織（事業部）が本社のトップ・マネジメントの下に配置された組織形態。事業部は製品別・地域別・顧客別などの基準で編成される ・各事業部に大きく権限委譲を行う**分権管理組織** ・各事業部はプロフィットセンター（利益責任単位）と呼ばれ，大きな権限委譲が行われるのに見合った利益責任が要求される
メリット	・事業部毎の利益責任が明確化する ・事業部単位での活動が可能であり，事業環境の変化に柔軟に対応できる ・事業部長の管理者としての能力が高まり，次世代の経営者の育成ができる
デメリット	・事業部間の競争激化により，セクショナリズムが発生しやすい ・各事業部が狭い視野となり短期業績志向になりやすい ・人材や設備など経営資源の重複により，コストが増大しやすい

　少なくとも上記4つの組織は，2次試験の学習をするうえで最も覚えておきたい基本的なものですので，その特徴・メリット・デメリットは完全に頭に入れ，書けるようにしておきましょう。

（3）その他の組織

　前述の4つの組織形態の他にもいろいろな組織があります。平成27年度では，新規事業を分社化して，カンパニー制度を導入しています。また，平成28年度では，事業の拡大にあたって機能別組織からマトリクス組織の特徴を持つ組織に改変しました。以下にいくつか組織形態をあげておきます。今後も出題の可能性がありますので，少なくとも概要は押さえておきましょう。

① マトリクス組織

特徴	・**縦割りの職能部門別の垂直的な組織に，横割りの水平的なプロジェクト組織**（地域や製品など）を組み合わせた**格子状の組織** ・多元的な指示命令系統を持つ
メリット	・**専門化の原則**を保ちつつ，事業環境の変化や新しい課題に柔軟に対応できる ・人的資源を全社で共有することで繁閑に応じた人材投入が可能になる ・情報の共有が活性化する

デメリット	・1人の部下に2人の上司が存在し，**命令一元化の原則**に反するため，指示命令系統が混乱する ・複数の管理者が存在するため，縦軸（職能）と横軸（プロジェクト）の管理者による権限争いが生じやすい

②　プロダクトマネジャー制

特徴	・特定の製品やブランドを担当するプロダクトマネジャーを設置し，プロダクトマネジャーがその製品やブランドに関して生産・販売・物流などの**各部門間の水平的調整を図る組織** ・プロダクトマネジャーの大きな役割は，各部門間の情報共有を支援するインフォメーションセンター ・プロダクトマネジャーには命令権限がなく，各部門に助言をするのみとなるので，各部門に徹底できないのが問題点

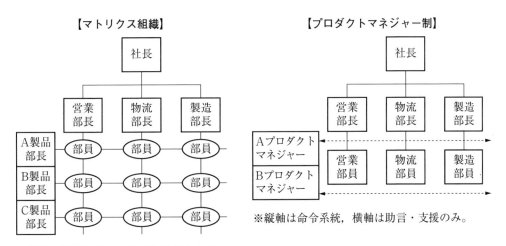

【マトリクス組織】　　　　　　　　　　　　【プロダクトマネジャー制】

※縦軸，横軸ともに命令系統が存在する。

※縦軸は命令系統，横軸は助言・支援のみ。

③　プロジェクトチーム（タスクフォース）

特徴	・複数の部門に関連する**全社的な特定課題を達成**するために，各部門からメンバーを招集して設置する**臨時的な組織** ・全社の**部門横断的な組織** ・プロジェクトチームは課題達成後には解散し，各メンバーは元の所属部署に戻る
メリット	・市場の変化に対し，迅速で柔軟な対応ができる ・明確な目標ができるため，組織が活性化する ・幅広い分野に専門的な能力を活用できる
デメリット	・独立した組織となるため既存組織とのコンフリクトが発生 ・命令系統が不明確となるおそれがある ・知識やノウハウが蓄積されづらい ・長期的な視点を持ちづらい

④　ネットワーク組織

特徴	・人や組織が対等な関係で，**ゆるやかな提携関係**を持ちながら結ばれている組織形態 ・異業種交流や，業務提携による共同仕入や共同研究開発などがある

⑤　社内ベンチャー制度

特徴	・新しい事業の開発のために社員からアイデアを募り，よいアイデアに対して会社が支援しその実現を図っていく制度 ・ベンチャー事業実施にあたっては，①新たな事業部門を設ける，②子会社を設立するなどし，アイデアを出した社員をそのトップに配置する ・ある程度大きな企業規模の会社で採用されることの多い制度であり，2次試験の事例企業に対する提案内容としてややそぐわないこともあり得る

⑥　カンパニー制度

特徴	・事業部制組織を発展させた形態であり，各事業部を社内分社化して大幅に権限委譲（多額の設備投資権限や役員・社員の人事権など）し，独立採算制を強化して利益責任を徹底させた組織形態 ・カンパニー制度をさらに発展させると，平成18年度本試験で出題された事例企業のように，子会社として完全に分社化となる ・各カンパニーでは利益だけでなく，資金・社内資本金・社内金利なども計上させ，バランスシート経営を導入して，経営責任の明確化を図っている ・大規模企業において採用されることが多く，2次試験で解答に使うことはあまり考えにくいため，最低限の知識を持っておけばよい

⑦　フラット型組織（組織のフラット化）

特徴	組織の中間管理階層を削減して，経営トップから末端社員までの階層を圧縮した組織（組織構造のピラミッドの高さを減らす）
メリット	・管理階層の削減により，組織の意思決定や組織的な行動のスピードがアップ ・部門間の横断的なコミュニケーションや経営トップとのコミュニケーションが増加することにより，末端社員のモチベーションが向上
デメリット	・経営トップの管理負担が増大 ・中間管理層が役職を離れることになるため，モチベーションダウンが生じるおそれがある

（4）静態的組織と動態的組織

　これまで多くの組織形態をみてきましたが，ライン組織・ファンクショナル組織・ラインアンドスタッフ組織は**静態的組織**，マトリクス組織・プロダクトマネジャー制・プロジェクトチーム・ネットワーク組織・社内ベンチャー制度・フラット型組織は**動態的組織**と分類されます。

　実際の解答に活用しやすい組織形態としては事業部制組織，プロジェクトチーム（タスクフォース）とフラット型組織（組織のフラット化）があります。多角化により事業内容が増えてきた場合には事業部制組織の採用が，特定の事業に対し一点集中で行わなければいけないのであればプロジェクトチームを採用します。利用しやすいいくつかの組織形態

については特徴・メリット・デメリットをしっかり押さえておきましょう。

（5）順機能と逆機能

　組織におけるキーワードとして，順機能と逆機能という言葉があります。ある組織形態を採用している場合において，その組織形態の持つプラスの効果が働いている場合（つまり，メリットが生じている場合）は**順機能**が働いているといい，その逆の状態，つまり，その組織形態の持つマイナスの効果が働いている場合（デメリットが生じている場合）は**逆機能**が働いているといいます。

　当然ながら，あらゆる外部環境の変化に対して完璧な組織というものは存在せず，すべての組織にはよいところもあれば悪いところもあります。ある環境においてはうまく機能できていた組織が，外部環境・内部環境などの変化により，その組織の持つデメリットが生じて逆機能が働いてしまうということは事例問題でもよくみられますよね。

　与件文を読む際には，事例企業の外部環境・内部環境の変化や選択している経営戦略との関係において，現在の組織では順機能が働いているのか逆機能が働いているのかを考えながら読むとよいでしょう。

（6）ありがちな組織の問題点とその対策

問題点	対策
①部門の編成基準が複数存在している	編成基準を1つにして部門を整理する
②似たような部門が存在し重複している	統合，顧客ニーズ別へ変革
③事業戦略に必要な部門がない	新規に○○部門を設立，○○のプロジェクト組織の設置
④トップからロワーまで階層が深く意思決定が遅い	フラット化
⑤部門ごとの協力体制がとりにくい	プロジェクト組織，顧客志向組織へ変革
⑥自由闊達な雰囲気が醸成されない	ネットワーク型組織，プロジェクトチーム
⑦後継者育成ができていない	事業部制，社内ベンチャー，青年取締役

（7）今後のあるべき組織

　経済環境の変化が大きく，不透明性の高い事業環境で生き抜いていくためにあるべき組織には次のものがあげられます。

①　学習する組織（ラーニング・オーガニゼーション）

　学習する組織とは，ピーター・センゲによれば，過去の組織文化や戦略の枠にとらわれずに，市場の変化に柔軟に対応し，自己改革できる組織のことです。

　平成26年度の事例Ⅰの企業の業界では，技術革新のスピードが速く，製品ライフサイクルが短くなっています。このような業界は，過去に培った知識や製造ノウハウの陳腐化が

早いため，安定的経営を行うことが難しくなります。その点を踏まえて，当該事例の第4問では，この知識と技術の更新スピードの速さによって，従来保有していた知識や製造ノウハウが陳腐化した場合においても，現場で働く従業員が自ら学習し知識や製造ノウハウを習得して，良品率を90％超まで向上できる「学習する組織」をどのように作っていったのかが問われています。

　事例企業においては，(a) 社長の決意のもと，長期間にわたり製造設備の改良に取り組むことで社長の掲げるビジョンを従業員が共有できたこと，(b) 即戦力の中途採用者を課長にしたことで，課長が入社前に培っていた製造ノウハウを部下へ指導し組織的に製造ノウハウを高められたこと，(c) A社の組織文化に染まっていない中途採用者を生産部門の製造を担う2つの課の課長に同時期に昇格させたことで，横の連携を取りつつ組織文化が刷新できたこと，によって学習する組織が作られました。

　平成23年度の事例Ⅰでは，現在の成功にとらわれて，将来的に「ゆでガエル」の状態にならないことが課題としてあげられており，市場の変化に対し，「常に変化し成長していく組織づくり」が求められています。

　学習する組織づくりを実現するためには，ⅰ）組織と個人のビジョンを共有し，ⅱ）従業員一人ひとりが自己を高めていく意識を持ち，ⅲ）組織文化による固定概念を捨てる必要があります。

② 現場判断と経営トップの判断が連携し迅速に運営できる組織

　指揮命令系統の統制も大事ですが，目先の対応にいちいちトップの判断を仰いでいては機動力に欠け，競合に後れを取ってしまいます。一方，現場が暴走しても組織は成立しません。現場に任せることとトップが判断すべきことを明確にし，そのバランスをとることが中小企業の強みである機動力・柔軟性の発揮につながります。

③ 組織内の各階層が独立して意思決定を行い，経営理念や経営ビジョンを共有している組織（自律型組織）

　組織内の各チームが経営理念や経営ビジョンを共有し，各従業員が学んだことを組織の経験として蓄積し，“組織知”を形成していくことが組織の成功に向けて重要な要件です。これが**組織学習**です。

④ 遂行能力と戦略能力のバランスのとれた組織

　上記の①，②が機能してくると，事業環境の変化に応じて，遂行と戦略のバランスがうまくとれた組織となっていきます。

⑤ プロフェッショナルを活かせる活性化された組織

　思い切った抜擢人事・人材登用を行うことで，だらだらした昇進による沈滞化したムードを払拭し組織を活性化することができます。また，報酬基準の見直しで従業員意欲の向上を図ります。これらの施策により，プロを活用して組織活性を図ります。

（8）本テーマに関する設問と解答の例

Q1．A社では事業部制組織を採用しているが，部門間の交流が少なく，各部署が自分の部署の利益確保を優先しており，セクショナリズムが発生している。どうすべきか？

A1．①事業部間の人事交流を積極的に行う，②社長自らが先頭に立って事業部間の意見交換の場を設けて情報の共有化を図る，③社内横断型プロジェクト組織を結成する，などでセクショナリズムの解消を図る。

〈解説〉

セクショナリズムとは，いわゆる"官僚制の逆機能"の1つであり，特にライン組織や事業部制組織などの縦割りの組織形態において，会社全体の利益よりも自部門の都合や利害を優先してしまう思考・行動のことで，事例Ⅰに限らず他の事例においても頻出の論点です。セクショナリズムが発生している場合の具体的な対応策としては上記①～③があげられます。いずれも「お互いの部門のことを理解しあう」ことが重要な目的となります。

（9）押さえておくべきキーワード

順機能　　逆機能　　命令一元化の原則　　専門化の原則 スパンオブコントロール　　権限・責任一致の原則　　顧客別部門編成 製品別部門編成　　地域別部門編成　　編成基準　　静態的組織　　動態的組織

5. 組織の成立と存続要件

■概要

　　バーナードは，公式組織を「2人以上の人々の意識的に調整された活動や諸力の体系」と定義しており，公式組織の成立要素として，組織が成立するのに必要かつ十分な条件を3つあげています。3つの成立要素とは，①**共通目的**，②**協働意欲（貢献意欲）**，③**コミュニケーション**です。

　　与件文を読むときに，事例企業が組織としてうまく機能できているかをチェックする際には，組織成立の3要素の視点を切り口として読むとよいでしょう。

（1）組織成立の3要素

①　共通目的

　　バーナードは，公式組織が成立するためには，構成員間に共通目的（協働の目標）が必要であると述べています。共通目的は，メンバー個人の目的と必ずしも一致しないが，少なくともメンバーの同意を得られている必要があります。

　　事例を解くうえにおいては，共通目的は，「**経営理念**」，「**経営目標**」，「**長期ビジョン**」などと読み替えるとよいでしょう。つまり，社長が経営理念を社員に説き納得させること，理解させることが必要となります。

②　協働意欲（貢献意欲）

　　公式組織成立のための2つ目の要素として，協働体系に貢献しようとする意欲（つまり，組織メンバーの共通目的を達成するために組織に貢献しようとする意欲），忠誠心，団結心が必要と述べており，これらを協働意欲（貢献意欲）と名づけています。

　　事例を解くうえにおいては，協働意欲は，「**モチベーション（動機づけ）**」や「**モラール（士気）**」と読み替えるとよいでしょう。

③　コミュニケーション

　　3つ目の要素は，公式組織が成立するには，組織内メンバー間の各種情報伝達（コミュニケーション）が必要であるということです。組織が個人の活動の集まりである以上，それを全体として統合し調整するコミュニケーションがなければ，組織のまとまりが維持できないということです。

　　コミュニケーションは「**社員間のコミュニケーション**」だけでなく，「**社長から社員に対するコミュニケーション**」と理解しておくとよいでしょう。また，ナレッジマネジメント（KM）による「**情報の共有化**」も当てはまります。

（2）組織の存続条件

　　バーナードは，公式組織が存続するには2つの条件が満たされていなければいけないと

主張しています。2つの条件とは**「有効性」**と**「能率」**のことですが，これらは概念的であり正確に理解するのはやや難しいので，大まかに理解しておけばよいでしょう。簡単にいってしまうと，目標の達成度合いと満足の度合いを高めることが組織の存続には重要だということです。

①　有効性

有効性とは目標の達成度合いのことです。常に目標を達成できる能力を持ち，目標を達成できたら常に新しい目標を掲げることにより，有効性を高めることができます。

②　能率

能率とはメンバーの満足度合いのことをいいます。メンバーに対して協働意欲をかきたてるだけの誘因（金銭・やりがい）を与えることにより高めることができます。

（3）本テーマに関する設問と解答の例

Q1．A社の組織における問題点はどこにあるか？

A1．A社は経営理念を持っておらず組織全体の共通目的がないことに加え，社長自ら社員に対して経営ビジョンを示していないため，社員のモチベーション低下をもたらしていることが問題である。

（4）押さえておくべきキーワード

経営理念　　長期ビジョン　　権限委譲　　モチベーション（動機づけ）
情報の共有化　　忠誠心　　団結心　　モラール（士気）　　ナレッジマネジメント

6. 組織風土・組織文化

■概要

　　組織風土や組織文化は，それ自体は目に見えません。前述の組織形態（組織デザイン）が目に見えるハードであるのに対し，**組織風土や組織文化はソフト**と理解するとよいでしょう。組織風土や組織文化の定義や概念は非常に難しいものですが，簡単にイメージするには，組織の持つ独特の雰囲気や組織の中に根づいたルールと考えてみるとよいでしょう。では，もう少し具体的にイメージしてみましょう。

　　現在，会社にお勤めの方であれば自分の職場を思い出してみてください。みなさんの会社にも**自社ならではの雰囲気，環境，ルールや決めごと**などがありませんか？たとえば，新入社員が入ったばかりのときにはそれらを理解することができません。しかし，その組織内で活動して徐々にその会社の持つ組織風土や組織文化になじんでいき，その会社の一人前の社員になっているころには，組織風土や組織文化を十分理解してそれらに沿った行動をとれるようになっています。

　　この内容は非常に重要なポイントですので，他の例も見ながらさらに理解を深めていきましょう。

（1）具体的な事例

　　組織風土や組織文化について，その難しい概念を問われることはほとんどないでしょう。よって，以下の例を読み，組織風土や組織文化のイメージができるようにしておけばよいでしょう。

＜出題企業にみる事例＞

令和5年度 事例Ⅰ	●蕎麦店 A社経営者は，従業員に会社として目指す方向性を明確に示し，目的意識の共有や意思の統一を図るチーム作りを行いました。その結果，チームとして相互に助け合う土壌が生まれ，学習する組織風土も醸成されていました。一方で，X社は，従業員の横のつながりが希薄であり，淡々と日々のルーティンをこなすのみで離職率も高い状況でした。A社経営者は，X社との経営統合によりA社の組織文化をX社にも浸透させたいと考えています。
令和4年度 事例Ⅰ	●農業法人 A社は現経営者とその弟である常務を中心に経営している農業法人です。現経営者は水稲農家として事業を引き継いだ後，普通の農家と違うことがしたく，農業経験が豊富な従業員と共に，贈答用の果物や地元菓子メーカーと連携し洋菓子を開発し，順調に売上を拡大していました。一方，現経営者は職人気質で仕事は見て盗めというタイプであり，また，新参者が地域農業関係者との関係性を構築することも難しく，帰属意識の高い従業員の確保が難しい状況でした。大手中食業者への取引依存度が高まるなか，既存の農業を基盤に据えつつ，後継者（常務の娘）を中心として，新たな分野にも挑戦したいと考えています。

令和3年度 事例Ⅰ	●印刷・広告制作会社 A社はファブレス企業の印刷・広告制作会社です。創業時は家族経営の印刷会社でしたが，市場の競争激化という経営危機に対し，2代目がファブレス化を行い，高付加価値分野において需要を獲得してきました。2代目は事業承継にあたり，A社で経験のない3代目の経験分野で新部門を設立し，部門統括を任せるなど，後継者育成や事業承継円滑化に努めました。 3代目が経営者となってからは，厳しい競争環境への事業拡大，新事業の訴求策不足，売上不振，営業活動不足，などにより事業存続のため長期的な課題解決策が求められています。
令和2年度 事例Ⅰ	●老舗蔵元 A社は江戸時代から続く老舗の蔵元です。廃業の危機にあったところを現在のA社長の祖父が友好的買収しました。A社の4名の役員は全て親族という同族企業ですが，直接A社のビジネスに関わっているのはA社長一人だけです。前経営者やベテラン従業員は継続して酒造りを行っていますが，酒造部門以外の各部門（レストラン，土産物販売）の責任者や現場スタッフは新たに採用した従業員です。 A社長は，老舗企業のブランドと事業を継いだだけでなく，新規事業を立ち上げ経営の合理化を進めるとともに，優秀な人材を活用して地元経済の活性化にも大いに貢献してきました。しかし，人事管理は，伝統的な家族主義的経営や祖父の経験や勘をベースとした前近代的なもので，年功序列型賃金が基本です。 このように，A社は，伝統的な経営を行いながらも，グループ全体のバランスを考えた新しい人事制度を取り入れようとしている途上にあります。
令和元年度 事例Ⅰ	●農業用機械・産業機械装置メーカー A社は親戚関係にある8名の役員を擁する同族経営の企業です。A社長の入社時の主力事業は葉たばこ乾燥機の製造販売であり，厳しい規制があり参入障壁が高い産業で成長を遂げてきました。そのような業界での経営を背景とし，A社は危機意識が低く，変化を嫌う企業風土でした。 ところが，公企業の民営化や健康志向の高まり等の外部環境の変化により，A社の経営の根幹が揺るぎ始めました。A社長は100名以上の社員を路頭に迷わせないために，危機感を強く持ち，長年にわたって問題視されてきた高コスト体質の見直しや，高齢社員の人員削減，新規事業の拡大に取り組みました。高齢社員の人員削減は苦渋の決断であり，A社が存続の危機にあっても従業員のことを最優先に考え尊重する企業風土が読み取れます。
平成30年度 事例Ⅰ	●エレクトロニクスメーカー A社は，技術者が従業員の約9割を占める一方で，生産および販売を他社に委託している研究開発型の企業です。ニッチ市場に向けた製品を試行錯誤を重ねながら開発するなど，新規事業や製品の開発にチャレンジし続けています。そのようなA社にとって，人材は重要な経営資源ですが，実力主義がA社の文化として根づいている一方で，福利厚生施策を充実させるなど家族主義的な面が多く見られるのが，A社の人事制度の特徴です。
平成29年度 事例Ⅰ	●菓子製造業 社長含め元X社社員によるA社の設立により，X社時代の主力商品名を冠にした会社名，X社時代の主力商品のみに絞った商品ラインナップ，新工場設立等によりX社時代の味を復活させるなど，X社時代の主力商品復活を目指した事業展開を積極的に行ってきました。現在は創業メンバーの多くが定年退職したうえ，A社独自の商品開発や全国市場への展開等，今までと大きく異なる事業展開が必要となるため，新たな人材の確保と育成を行い，ビジョンの浸透と全社一丸となった事業改革が求められます。

平成 27 年度 事例 I	●プラスチック製品メーカー A社は流行に左右されやすいスポーツ用品事業から，健康ソリューション事業への転換を図り，事業ドメインを「スポーツ用品を売る」という物理的定義から，「健康ソリューションを提供する」という機能的定義に変更しました。事業ドメインの変更により独自の価値を提供することで，今後競合や代替品に市場を奪われるリスクが低減されます。 グループ売上全体の 16 ％を占めるまでに成長させた健康ソリューション事業の更なる成長のためには，経営ミドル層の意識改革，評価報酬制度の見直しにより組織文化の変革，サービス力を強化させるための OJT や研修制度の強化による人材が必要となります。
平成 26 年度 事例 I	●精密ガラス加工メーカー 研究開発力の強化のため社長がリーダーシップを発揮して，研究室を開設，博士号を持った社員を採用しています。当初は取引先の要望に応えるだけの受動的な組織でしたが，中途採用者を課長へ昇進させミドル層の意識改革を行うことにより能動的な組織へ変革させ，良品率を向上させることに成功しています。
平成 24 年度 事例 I	●金属表面加工処理メーカー 取引先の海外進出要請を受け，海外展開を進めており，日本とは異なる組織文化の中で，日本と同様の品質管理体制を構築することが課題です。また，国内においても，高い品質を維持するため，意識改革を行い，全社で目標を共有し，達成に向けて取り組んでいくことが求められています。
平成 23 年度 事例 I	●医療品メーカー 複数の仕入れ先や社員持株会などに経営権を譲渡しており，現社長は大株主ではなく雇われ社長です。これにより株主統治が働き，経営者の独断による経営を防ぐことができる反面，保守的な事業展開になりがちで，成功に安住しやすい環境であることが危惧されています。
平成 22 年度 事例 I	●食品原材料の一次問屋 近年の顧客の価格志向やビジネス感覚のドライ化，大手商社参入などの脅威に対応するために，伝統的な一次問屋の役割だけでなく，新たな機能強化をねらって経営難に陥った取引先の二次・三次問屋の友好的買収を積極的に進めています。 A 社と複数の買収先企業とでは，組織風土や組織文化が異なるため，それらの違いによる対立の解消が今後の課題の一つになると考えられます。
平成 21 年度 事例 I	●和菓子の製造販売会社 社長の強いリーダーシップや，社外のコンサルタントに依存した組織文化で成長を遂げてきました。しかし，職人気質の従業員自身が会社を支えてきた F 社を買収し，新たに工場責任者に F 社出身の従業員を任命したことで，これまでの組織文化に変革が求められるようになり，A 社従業員のモラールが低下する要因になっています。
平成 20 年度 事例 I	●機内食の製造会社 顧客である航空会社からの取引機会に対して，柔軟かつ迅速に対応して，組織体制を構築し事業拡大を実現しました。この外部環境に対して能動的に機能するという会社の組織風土・組織文化によって，企業としての対応力を発揮できたといえます。 こういう成功体験は次なる事業に対しても生かすことができ，新規事業の成功のカギも握っているといえます。

＜現実の企業における事例＞

アサヒビール	当時キリンビールを破ってビール業界の首位に立ったのは、「スーパードライ」という商品力だけでなく、経営理念の策定、経営理念に基づいた行動基準、CI活動、マーケットイン志向などを実施したことにより組織風土や組織文化を変革したことが大きな要因といわれています。
京セラ	京セラが業績好調を持続しているのは、創業者である稲盛和夫氏の考えた京セラフィロソフィという理念を社員が共有し、そのとおり行動できていることが大きく影響しているといわれています。社員にフィロソフィを浸透させるために、フィロソフィの書かれた手帳を社員全員に配布し、朝礼で社員が唱和するなどしています。

（2）組織風土と組織文化

　組織風土と組織文化に関する記述をあげておきます。しかしながら、2次試験で記述する際には、2つの違いを意識的に使い分ける必要はありません。どちらかだけ書いてしまっても得点は可能です。なお、これから先の項では、組織文化にテーマを絞って解説を進めていきます。

① **組織風土とは、組織（職場など）全体を包み込む環境や雰囲気**をいいます。簡単にいってしまうと、にぎやかで活気があるとか、静かで落ち着きがあるといったものが組織風土です。組織のメンバーによっても、その見え方は違うこともありますが、組織のまとまりが強くなればメンバー間の認識も同一化されていきます。

② **組織文化とは、組織（職場など）で根づいた文化であり、文化とは具体的にはルールや決めごと、判断基準**などがあげられます。ある組織風土の中で時間が経過していくことで、その組織ならではの文化が徐々に形成されていきます。組織文化に従った行動をとるメンバーは表彰などで評価され、組織文化に従わないメンバーは組織から異端視されて評価されなくなります。このことにより、メンバーは組織文化に沿った行動をしていくことになります。

（3）組織文化が読み取れるもの

　前述のとおり、組織文化そのものは目で見ることができませんが、さまざまなモノやコトなどから組織文化を読み取ることができます。そして、これらのものがさまざまな場面で蓄積されていくことで、組織文化はより強固なものになっていきます。主なものを次にあげます。

　① **儀式やセレモニー**

　その組織ならではの儀式やセレモニーです。具体的には入社式、年頭式の他、社長や会長などによる訓話会、社内表彰式などがあります。

　② **シンボル**

　その組織ならではの表象、マークです。その他には社のバッジ、ロゴやイメージキャラクター、社内や店舗の外装や内装、イメージカラーなどもあげられます。

③ 言葉

その組織内でしか通用しない言葉です。組織のスローガンや目標だけでなく，組織ならではの用語もあります。また，前述の京セラフィロソフィもこれに該当します。

④ 物語や伝承

社長の起業時の苦労話，創業時メンバーの成功物語，企業全体で危機を乗り越えた話などといったエピソードが社内で伝承されていくことです。

⑤ 従業員の意識

従業員が自社の置かれている経営環境や，周囲の従業員，または仕事の内容や意義についてどのように考えているか等が該当します。令和元年度の事例ⅠではＡ社長の危機意識の低さや，従業員を重視する考えからＡ社の企業文化が読み取れました。

また，令和5年度の事例Ⅰでは，Ａ社従業員について，「接客においては，自主的に問題点を提起し解決するような風土が醸成されていた」とあり，Ａ社従業員の意識の高さを読み取ることができます。

（4）組織文化の弊害

営業部，開発部など多くの人によって構成される集団ではなく，少人数のグループで集団が形成されると，個人や組織にはない固有の特性が生まれます。たとえば，集団凝集性，集団浅慮（グループシンク）などがあります。

① 集団凝集性

基本的な意味は，個人を集団に留まらせるように働く力のことをいいます。この集団凝集性が高いと，団結力が高くお互いが協力し合い，目標達成に向けてプラスに働きます。しかし，過度に集団凝集性が高くなってしまうと，個人＝集団として個人と集団を同一のものと捉え，自分の集団に対して贔屓をしたり，他の集団メンバーに集団のルールに従うよう強制をかけたりします。

たとえば，社内運動会，社員旅行などの，社員が集まり，一丸となって何かに取り組むような"非日常のイベント"を経験させます。それにより，「職場の集団凝集性」が向上し，目標や仕事に関する意義が共有できるようになります。

しかし，凝集性が高まり過ぎると，会社内部で固定観念が生まれ2次学習を妨げるなどの弊害が起こります。

② 集団浅慮（グループシンク）

会社や部署内で，戦略などを構築する際に，早く決定させようと過度のプレッシャーがかかると，物事を多面的な視点で評価する能力が不足して，よく考えずに決定してしまう場合があります。その結果，大きな失敗をする可能性があります。

上記の集団凝集性が高い場合や自社以外の外部情報が得にくい場合，または支配的なリーダーが存在する場合などに起きやすくなります。

集団浅慮を回避するためには，異なった意見を十分に取り入れ，建設的な批判を重視し，

選択肢の分析に時間をかけるなどの配慮が必要です。

　日々ニュースで話題になるような企業で起こるさまざまな不祥事についても，集団浅慮が起こっていることによって発生していることがあります。具体的には，原価の削減を追求するあまり，顧客をないがしろにして，食品偽装を行ってしまう食品メーカーや飲食店はまさにこれに当たります。

（5）2次試験における組織文化の問題

　前述のとおり，組織文化は組織のメンバーに対する行動規範となり，組織の一体化が進むほど組織のメンバーは，強くその行動規範に基づいた行動をとります。そして，そのことが外部環境や内部の経営資源とうまくマッチしている間は，順調に企業が発展していく要因となります。さらに，成功体験が蓄積されればされるほど，組織文化はより強固なものとなっていき，構成員の考えや行動をさらに画一的なものにしていきます。

　しかしながら，当然のことではありますが，外部環境や内部の経営資源は時の流れとともに徐々に変わっていきます。そして，**環境の変化に現在の組織で対応できなくなったときには，ビジネスモデルの変換を行う必要**が生じてきます。しかし，ビジネスモデルを変えるには，組織形態を変更する（たとえば，新規事業用の新たな部署の創設や部門の編成基準の見直しによる部門再編など）だけでは不可能です。なぜならば，組織文化に変化がない限り，どれだけ組織形態を変えたとしてもその中で働くメンバーの意識や行動規範は変わらないからです。そこで組織文化の変革が必要となるわけで，試験では組織文化の変革に関する提案を問われることになるわけです。

（6）組織文化の変革

　上記を踏まえたうえで，2次試験において事例企業の組織文化の変革を図る際には，事例企業の状態に応じて以下のような提案を解答に盛り込めばよいでしょう。

①　経営トップの認識

　まず，経営トップ（社長など）に過去の成功体験に依存することなく，組織文化を変革することの必要性を認識してもらいます。

②　経営トップのリーダーシップ

　組織文化の変革にあたっては，経営トップ自らがリーダーシップを発揮する必要があります。経営トップが手本となりながら，組織のメンバーに対しリーダーシップを発揮して組織文化の変革に全社的に取り組みます。

③　経営ミドル層の意識改革

　経営トップ自らが経営ミドル層（部長・課長などの中間管理職）に対し組織文化変革の必要性を訴えることで，経営ミドル層の意識改革を図り，実務上の変革の推進役として行動してもらいます。ただし，事例企業が小規模企業である場合には，全社員に対して意識改革を図るのもよいでしょう。

④ 評価と報酬

　組織文化を変革するということは，メンバーの行動規範を変えるということです。よって，組織文化の変革を積極的に推進している者に対しては経営トップ自らが表彰したり，よい評価や報酬を与えるようにします。また，それらを社内でオープンにすることにより組織のメンバーの行動規範を変えていきます。

⑤ 抵抗勢力への対処

　組織文化の変革で不利益を被る役員や社員は少なからず存在し，彼らが変革に反対する抵抗勢力となることがあります。抵抗勢力への対処としては，その者を変革のプロジェクトチームの中心役に据えるなど，共に組織文化の変革を行う重要な仲間として協力を仰ぐことにより，抵抗勢力の変革意識の高まりや反対の態度の軟化が期待できます。または，どうしても抵抗をし続ける社員をリストラすることも手段として残されています。令和元年度の事例ⅠのA社では，組織文化の変革を行ううえで，新規事業に対して抵抗勢力となっていた高齢社員を人員削減し，新規事業へチャレンジする組織文化へと変革させました。

⑥ 目的とPDSサイクル

　一定期間経過後には，組織文化の変革の目的を再確認するとともに，変革の動きに対するPDSサイクルを回して，確実に変革が進んでいることを確認する必要があります。

⑦ 経営統合による変革

　長い期間を経て定着した組織文化の変革を実現することは難しいです。特に従業員が固定化している企業においては非常に難易度が高くなります。そのような状況では，M&Aを実践して他企業と経営統合することで，組織文化の変革を実現する手法も考えられます。経営統合して両社の従業員を融合させることで、それぞれの考え方や価値観を互いに浸透させ組織文化の変革につなげていきます。

（7）本テーマに関する設問と解答の例

　Q1．A社が業績回復を図るうえで社長に対しどのような助言を行うか？

　A1．A社は現在の主要顧客に依存した行動をとっている組織文化の変革を図るべきである。自社の持つ優れた技術で新規顧客の開拓が可能であるという事実を経営トップが認識したうえで，トップ自らが社員に対し意識改革を働きかけ，新規顧客開拓に向けて組織一丸となり新しい行動がとれるよう助言する。

（8）押さえておくべきキーワード

経営理念　　ビジョン　　　行動規範　　　変革　　　推進　　　経営トップ					
リーダーシップ　　　意識改革　　　PDSサイクル　　　経営ミドル　　　儀式					
セレモニー　　　言葉　　　物語・伝承　　　シンボル					

7.　組織のライフサイクル

■概要

> 　人間は赤ちゃんとして誕生してから，幼稚園・小学校・中学校・高校・大学という学生時代を経ながら知能・能力・体つきなどの成長を重ねていきます。その後，体つきなどの成長は止まりますが，社会人として能力を発揮しながら仕事をして成熟した時期を過ごし，いずれは老年となり体力や能力などの面で徐々に衰退していきます。
>
> 　人間がこのようなライフサイクルを送りながら一生を過ごしていくのと同様に，組織（企業）にもライフサイクルがあります。**組織のライフサイクルは，誕生（導入）期，成長期，成熟期，衰退期という4つのステージを経**ていきます。
>
> 　ここでは，それぞれのライフステージにおける特徴を理解して，事例企業への提案を行う際に，現在事例企業がどのステージにあるのかを把握し，そのステージに合った提案を行えるようにしましょう。ちなみに，このライフサイクルはマーケティングで学習するPLC（製品ライフサイクル）と同じサイクルとなっています。

（1）スタートアップ期（誕生期）

　企業を創業してからまだ間もない，企業が誕生したばかりの時期です。**起業者段階**ともいわれています。ITベンチャー企業などで最初は2〜3名の学生で創業したといった話はよく耳にすると思いますが，そのような時期と理解するとよいでしょう。

誕生期にある組織の特徴

- ・経営トップが強力なリーダーシップを発揮
- ・組織としては未熟，というよりも組織やルールなどをまったく必要としていない
- ・企業のパワーが創業者メンバーの能力や創造性に大きく影響する
- ・この時期の目標は，組織の存続

（2）成長期

　取引先からの受注増加やマーケット拡大などの外部環境の影響などにより企業が成長していく時期です。この時期は企業の成長度合いによって，**共同的段階**や**公式化段階**ともいわれています。企業が成長するにつれて，従来は創業者メンバー数名で対応できていたものが，徐々に自分たちだけでは対応できなくなり，新しいメンバー（社員）が必要となってきます。

　共同的段階では，新しいメンバーが数人から数十名程度増加した段階で，まだ企業体ではなく共同体という状況にあります。

　公式化段階とは，企業がさらに成長を続けていき，従業員が増加して100名前後の規模になってくる段階のことです。従業員数がそれだけ多くなると，組織をコントロールする

のに経営トップのリーダーシップだけではうまくいかなくなるため，システマティックな規律やルールなどが必要となってきます。

① **成長期にある企業の特徴（共同的段階）**
- ・創業時メンバー以外の社員がいるため，メンバー全体を取りまとめることが重要
- ・メンバー全体の取りまとめには経営ビジョン・価値観・経営目標・方向性などの再定義を行い，共有化を図ることが必要
- ・経営トップには誕生期以上に，より強力なリーダーシップの発揮が求められる
- ・簡単な権限委譲や分業体制などが行われるが，メンバーは企業というよりも共同体の一員としての意識が強い
- ・この時期の目標は，組織の成長

② **成長期にある企業の特徴（公式化段階）**
- ・権限の階層化が進み，権限委譲が積極的に行われる
- ・メンバー間のコミュニケーションを促進する工夫が必要
- ・組織の手続やルールが必要となり，官僚化が進んでいく
- ・ミドルマネジメントの果たす役割が大きくなる
- ・この時期の目標は，組織の安定・拡大

（3）成熟期

　企業が大規模に成長を遂げ，組織として成熟した時期です。この時期は**精巧化段階**ともいわれています。従業員数は数百名から数千名以上まで拡大し，組織全体をコントロールするにはシステマティックな運営をさらに徹底することが必要となり，官僚化がより進んでいきます。

成熟期にある企業の特徴
- ・組織の手続やルールが高度化
- ・複数の事業や組織が存在
- ・組織の動くスピードが遅くなる，組織内での各種手続が煩雑になるなど，官僚化が進むことで官僚制の逆機能が表れ始める
- ・この時期の目標は組織の完成

（4）衰退期

　前述の成熟期から官僚制の逆機能が表れ始めますが，そのまま放置しておくと逆機能の働きが大きくなっていき，次第に組織の活性化がなくなり，いずれ組織は衰退期に陥り衰退していきます。そのため，組織は成長期から成熟期のライフステージにいるうちに，さまざまな方策をとりながら組織の再活性を図り，衰退期に陥るのを避けることが必要となるわけです。

衰退期を避けるための具体的な方策

- ・組織横断的なプロジェクトチームの結成
- ・社内ベンチャーの立ち上げによる新規事業開発
- ・現状組織の大幅な見直しや小組織化への再編
- ・両利きの経営による，既存事業への深掘りとともに新たな事業への探索を行う

（5）本試験での活用

　事例企業のライフステージにおける特徴を理解することで，そのライフステージから次のライフステージに上がるために必要となることや，現在のライフステージにおいて不足しているものは何かを把握することができます。

　たとえば，平成17年度事例ⅠのIT企業の場合，創業者3名ほどで立ち上げた会社は，パソコンブームやインターネットブームの影響も手伝い，企業規模が急激に拡大していきます。そのため，創業者メンバーでは人手が足りなくなり，新たに人材を採用しますが，この段階ではまだ社員間の関係は仲間意識の強い共同的段階でした。そのような状況において，社長がさまざまな管理施策を導入したことに対して，社員から反発があがり社員のモチベーションがダウンしてしまいます。これはなぜ起こったのでしょうか？

　社長は，組織として成長を図るには，現在の共同的段階から公式化段階に企業のライフステージを上げる必要があり，そのためには各種のルールや手続などの管理施策を導入する必要があると考えたわけです。しかしながら，共同体として仲間意識を持って自由に働いている社員にとっては，何の説明もなく管理施策を導入されることは非常に窮屈に感じてしまうようになり，これがモチベーションダウンの原因となっています。よって，これを解消するには，社長自らが社員に対してその必要性を十分説明し，社員の理解をあらかじめ得る必要があったということです。

（6）押さえておくべきキーワード

スタートアップ期　　成長期　　成熟期　　衰退期　　起業者段階 共同的段階　　公式化段階　　精巧化段階　　組織の存続　　組織の成長 組織の安定　　組織の完成　　リーダーシップ　　権限委譲・分業　　手続・ルール 官僚制

8. モチベーションアップ

■概要

> 社員の戦力化を図るうえでは，能力開発とモチベーションアップの両輪をうまく回さなければいけません。モチベーションアップを考える際には，ハーズバーグの動機づけ・衛生理論で考えるのが最も簡単です。主に以下の3つがキーとなる切り口です。
> ① **環境**：命令系統，金銭（給与，ボーナス，報奨金），職場環境
> ② **仕事**：職務充実と職務拡大によるやりがい感の醸成
> ③ **認められること**：人事考課による評価，表彰
> この3点から対策をとれば，モチベーションの向上につながります。

（1）動機づけ理論と衛生理論

1次試験で学習済みなので簡単に説明しますと，**動機づけ要因**を満たすと社員は職務満足を感じて**モチベーションアップ**につながる，一方，**衛生要因**を満たしていないと社員は職務不満足を感じて**モチベーションダウン**につながる（つまり，衛生要因は満たしていて当たり前），ということです。

したがって，2次試験においてモチベーションアップについて解答する場合には，動機づけ要因と衛生要因のどちらか一方だけでなく，2つの要因をそれぞれ満たすことを意識して，以下のさまざまな具体策を提案するとよいでしょう。

（2）動機づけ要因（認められること）

動機づけ要因とは，主に仕事内容の影響のことで，欠如しても不満足を生むことはなく，満たされると満足を生む要因のことです。動機づけ要因のキーワードとしては，「達成」「承認」などです。つまり，本人が達成感を感じる仕組みをつくるなど，会社が本人の業績や能力を認めることによって本人のモチベーションが向上します。

具体的には，達成感を感じられるようにするためにMBO（目標管理制度）を導入する，社内表彰制度を設けて優秀な業績を収めた社員を表彰する，などがあげられます。

主な具体策を以下にあげます。

・MBO（目標管理制度）

・社内表彰制度

・面接制度

・社長とのプレミアム食事会

・役員会議への参加権

（3）職務充実と職務拡大（仕事）

　動機づけ要因を満足させるものに「**職務充実**」と「**職務拡大**」があります。職務充実とは，職務におけるマネジメントの裁量権を拡大することをいいます。職務拡大は職務領域の幅を広げることをいいます。なお，一般的に職務充実は垂直的拡大，職務拡大は水平的拡大といわれます。

　具体的な例をあげれば，服飾小売店で紳士服の販売を担当している社員に対して，婦人服の販売の担当も任せるのが職務拡大であり，紳士服の販売だけでなく紳士服の仕入も行えるように権限を拡大するのが職務充実です。

　職務拡大や職務充実はそれぞれモチベーションの向上に寄与しますが，対象となる社員の成熟度を判断したうえで，どちらの方策を実施するか決定するとよいでしょう。社員の成熟度がまだ低い場合は，まずは職務拡大を行い，その後，社員が成熟してきたら職務充実を行います。

　主な具体策を以下にあげます。

・昇進／昇格（平成26年度の事例では，中途採用者を課長に昇進させてモチベーションを上げ，能動的な組織文化に刷新させたと考えられます。）
・定期ジョブローテーション
・CDP
・若手の積極的登用
・提案制度
・リーダー制（既存組織に若手へ権限を与えるレベルをつくる）
・役職公募制
・プロジェクト組織
・社内ベンチャー制

（4）衛生要因（環境）

　衛生要因とは主に仕事の環境に関連し，欠如すれば不満を生み出すが，満たされていたとしても満足は生み出さないという要因です。衛生要因のキーワードとしては，「命令系統」「給与」「職場環境」などです。衛生というのは環境と同じような意味合いでとらえましょう。つまり，仕事をしていくうえで最低限の環境が整っていないと不満足が発生してしまうということです。

　具体的には，指揮命令系統がはっきりしていないと，だれの指示を聞いて仕事をしていいのかわからず混乱してしまうので仕事がやりにくいとか，また，年功給の会社の場合で，一生懸命仕事をしてもしなくても，先に入社した人のほうが必ず給与が高い場合にはモチベーションがダウンしてしまいますよね。このような働くうえでの環境というイメージを持つと理解しやすいと思います。

　主な具体策を次にあげます。

- ・指揮命令系統の明確化
- ・給与
- ・報奨金
- ・インセンティブ旅行
- ・ストックオプション
- ・職場環境の改善

（5）ありがちな従業員のモラール低下要因とその対策

要　因	対　策
①仕事を任されない，業務に創造性がない	権限委譲，職務充実，職務拡大
②コミュニケーションが円滑でない	人員交流，意見交換の場を設ける，組織を横断したプロジェクトチーム
③施策に納得性がない，企業の目標が明確でない	目標，施策導入の目的の共有
④評価制度が明確でない，成果が評価に反映されない	MBO，成果主義導入

（6）本テーマに関する設問と解答の例

Q1．A社では社員のモチベーションが低下している。解決策を提案せよ

A1．動機づけ要因および衛生要因を満足させる施策を実施する。具体的には，①MBO
を導入して達成度合いに応じて昇進に反映させる，②優秀な社員に対して社長自
らが社員全員の前で表彰を行う，などにより動機づけ要因を満足させる。また，
社内の指揮命令系統のルール化を再設定し，社員に明確に示すことで衛生要因を
満足させる。

（7）押さえておくべきキーワード

動機づけ要因	衛生要因	達成	承認	仕事そのもの	昇進
会社の方針	命令系統	給与	作業環境	職務充実	職務拡大
垂直的拡大	水平的拡大				

9.　能力開発

■概要

> 　人材を戦力化するには，1 つの方法として，人材の能力開発（もう 1 つはモチベーションアップです）が必要となります。能力開発を行うには，① **OJT**，② **Off-JT**，③ **自己啓発支援**の 3 つの方法があります。事例企業の状況を考えながら，これらを組み合わせて能力開発の提案をしましょう。
>
> 　まずは，現時点で何の社員教育も実施していない企業の場合には OJT を実施し，次の段階として Off-JT を実施，最後に自己啓発支援を行う，という順序で段階的に能力開発を充実していく提案をしましょう。
>
> 　また，すべての社員に対して同等の人材育成を行うのではなく，個人の階層や職種，また人材育成を行う目的別に施策を区別する必要があります。

（1）能力開発の方法

①　OJT（On the Job Training）

　OJT とは，その名のとおり，職場での日常の仕事を通じて，上司や先輩社員が部下や後輩社員に対して教育訓練を行っていくという能力開発のことです。普段の仕事を通じて教育することは，一見簡単なように見えますが，実際には日々の業務に忙殺されてしまうと業務の指示命令ばかりで，しっかりとした教育を施すことは難しいものです。

　よって，OJT を実施する際には，以下の留意点を提案内容に含めるとさらに効果的なものになります。

- ・長期的な育成を視野に入れた段階的な OJT を計画して実施する
- ・事前にトレーナーである上司や先輩社員と人事部門との間で，OJT を通した部下や後輩社員の育成の方向性に関する共通認識を持っておく
- ・半年や 1 年といった一定期間の経過後，計画どおりに育成ができているかを定期的に振り返るチェックポイントを設定する
- ・トレーナーである上司や先輩社員に対して，トレーナーとしての必要な心構えや技術の教育を施しておく
- ・トレーナーである上司や先輩社員の評価項目に育成に対する取組みを設定しておき，部下や後輩社員の育成が自分たちにとってプラスに働く仕組みをつくる

②　Off-JT（Off the Job Training）

　職場以外の場で教育研修を受ける能力開発のことです。いわゆる社外研修や外部団体での講習会の受講などです。

　Off-JT を実施する場合には，(a) 自社以外の場所で実施されている講習会や研修会に社員を参加させる，(b) 自社に外部の専門講師を招いて，自社で講習会や研修会を行う，と

いう2通りの方法があります。事例企業の状況に合わせて提案内容を変えるとよいでしょう。Off-JTの具体的な例は以下のとおりです。

ⅰ）職務に必要な技術や能力習得の研修

営業職であればコミュニケーション技術，経理職であれば簿記，人事職であれば労務管理の知識など，職務に必要な技術を学ぶ研修です。

ⅱ）階層別研修

新入社員，中堅社員，初級管理職，中堅管理職，部門長，役員などの階層に応じて，その階層に求められている共通の知識や技能の習得を図る研修です。ミドルマネジメント層の育成を図るには階層別研修を実施するのが効果的です。

③　自己啓発支援

自己啓発支援とは，社員が自分の能力開発のために行う通信教育や学校への通学など自主的に行う学習（自己啓発）を会社がバックアップすることです。

ⅰ）自己啓発にかかる金銭を支援

社員が自分で学習するのに必要な金銭を支援する。通信教育費用や書籍購入費用，通学費用の一部負担を行うなどがあげられます。

ⅱ）自己啓発にかかる時間を支援

社員が学習する時間を支援する。自己啓発のために夜間に教育機関に通学している社員に対する残業の免除，フレックスタイムの適用などがあげられます。

（2）能力開発の種類

① 　階層別教育訓練

従業員を，組織の部門を問わず，職位・役職や資格等級などによって区分して，その階層ごとに共通する教育訓練（研修）を実施します。

新入社員教育・一般社員教育・管理者教育・経営者教育などがあります。

② 　職種（職能）別教育訓練

従業員を，職種・部門など機能別に区分して，その職種・部門ごとに共通する教育訓練（研修）を実施します。専門教育ともいわれます。

技術者教育・セールス担当者教育・システムエンジニア教育・海外要員教育などがあります。平成26年度の事例では，即戦力である中途採用者の課長による指導で部下の製造ノウハウを向上させたと考えられます。

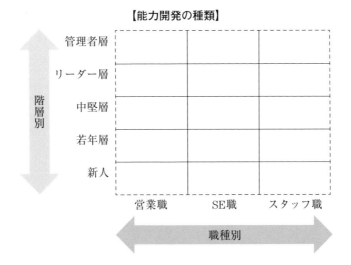

【能力開発の種類】

（3）その他の教育方法

・計画的ジョブローテーション　　・小グループ勉強会の奨励（平成23年度事例Ⅱ）

・Eラーニング　　・ロールプレイング（特に営業向けトレーニング）

・インバスケット（管理者向け判断力トレーニング）　　・CDP

（4）本テーマに関する設問と解答の例

Q1．Webビジネスを展開しているA社において社員の能力開発策を提案せよ

A1．OJT，Off-JT，自己啓発支援を組み合わせて能力開発を行うよう提案する。OJTとしては，優れたWeb技術を持つ優秀な社員をトレーナーとして段階的な教育を行う。Off-JTとしては，Web技術の社外講習会に社員を参加させる。自己啓発支援としては，社員がWeb技術に関する通信教育や通学に対して金銭的・時間的支援を行う。

（5）押さえておくべきキーワード

OJT	段階的	計画的	振り返り	Off-JT	専門的	専門講師
社外研修	自己啓発支援	時間の支援	金銭の支援			

10. インターナルマーケティング

■概要

　サービス業におけるマーケティングの1つです。サービス業と他の業種との主な違いは，CP（コンタクトパーソネル）が顧客と直接接して提供するサービスそのものが商品である点であり，サービス財の特性（『【事例Ⅱ】の知識　8. Product ④　サービス財』参照）への対応策が求められます。そのため，サービス業の3つのマーケティングがバランスよく機能する必要があります。

　ちなみに，CPとは顧客に接してサービスを提供する人のことをいい，たとえば美容院における美容師，エステサロンにおけるエステティシャンを指します。

　また，一般的には，サービス業に限らず取り入れられている概念ですので，業種を問わず人事面で活用できる知識としてしっかり押さえておきましょう。

（1）サービス業の3つのマーケティング

① **インターナルマーケティング**　　→　会社からCPへのマーケティング

② **エクスターナルマーケティング**　→　会社から顧客へのマーケティング

③ **インタラクティブマーケティング**→　CPと顧客間のマーケティング

　インターナルマーケティングとは，会社からCPつまり社員へのマーケティングのことであり，人事制度と密接に結びついているものであります。今後もサービス業の出題可能性は高いと思われるため，しっかりと覚えておきましょう。

　エクスターナルマーケティングおよびインタラクティブマーケティングについては次章をご覧ください。

（2）インターナルマーケティング

　前述のとおり，サービス業においては，CPが顧客と直接接してサービスを提供するため，CPが顧客満足に与える影響は非常に高くなります。たとえば美容院なら，美容師さん次第で顧客の持つ印象は変わってくるということです。

　当然のことですが，自分が髪を切ってもらうなら，高いカット技術を持っていてやる気のある人にお願いしたいですよね。そのような意味でも，会社からCPへのマーケティングが必要となります。

　インターナルマーケティングの具体的内容は以下の3つです。

① **モチベーションアップ**

② **能力開発**

③ **標準化**……マニュアル化，機械化

モチベーションアップおよび能力開発の施策は，これまでの項目で出てきたものを提案

できればよいので，同じ対応をしていきましょう。標準化とは，CPによる顧客に与えるサービスの品質の差をなくすという考えです。サービスの品質の差とは，具体的には，美容院でシャンプーしてもらう際に，美容師によって洗い方が違う，洗った後の汚れの落ち具合が違う，といったことです。

　このようなサービスの品質の差をなくし品質の安定化を図るには，業務のマニュアル化や機械化を実施することが有効です。たとえば，オートシャンプーの機械を導入すれば，シャンプーの質を一定に保つことができています。

　また，サービス業に限らず，2次試験に登場する事例企業においては，さまざまな業種でインターナルマーケティングの手法が取り入れられており，事例テーマの特性上，特に事例Ⅰと事例Ⅱにおいて与件文に記述されている傾向があります。

- ・平成26年度事例Ⅰ（精密ガラス加工メーカー）…即戦力である中途採用者の課長による指導で部下の製造ノウハウを向上させる能力開発
- ・平成23年度事例Ⅱ（眼鏡専門店）…社員に活躍の場を積極的に提供，定期的な小集団活動
- ・平成22年度事例Ⅱ（食品スーパー）…能力を適正評価し昇給や昇進，責任権限の委譲
- ・平成21年度事例Ⅰ（菓子メーカー）…社内コンテストの開催
- ・平成19年度事例Ⅰ（輸入アクセサリー販売業）…責任権限の委譲
- ・平成19年度事例Ⅱ（ホームセンター）…技術研修や技能資格取得者の報奨制度，顧客対応No.1社員の表彰や「一日店長」体験

（3）本テーマに関する設問と解答の例

　Q1．美容院であるA社はCPに対してどのような対策を行うべきか？

　A1．CPに対して次のようなインターナルマーケティングを働きかける。①モチベーション向上のため優秀社員の表彰制度を導入する，②能力開発として社外講習会に参加させる，③標準化として接客技術をマニュアル化する。

（4）押さえておくべきキーワード

モチベーション　　モラールアップ　　　衛生理論　　権限委譲　　能力開発　　OJT Off–JT　　自己啓発支援　　標準化　　マニュアル化　　機械化　　情報の共有化

11. 評価

■概要

　社員のモチベーションに大きく影響を与えるものとして，評価があります。現実の企業における人事制度を運用するうえでは，評価というものは大変難しいものですが，中小企業診断士試験のうえでは非常にシンプルに考えることができます。簡単にまとめると，全社員にとって**わかりやすくて，公平で，納得ができる評価制度**を導入することが求められます。

（1）評価を考えるうえでのキーワード

　評価を考えるうえでのキーワードは３つに集約されます。それは「**透明性**」「**納得性**」「**公平性**」です。

① 透明性

　評価項目を明確にして社内に対してオープンにすることです。会社の評価は，どのような評価項目があるのか，どのようにすれば評価されるのかという情報をあらかじめ社員に周知し，社内で共有化することが必要です。

② 納得性

　被評価者が評価結果に対してできるだけ納得できるということです。それには，被評価者に対して評価結果や，なぜそのような評価結果に至ったのかという評価プロセスをフィードバックすることにより，本人の納得性を高めることが必要です。

③ 公平性

　公平な評価が行われるようにするということです。ある特定の人だけが評価されることのないよう，評価項目を公平にするということもありますが，評価者が公平な評価をできるようにするということも含まれます。そのためには，評価者に対して評価者訓練を実施することにより，評価者の評価レベルを向上させることが必要です。

（2）評価者のエラーが生じる場合

　１次試験で学習する評価者のエラー（対比誤差・中心化傾向・拡大化傾向・ハロー効果など）に関する内容を２次試験でそのまま解答させることは考えにくいです。

　ただし，与件文で評価者のエラーが発生しているような場合や，評価者の評価経験が浅い場合については，評価者訓練を実施することで評価者の評価レベルを向上させることを提案するとよいでしょう。

　また，社内の複数の評価者を集めて評価者訓練を実施することで，評価レベルの標準化を図ることができ，さらに評価の公平性が保てる効果が期待できます。

エラー対策

- ・評価者訓練の実施
- ・多面評価制度（360度評価）
- ・複数人による評価の中央値による評価
- ・面接による補完

（3）評価の対象による分類

　何を評価するかという考え方は以下のような変遷を経ていると考えられ，今後はコンピテンシー評価中心でいくべきという潮流があります。

① 年齢と経験を評価：**年功序列**

② 能力を評価：**職能給**

③ 成果を評価：**成果主義賃金，年俸制**

④ 成果＋成果につながる行動を評価：**コンピテンシー評価**

（4）コンピテンシー評価

　コンピテンシーとは，英語の直訳で「資格・能力」を意味しますが，ここでのコンピテンシーとは成果につながる行為を意味し，それによって継続的に成果を創り出せる能力を意味します。主に以下の3点がそのスキルです。

- ・技術や知識のスキル
- ・人を引っぱる人間力スキル
- ・問題解決，環境変化を推進する変革スキル

　評価のポイントとして，短期的な成果だけでなく，長期的な成果につながる行為も評価の対象に入る点が単なる成果主義と一線を画しています。また，成果という結果が出なくても，人のチャレンジ精神や推進力に一定の評価を与えることにも特徴があります。

　そもそも成果主義で，成果という“運”もかかわる結果だけで人を評価することに限界があり，この発展形としてコンピテンシー評価が生まれてきた理由の1つがあるのです。年齢や経験，成果だけで評価をするのではなく，その**行動や姿勢も評価**するのです。コンピテンシー評価は現在のメインストリームですので，提案できるようにしっかり覚えておきましょう。

コンピテンシー評価の留意点

　何より社員と管理者との間で，評価に対する十分なフィードバックを面接などによって行うことに留意します。いくら客観的に評価を行っているつもりでも，評価結果に対して社員が納得していない限り，意味のない評価となってしまうからです。

（5）目標による管理（MBO）

　目標による管理とは，ドラッカーの提唱した理論で，従業員一人ひとりに企業が彼らに期待している成果を理解させ，正しい方向に努力させるために行うマネジメント手法です。

① MBO 導入により期待される効果

- ・企業が従業員に何を求めているかを理解させることができる
- ・従業員一人ひとりが自分自身で目標設定を行うことで目標に責任を持たせることができる
- ・自らの目標を自ら管理することで従業員の目標達成へのモチベーションが高まる
- ・従業員に高い視点・広い視野での業務意識を持たせることができる

② MBO を実現する際の留意点

- ・目標は好みではなく，組織からの客観的なニーズで設定しなくてはならない
  - →簡単すぎる目標や自分勝手な目標ではダメ。組織目標を達成するために，自分自身が企業から何を求められているかを考え，それに則した目標とすること。
- ・目標はできる限り測定可能なものであること
- ・目標はできる限り達成可能なものであること

（6）本テーマに関する設問と解答の例

Ｑ１．A 社の評価方法に対する不満から社員のモチベーションがダウンしている。アドバイスせよ

Ａ１．現行の評価方法を見直し，公平感のある新たな評価方法を作成するとともに，評価方法を社員に対し明確に示して透明性を確保する。また，評価結果を被評価者にフィードバックし，評価結果に対する被評価者の納得性を高めることに留意するようアドバイスする。

（7）押さえておくべきキーワード

公平性　　納得性　　透明性　　フィードバック　　共有化　　評価者訓練 コンピテンシー評価　　目標による管理（MBO）

12.　報酬

■概要

> 　年功給を採用している企業で，外部環境の変化により売上高が低迷しているにもかかわらず，毎年昇給が行われる場合には，当然ながら売上高対人件費比率が年々上昇して，会社の経営を圧迫していくことになります。このような事例企業には，業績連動型給与体系の導入など報酬に関する施策を導入することを提言しましょう。

（1）代表的な報酬の形態

①　年功序列型給与

日本企業の代表的な給与体系が年功序列型の給与体系です。その名のとおり，勤続年数や年齢などにより給与体系が決まる制度であり，問題点ばかり指摘されがちですが，メリットもありますのでしっかり把握しておきましょう。平成27年度の第4問では，「成果主義に基づく賃金制度を，あえて導入していない理由」が問われており，「年功序列型給与を継続している理由」を問われているともみることができます。

〈メリット〉

・長期的な視点での社員教育が可能
・会社に合った人材を育成しやすい
・離職率が低下する

〈デメリット〉

・人事評価の納得性が低い
・労働意欲が低下するおそれがある

②　業績連動型給与（成果主義）

年功序列型給与が日本の代表的な給与体系であるのに対し，業績連動型給与は欧米企業での代表的な給与体系です。中小企業白書では日本の中小企業は成果主義を導入している割合が高いと記載されています。

〈メリット〉

・総人件費の適正化が図れる
・仕事に対する意欲が高まる
・人事評価の重要性・納得性が高まる
・中途採用された社員も公平に扱われる

〈デメリット〉

・短期的な業績を重要視し，長期的な視点が失われがちになる
・部下育成など評価に直接つながらない業務が軽視される
・社員が失敗を恐れがちになる

業績連動型給与については，以上のようなメリットとデメリットがあります。

上記のとおり，業績連動型給与では，成果主義を希望する向上心の強い社員や若手社員にはモラールアップにつながるものの，年功給で働いていた高齢のベテラン社員にはモラールダウンにつながるおそれがあります。導入の際は，まずは賞与の一部を業績連動型にし，徐々に月給も対象にしていくなど，段階的に導入することで，ベテラン社員のモラールダウンという問題を回避することもできます。

なお，業績連動型給与を導入する際のその他の留意点として，導入の目的を社員に理解させること，本制度の導入によるPDSサイクルをきっちり回すことを解答に入れるとよいでしょう。

（2）給与削減

キャッシュアウトする給与を減らす方向の提案が求められる場合があります。基本的には，人のモチベーションを削ぐ給与カットなどは，企業の原動力である人を虐げるため，あまり好ましくなく，安易に給与カットの提案をすることはまず考えにくいです。それでも給与削減が求められる場合には，以下のような方策を提案しましょう。

・ストックオプションによる部分代用
・業績連動型給与にして売上高対人件費比率を一定にして抑える
・社員持ち株会の導入
・役員の（社員ではない）給与カット，ボーナスカット

（3）本テーマに関する設問と解答の例

Q1．A社では年功給を採用しているが，社員の高齢化により人件費負担が大きく，経営を圧迫している。改善策を提案せよ

A1．年功給を廃止して新たな給与体系を導入することにより，人件費負担を軽減する。具体的には，社員の役割と責任の重さ，そしてそれらに対する成果を総合的に判断して給与を決定するよう変更する。

（4）押さえておくべきキーワード

業績連動型給与　　人件費の変動費化　　役割と責任

13.　キャリアコース

■概要

> キャリアとは**職務経歴**のことであり，キャリアコースとは，**社員が入社してから経験する職務の進路**のことです。実際に人事制度を構築するうえにおいては，評価と報酬とキャリアコースの3つが大きな柱となっており，それぞれは密接に関連し合っています。よって，現実的にはこれらのうち1つだけを変更するということはあまりありません。
>
> また，中小企業診断士試験においていうならば，報酬や評価方法の変更を解答として提案することはあっても，キャリアコースに関する提案を行うということは比較的少ないでしょう。ただし，本項に例としてあげるものは，社員の能力開発やモチベーションの向上，組織の活性化につながる施策となりますので，これらは場合によって提案できるようにしておくとよいでしょう。

（1）ジョブローテーション

　ジョブローテーションとは，社員を育成するために戦略的にいくつかの職務を継続的，計画的に経験させるよう人事異動や配置転換を行うことをいいます。さまざまな職務を経験することにより，社内の業務を総合的に理解することができ，会社全体を見渡せる将来の幹部候補として能力を発揮することが期待できます。

　また，社員を定期的に異動させることにより，社内や社員の意識改革や活性化を図ることができます。たとえば，社内の人員配置が固定化してしまっていることが社内に弊害を与えている場合に，意図的にジョブローテーションを実施するという提案は有効です。

（2）キャリアディベロップメントプログラム（CDP）

　キャリアディベロップメントプログラム（CDP）とは，従業員のキャリアや能力開発を長期的な視点で設計する計画のことをいいます。具体的には，会社側が社員に求める将来的な人材像と社員が将来的になりたいと希望している人材像について，会社側と社員が話し合って，長期的かつ計画的な育成計画をつくり，計画に基づいたキャリア設計や教育や配置を行っていきます。

　また，定期的にチェックポイントを設けて，①会社と本人で目指すべき人材像に変更がないか，②当初の計画のとおり実行できているか，などの点について振り返るとよいでしょう。CDPを確実に運営していくことは社員の能力向上やモチベーション向上にも役立ちますので，それぞれの提案に十分使えます。

（3）社内公募制

　社内公募制とは，会社が，社内のある部署のポジションや新規事業やプロジェクトのメンバーなどの業務上に必要となる人材を，社内から公募により集める制度のことです。希望する社員は自ら応募してその部署に異動することになるので，社員のモチベーション向上が期待できます。この制度は，比較的大きな規模の会社で実施されることが多いので，知識として頭に入れておく程度でよいでしょう。

（4）複線型人事制度

　複線型人事制度とは，キャリアコースが1つだけでなく，複数設定してある制度のことです。具体的には，製造業などにおいて特殊な技術を持つ製造技術者，設計者，研究者などの専門職に対し特別の資格や役職を設けて，従来の職能等級とは別のキャリアコースと並行して運用します。平成26年度事例Ⅰの第5問で，専門知識を持つ人材を長期的に勤務させていく管理施策を問われています。

　これにより，専門職を極めたい人は管理職としてマネジメントを行わずに，好きな専門分野に特化しながら，独自のキャリアコースを進むことができます。**専門家の技術がコアコンピタンスである企業においては有効な制度**となります。

（5）押さえておくべきキーワード

長期的	継続的	振り返り	活性化	ジョブローテーション	CDP
モチベーション	能力向上	社内公募制	複線型人事制度		

14.　非正規社員の活用

■概要

　非正規社員とは，正社員以外の社員のことで，契約社員，パート社員やアルバイトのことをいいます。中小企業白書においても，非正規社員の活用は大変有効であると述べられています。また，労働契約法改正に伴い平成25年4月1日以後に開始した有期労働契約が通算で5年を超えて繰り返し更新された場合は，労働者の申し込みにより無期雇用に転換することになりました。平成30年4月1日より無期雇用転換が運用され，令和元年4月1日にはパートタイム・有期雇用労働法が施行され，正社員とパートタイム労働者・有期雇用労働者の間の不合理な待遇差が禁止されました（中小企業への適用は2021年4月1日）。非正規社員の長期雇用を見越した戦力化とともに，無期転換社員の活用や人事管理制度の見直しが重要となります。

　最近では，大手量販店などでパート社員を店長に選出したりするニュースを皆さんも耳にしたことがあるかと思います。そういった意味で非正規社員を戦略的に活用することは，経営資源が乏しく，正社員をなかなか雇用できない中小企業にとって非常に重要となります。また，女性やOB人材を活用する場合にも，非正規社員（パート社員・アルバイト）として雇用することは有効な手段となります。（女性や高年齢者の活用については「20.　ダイバーシティ・マネジメント」を参照。）

　2次試験では，平成25年度には非正規社員の活用に関する設問が，平成29年度には少ない正規社員での経営体制についての設問が出題されました。

（1）非正規社員を活用するメリット・デメリット

非正規社員を活用することによるメリットとデメリットは以下のとおりです。

① メリット
- ・一般的に，正社員に比べて給与や退職金などが少ないため，企業の人件費負担を低減することができる
- ・日雇や短期間労働などによる採用が可能なため，企業の繁閑の状況に応じて雇用調整をすることができる
- ・不確実性が高い事業の場合，正規社員を抱えるリスクを低減できる

② デメリット
- ・一般的に，正社員に比べて勤続期間が短くなるため，非正規社員が習得したノウハウや技術が組織に蓄積しにくい
- ・正社員に比べて組織に対する忠誠心が低くなりがちであるため，情報漏洩リスクが高い
- ・勤務シフトが複雑な場合，労務管理が煩雑になりやすい
- ・正社員に比べて定着率や仕事に対する責任感，モチベーションなどが低くなりがち

である

（2）非正規社員の戦力化

　非正規社員の戦力化を図るにあたっては，正社員と同様の能力開発やモチベーション向上となる施策を行うことが重要ですが，特に非正規社員ならではの提案内容としては以下の点があげられます。

①　等級別賃金

　非正規社員の中でも成熟度による等級を設け，等級に応じた賃金とします。これにより非正規社員のモチベーションを高めます。

②　職場リーダー制

　非正規社員の中に実務のリーダー役を設けることで，非正規社員の職務充実・職務拡大を図りモチベーションを高めます。

③　正社員への登用

　優秀な非正規社員については正社員登用への道があることを示すことで，非正規社員のさらなるモチベーション向上が期待できます。

　例）平成22年度事例Ⅱの食品スーパーでは，優秀なパート従業員を正社員へ登用する制度を設けています。また，平成19年度事例Ⅱのホームセンターでは，パート・アルバイトに対しても社員同様に顧客対応No.1従業員選出の対象としており，正社員登用の道を開いています。

④　能力給の導入

　特に専門的な能力を持つ非正規社員については，能力給を導入（または能力に対する手当を支給）することで，さらなる能力発揮が期待できます。

（3）非正規社員向けの人事施策の例

①　正社員を目指したい，扶養の範囲内で働きたいといった非正規社員のライフプランや目標に合ったキャリアプランの形成を支援する。

②　子育て中のため勤務時間を短縮したい，資格取得を目指しており学校のある日は早退したいなど，非正規社員のライフスタイルに合わせた柔軟な勤務体制を構築する。

（4）押さえておくべきキーワード

女性（主婦等）　　高齢者（OB人材）　　能力給　　等級別賃金　　職場リーダー制
正社員登用　　戦力化　　専門能力　　労働力の調節　　人件費低減

※参考：「労働契約法改正のポイント」リーフレット（厚生労働省・都道府県労働局・労働基準監督署）

15.　採用・退職

■概要

　　従業員の採用は**新卒採用**と**中途採用**の大きく 2 つに分けられます。それぞれメリットとデメリットがあるので，まずはそれらを理解しておきましょう。また，現在では採用の方法が多様化しています。事例企業の求める人材や支出可能な予算に合わせて方法を選択できるとよいでしょう。

　　退職については，高齢化が進むなか，退職後の高年齢者の活用に関して問われることがあると思われます（高年齢者の活用については「20.　ダイバーシティ・マネジメント」を参照）。

（1）新卒採用

　新卒とは新規卒業の略で，その年に学校（大学・専門学校・高校など）を卒業または卒業予定の者を採用することです。最近，比較的耳にする言葉として，第二新卒といわれる人々がいますが，第二新卒とは一般的には新卒入社してから入社 3 年目以内の社会人のことをいいます。よって，新卒と中途の中間くらいの認識を持っておけばよいでしょう。

　新卒採用におけるメリット・デメリットは以下のとおりです。

　・メリット　　：自社の組織文化に合った人材を育成できる。将来の幹部候補となるコア
　　　　　　　　　人材を育成できる
　・デメリット：社員の戦力化に時間とコストがかかる

（2）中途採用

　中途採用とは，新卒採用とは違い，年度の途中で行われる採用のことです。一般的には，職務経験や職務能力を持った即戦力人材をターゲットとしています。平成 26 年度事例 I では，2 名の中途採用の社員を生産部門の製造を担う 2 つの課の課長にほぼ同時期に昇進させました。2 名の課長はともに A 社の組織文化に染まっていないため，互いに横の連携を取りやすいことから，従来の受動的な組織文化を能動的な組織文化に刷新でき，入社前に培っていた製造ノウハウを部下に指導することにより良品率を大幅に改善できました。

　中途採用のメリット・デメリットは以下のとおりです。

　・メリット　　：必要な戦力を持つ人材を採用できるので，戦力の早期発揮が期待できる
　・デメリット：他社での勤務経験により，自社の組織風土になじまないおそれがある

（3）採用方法

　多様化した価値観を持つ人々の採用方法として，通常の自社告知による募集以外に次のような取組みが一般化してきています。

① 職種別採用

営業，法務，経理，人事エキスパート募集などの職種別に募集を行う方法です。

② インターンシップ制度

主に新卒採用で行われます。学生が企業で就業体験を行う制度です。企業が学生を受け入れることにより，優秀な学生の囲い込みを行うことができるとともに，学生も一度会社を見てから入社するため，労使のミスマッチが起こりにくいというメリットがあります。

③ インターネット告知

リクナビに代表される求人広告媒体上での告知です。単に告知をするだけでなく，インターネットを介したメッセージのやり取りや，面接日程調整を行うことも必要となります。ポイントは双方向による理解の促進です。

④ アウトソーシング

人材派遣会社などを活用します。

⑤ 人材紹介

自社で募集の告知は行わず，人材紹介会社に採用を希望する人材の条件を伝えます。その後，条件に合致した人材が紹介会社から紹介され，採用に至った場合には紹介会社に手数料を支払う仕組みです。中小企業などでは採用活動にマンパワーを充てられないケースが多々あり，そのような企業にとっては効率的な手段といえます。

⑥ 紹介予定派遣

上記の人材紹介会社から紹介された人物を一度派遣社員として受け入れ，勤務から一定期間経過後に，正社員として採用するかを検討し，採用に至った場合には手数料を支払う仕組みです。一度派遣社員として勤務してもらうため，その人の人物像や仕事振りを見たうえで採用することができるため，入社前と後とのミスマッチが起きにくいというメリットがあります。

（4）新規採用をすることなく自社内でマンパワーを再強化する手段

・社内公募制
・CDP の導入
・テレワークの導入による在宅勤務
・高年齢者の活用
・女性の活用

（5）雇用調整の段階的取組み

雇用調整の一般的な流れは以下のとおりとなっています。段階的取組みとして流れを押さえておきましょう。

① 残業規制

② 非正規社員の削減

③　正規社員の採用ストップ

④　社員の配置転換（出向含む）

⑤　希望退職者募集

⑥　退職勧告

（6）押さえておくべきキーワード

新卒採用　　中途採用　　職種別採用　　オープン採用　　通年採用　　一括採用

希望人材の明確化　　要員計画

16. 同族会社，非同族会社

■概要

> **同族会社**とは，法人税法では，上位大株主3人の持ち株比率の合計が50％を超える会社のことをいいます。日本の中小企業のほとんどは同族会社であり，中小企業診断士の2次試験対策としては，「同族会社≒家族経営の会社」とイメージすると理解しやすいと思います。

（1）同族会社の特徴

・社長（あるいは代表取締役など）を，自分の息子や孫に継承させる。

・配偶者や親族を取締役などに起用する。

・社長や一部の経営者に権限が集中している。

昨今の老舗有名企業にまつわる企業不祥事では，「経営の私物化」が1つの原因であると考えられ，同族経営については負のイメージを持たれやすく，経営の透明性を確保する仕組みを作る必要があります。

一方，経営者の明確なビジョンによる長期的な視野，迅速な意思決定による外部環境への対応など，強みを生かした経営を確立すれば，令和元年度および令和2年度事例ⅠのA社のとおり，業績を回復させ会社として成長することも可能です。同族会社の改善・改革の提言についてはその特徴を念頭に置くことが重要です。

（2）同族会社のメリット

① 経営者のリーダーシップにより意思決定を迅速に行うことができ，機動力のある経営が可能である。

② 株式買収により経営権が奪われるリスクが低く，経営者が株主に左右されない長期的な視点で経営を進めることができ，また，経営に対して「最後まで経営責任をとる」意思がある。

③ 事業承継にあたり，会社を同族（特に子息）に継承させることで，社長交代などの経営の移行を計画的にできる。

（3）同族会社のデメリット

① 会社を私物化する傾向がある。

② 同族という理由だけで後継者となり，適切な能力を持たない者が経営者となる場合がある。（後継者育成についての論点は，次項「17. 事業承継」参照）

③ 重要ポストが能力以外の要因で同族に与えられるなど，情実に左右され人事が不透明になりがちである。

④　同族以外が役員になりにくく，組織が硬直化・沈滞化しやすい。

⑤　責任や権限が不明確となりやすく，社員のモチベーションが低下することがある。

（4）同族会社のデメリットを克服するための施策

次のような施策で組織硬直を打破し，柔軟性の高い活性化した組織を形成していきます。

①　社員の能力開発制度や公平・適正な評価・報酬システムの導入

社員の能力を発揮できる社内環境や組織文化・風土を構築するため，社員の能力開発制度や公平・適正な評価・報酬システムを導入します。特に，同族以外の役員・役員候補の社員は，同族が重要ポストを支配していることから，経営の中枢である地位まで昇進する可能性が低く，将来に対する閉そく感から意欲をなくしがちです。そのため，公平・適正な評価・報酬システムとともに，適切な昇進・昇格制度や役員への登用制度を導入します。

②　経営トップ自身の自己革新と目標の共有化

組織硬直・沈滞から，組織全体としても業務改革等への取組みができず，ルーティン業務に終始しがちになるため，経営トップ自身の意識改革などの自己革新を行い，経営理念の明確化など目標の共有化を図ります。

（5）非同族会社（所有と経営の分離）の特徴

同族会社に対し，一般の大企業のように会社の株主（所有者）と経営者（主に社長）が異なる非同族会社についても，同族会社と対比させて押さえておきましょう。

①　所有と経営の分離のメリット

・大規模な設備投資や多角化事業について株主総会などを通し，客観的な視点で判断できるようになる

・社員持株制度などにより従業員が株を所有している場合，従業員の経営参画意識が高まり，貢献意欲向上などにつながる

・適正な経営能力を持つ人間を代表取締役社長に任命する等，客観的な視点での適材適所の人材配置が可能

・株式の発行により資金を外部から調達することで資本が安定化する

②　所有と経営の分離のデメリット

・短期的な実績を求められ，長期的な視点の経営を阻害されるおそれがある

・社長の任期制度などにより長期的な視点の経営が阻害されるとともに，経営方針の転換が頻繁に行われるおそれがある

・株式買収などにより企業買収をされる可能性が高まる

・大規模な設備投資や多角化事業に対し，株主総会での判断が必要になるため，経営の迅速さや大胆さが失われる可能性がある

・経営者と所有者の利害が対立する可能性がある

（6）押さえておくべきキーワード

同族会社　　非同族会社　　経営の私物化　　情実人事　　組織硬直

経営の透明性　　経営の迅速な意思決定　　経営者のリーダーシップ

経営トップの意識改革　　公平・適正な評価・報酬システム　　役員登用制度

柔軟性の高い組織　　活性化した組織　　所有と経営の分離

17.　事業承継

■概要

> **事業承継**とは，会社の経営者である社長（オーナー社長が多い）が後継者に会社の経営権や財産を承継することをいいます。会社の経営権の承継とは，簡単にいってしまえば社長の座を譲り渡すことです。財産の承継とは，オーナー社長であれば，会社の株式を社長が保有していますので，後継者に株式を譲り渡すことです。
>
> 特に中小企業では，経営者がかなりの高齢になってから突然事業承継しようと思っても，後継者探しの難航や後継者の能力不足などさまざまな問題により，すぐにはなかなか思うように事が運びません。よって，中小企業においては，早い段階から事業承継の検討や段階的な事業承継の実施を行うことが必要と考えられます。
>
> 事業承継は中小企業白書でも取り上げられており，高齢化社会が進展している現状においては，今後十分出題の可能性がある分野です。

（1）後継者の類型

事業承継における後継者として考えられるのは，主に以下の3つです。その中でも，本試験で出題される可能性が高いのは社外で勤務していた家族・親族が後継者となる場合で，家族以外の社外の人物が後継者となるケースが出題される可能性は低いでしょう。

① 家族・親族（特に実子が多い）

② 家族以外の社内の人物（役員または従業員）

③ 家族以外の社外の人物（後継者人材バンクの活用など）

（2）事業承継を行う際の留意点

① 後継者の育成

後継者は一朝一夕で育成できるものではありません。社長がまだ現役でいるうちに，事前に後継者の選定を行い，早い段階から後継者の**精神面**と**能力面**での育成を図っていく必要があります。精神面とは，後継者としての心構えを持たせるということ。能力面とは，マネジメントに必要な能力（リーダーシップ，計数管理能力，コミュニケーション力，判断力，行動力など）を育成することです。

後継者の具体的な育成方法としては以下のものが考えられます。

・事業部制組織を導入し，後継者を事業部長に任命して経営経験を積ませる

・社内ベンチャー，カンパニー制度を導入し，経営責任者として経営経験を積ませる

・社長が直接OJTによる指導を行う

・外部で開催されている後継者育成塾や後継者異業種交流会に参加させる

② 社内の従業員，役員および取引先からの理解

たとえば，社内の役員や従業員に何の説明もなく，社外で勤務していた家族や親族を突然後継者に指名したら，現在勤務している従業員や役員から戸惑いや反発があがることは容易に想定できると思います。場合によっては，社長の右腕である役員や古くから勤務している戦力であるベテラン従業員が嫌気をさして退職してしまうかもしれません。

後継者を従業員や役員がバックアップしてくれるようにするには，事前に社長の思いや考えを伝えることにより，従業員や役員の理解を得る必要があります。また，取引先への対応においても，突然の社長の交代は自社の信用にかかわる問題となりますので，早い段階から取引先に知ってもらうことが必要となります。そのためには，社長と後継者で挨拶回りをしておく，社長自ら取引先に説明して回るなど，事前に事業承継を知らせておく方策をとるとよいでしょう。

③ 段階的な権限委譲

後継者に対して現在の社長が持つすべての権限を一気に譲り渡すとなると，後継者の負担が大きくなりますので，後継者の能力の向上に合わせて徐々に権限委譲を図ることが有効になります。たとえば，まずは営業担当の役員として，ある営業分野における権限を与え，後継者の成長を見極め，徐々にその他の権限を与えます。そして，最終的には社長の座を渡す，といった方策をとるとよいでしょう。

④ 後継者のバックアップ体制の構築

後継者が社長になった後の，後継者のバックアップ体制を構築しておくのは効果的です。具体的には，創業者である前社長が会長となり，後継者が会社の経営で悩んだ場合に助言を与える，会社を客観的に見ることのできる社外の人物を相談役に選任して社長に助言を与える，などが効果的でしょう。

具体例として，平成20年度事例ⅠのＡ社では，後継者である現社長は二人の創業者と相談しながら経営の革新に着手しており，創業者から後継者へのバックアップ体制が機能していることがうかがえます。

なお，創業者が会長となる場合には，社内の混乱を避けるために，積極的に前に出てなにかと指示を出すようなことは避けましょう。あくまで後継者から求められたときにのみ，助言を与えることが重要なポイントです。

⑤ 株式・財産の分配

株式・財産の分配においては，後継者と後継者以外の相続人への分配のバランスを考慮することが重要です。

後継者に対しては，安定的に経営をしていくことができるように，自社株式や事業用資産を集中的に承継させることが必要となります。目安としては，後継者が株主総会の特別決議を可決させることができるよう，3分の2以上の議決権の付与を検討します。

なお，事業承継直後の段階では，後継者の経営に対するチェック機能を持たせるため，現経営者に拒否権付種類株式（黄金株）を発行しておくことも有効です。これにより，現

経営者が重要事項についての拒否権を保持することができ，後継者の専横を予防することができます。また，事業用資産の承継については，事業用資産の買い取りや相続税の納付のため，多額の資金が必要になることがあり，注意が必要です。

　一方，後継者以外の相続人に対しては，遺留分による制限があることに注意する必要があります。また，後継者以外の相続人に配当を優先させた議決権制限株式を発行することにより，後継者とのバランスをとることもできます。

　これらに加えて，従業員等に承継させる場合には，後継者の資金不足を考慮した方策をとることも検討します。たとえば，後継者の能力や事業の将来性を担保とした金融機関の融資や投資会社の出資等の受け入れ，MBO（マネジメント・バイ・アウト）の利用が考えられます。

⑥　個人（債務）保証・担保の処理

　中小企業の経営者は，金融機関から融資を受けるため個人で債務保証をしていたり，個人の資産を担保に供していたりすることが多いです。このため，事業承継に際して，これらの個人保証や担保を処理することが必要になります。

　まずは，事業承継に先立って，できるだけ債務の圧縮を図ります。処理しきれない個人保証や担保が残った場合には，後継者の債務保証を軽減できるように金融機関との交渉を行います。また，併せて後継者の負担に見合った報酬の確保の措置等の配慮をすることも必要になります。

（3）押さえておくべきキーワード

後継者選び　　後継者育成　　経営能力　　後継者育成塾　　後継者異業種交流会 段階的な権限委譲　　従業員の理解

18.　M&A（合併と買収）

■概要

> 　　**M&A**（合併と買収）とは，事業領域の拡大や経営不振な企業の救済を迅速に行うために，他の企業を法的な手段で取得し，自社のコントロール下におくことです。時々ニュースで大企業のM&Aが報じられることがありますが，中小企業でも後継者問題などを理由に頻繁に行われています。
>
> 　　診断士の2次試験では，平成21年度事例Ⅰおよび令和5年度事例Ⅰ（他企業買収後の経営戦略），平成22年度および令和2年度事例Ⅰ（取引先の友好的買収）でM&Aに関係するテーマが問われています。試験対策上は，M&Aによる組織・人事上のメリット・デメリットを押さえておけば十分でしょう。
>
> 　　→【事例Ⅱ】の知識「29．合併・買収」も参照。

（1）M&Aの類型

　狭義のM&Aは合併・買収を指しますが，一般に広義では業務提携なども含めて使われます。2次試験においてM&Aの種類等詳細を問われることは考えにくいですが，基本知識と特徴は最低限押さえておきましょう。

①　合併

・新設合併

・吸収合併

②　買収

・株式譲渡…第三者割当増資（新株引受），株式公開買付（TOB），株式交換

　　→M&Aでは株式譲渡が最も一般的な方法であり，中小企業のM&Aでも多く利用されます。経営権と株主だけが替わり譲渡企業は存続されるため，従業員が継続雇用されやすくなっています。

・事業譲渡…一部譲渡，全部譲渡

　　→譲渡する有形・無形の経営資源を話し合いのうえ決定できるため，不要な経営資源や簿外債務の承継リスクは避けることができますが，同時に従業員の継続雇用が困難になる可能性もあります。

　また，買収には，売却側と買収側が合意のうえ，それぞれがメリットを享受しあう形で実現する「友好的買収」と，近年日本でも増加傾向にある「敵対的買収」があります。敵対的買収では優秀な人材の社外流出や大規模なリストラによる従業員のモラールダウンが顕著にみられますが，友好的買収であっても人事面での配慮が重要であり，2次試験で問われやすい内容となっています。

　平成21年度事例Ⅰの菓子メーカー，平成22年度事例Ⅰの食品原材料一次問屋，令和2

年度事例Ⅰの蔵元の企業買収の例では，ともに友好的買収が行われています。

（2）M&Aのメリット

①　買収側

・自社の既存の強みを合わせたシナジー効果が得られる

・自社の弱みに対する補強が可能

　　例）令和5年度事例Ⅰでは，「原材料の仕入が不安定である」という弱みを抱えるA社が、「高品質な原材料を取り扱う食品卸売業者と直接取引をしている」という強みを持つX社を経営統合することにより、A社の弱みを克服しています。

・既に構築された経営資源を入手できるため，低コストで迅速な事業再構築や多角化が可能

・既に軌道に乗っている事業を買収することで，新規に立ち上げるよりもリスクが少ない

・短期間で売上や利益の増加を図りやすい

・買収によりスケールメリットを発揮し，コスト削減を図ることができる

・従来の業務とシナジー効果を発揮できる事業を買収し，サプライチェーンの効率化を図ることができる

　　例）メーカーが川上の原材料メーカーや，川下の卸販売業者を買収する

　　　　平成22年度事例Ⅰでは，一次問屋のA社が地方の有力店（二次・三次問屋）を買収し，サプライチェーンの維持を図っています。

②　売却側

・コア事業に経営資源を集中するための資金が得られる

・ノンコア事業（不採算事業）を切り離せる

・後継者問題に対し，会社の存続ができ，従業員の雇用確保や蓄積されたノウハウの承継が可能になる

・株式を売却することにより，創業者利益を得ることができる

・取引関係者が広がる等，より規模の大きな安定した企業になる

（3）M&Aのデメリット

①　買収側

・経営資源の重複が発生する（リストラが必要になる）

・組織文化が異なる企業同士の融合により，社員間で出身企業による派閥や対立などが生まれ，昇進や待遇によるコンフリクトが発生する

・買収前の相手企業の十分な調査や情報収集が困難であるため，買収後に予想どおりのシナジー効果を得られないリスクがある

・偶発債務等の簿外債務を承継することがある

② 売却側

・従業員にとって経営者が突然替わり，経営方針や事業戦略の転換を余儀なくされるため，従来の業務の円滑な継続に支障が出る場合がある

・労働環境や労働条件が買収先に合わせられることが多い

・自社が消滅することにより社員のモラールが下がる

・買収された後にリストラの対象にされやすい

（4）M&Aを行う際の留意点（事業承継の観点から）

① M&Aの手続きと注意点

M&Aの各段階では，次のようなことに注意します。

（a）準備段階

準備段階では，秘密の保持が重要となります。社内・社外にかかわらずM&Aに関する情報の漏洩に気をつけます。仲介機関（取引先金融機関，税理士，公認会計士，弁護士，商工会議所・商工会，M&A業者等）を利用して，専門的なノウハウをもとに事業承継の条件，売却金額の希望等を検討します。また，経営改善や会社の魅力の「磨き上げ」を進めておきます。

（b）実行段階

実行段階では，基本資料の提示やデューデリジェンスなど相手先との交渉を進めていきます。この段階では交渉相手に対して自社の都合の悪いことを隠したりしてはいけません。隠し事をしたままM&Aを進めると後々の争いの種になることもありますので，真摯な態度で交渉に臨み，信頼関係を構築することに特に留意するべきです。

また，M&A後の会社の環境整備に気を配ることも必要となります。たとえば，従業員の継続雇用の確保やM&Aに対する取引先の理解の獲得については，早い段階から準備を進めておくことが重要です。

（c）ポストM&A

M&A後には両社の企業文化を融和させ，経営統合を円滑に進めていくことに留意します。このような環境の整備を行うためには，売却側企業の旧経営者がM&A後も一定期間，会社に残ることも有効です。

② 会社の魅力の「磨き上げ」

M&Aを成功させるためには，会社を「売れる」会社とする必要があります。このため，現時点で会社を売却した場合の価格の目安を試算し，企業価値を向上するための指標としたうえで，会社の魅力の「磨き上げ」を行います。

実際に相手先との交渉に入る前に，次のような項目に特に注意して，会社の魅力の「磨き上げ」を行っておくことが重要です。

・業績の改善・伸長，無駄な経費支出の削減

・貸借対照表のスリム化（事業に必要のない資産の処分等）

・無形資産の重要性への配慮（優良な顧客，ブランド価値やイメージ等の散逸・毀損防止）

・セールスポイントとなる会社の「強み」をつくること

・計画的に役職員への業務の権限委譲を進めること

・オーナーと企業との線引きの明確化（資産の賃借，ゴルフ会員権，自家用車，交際費等）

・各種社内マニュアル・規程類の整備（デューデリジェンスの際の資料，M&A後の両社の円滑な融和等に活用）

・株主の事前整理（M&Aの必要株式数の確保，M&Aへの反対株主の株式買取等）

③　各種支援策の活用

M&Aに向けて各種の支援策を活用することができます。たとえば，以下の機関でM&Aを支援する制度が設けられています。

・事業承継・引継ぎ支援センター：事業の引継ぎ先企業との引き合わせ（マッチング），契約締結に向けた支援

・中小企業基盤整備機構：民間の投資会社や金融機関等とともに，投資ファンドを組成

・日本政策金融公庫：後継者不在等の企業をM&A等により取得するための資金について融資を行う制度

　　　　　　　※参考：「中小企業経営者のための事業承継対策」（中小企業基盤整備機構）

（5）押さえておくべきキーワード

合併　　買収　　事業譲渡　　株式交換　　株式移転　　会社分割　　子会社化 組織文化の融合　　シナジー効果　　経営資源の集中　　経営資源の重複 リストラ

19.　アウトソーシング

■概要

> 　中小企業の多くは，少ない人材で活動しているため，コアとなる部分に人員を集中させ，ノンコアの部分は外注に出すという考え方は非常に有効です。ファブレス企業（設計のみを行い，生産部分はアウトソーシングする）は典型的なものといえますね。
> 　また，最近では人事管理全般をアウトソーシングする動きも大企業を中心に活発です。中小企業でも検討できる可能性は大いにあるといえます。（【事例Ⅱ】の知識13および【事例Ⅲ】の知識16も参照。）

（1）アウトソーシングの主な種類

① 製造業務の一部を委託

② 物流業務を委託

③ 派遣社員を活用

④ 給与計算や福利厚生などの人事業務を委託

⑤ 帳簿の記入など経理業務を委託

（2）アウトソーシングのメリット

　アウトソーシングのメリットは，効率面（コストダウン）・効果面（売上のアップ）でともに存在するというところがポイントになりますので押さえておきましょう。

・効率面…外部の専門性を活用することにより，自社の不得意分野に関してコストダウンが期待できる

・効果面…自社の経営資源を得意分野に集中できるため，質の高い製品・サービスを供給でき，売上高の増大が期待できる

　このように，アウトソーシングは一石二鳥の効果を表すことがあります。与件文を読む際に，事例企業においてはアウトソーシングの活用が期待できるかを検討しましょう。

（3）アウトソーシングのデメリット

・アウトソーシングする部分については自社にノウハウが蓄積しない

・自社の持っている重要な技術情報が流出するおそれがある

・アウトソース先と自社が要求している業務内容や運用方法などについて摺り合わせを行わないと，自社が期待していた成果が得られない可能性がある

　よって，アウトソーシングを使う際の留意点として，1つの業者に依存しすぎないということと，技術流出に対する対策をあらかじめ講じる（秘密保持契約の締結）こと，自社の要望どおりに業務が行われているか確認するために，定期的な打ち合わせを行うことや

業務報告を受けることを覚えておきましょう。

（4）人事アウトソーシング（派遣社員の活用）の留意点

・秘密保持契約などを結び，人事情報を社外へ漏らさないこと

・派遣社員のモチベーション，職務の進捗管理を定期的に行うこと

・派遣社員と契約している業務と実際の業務内容にギャップがないこと

・派遣社員の業務をマニュアル化し，だれでもできるようにノウハウを蓄積すること

・コアコンピタンスとなる業務はアウトソーシングしないこと

（5）押さえておくべきキーワード

専門性の活用	3PL	コアコンピタンス	ファブレス企業	コストダウン
秘密保持契約	分散化	技術の流出		

20. ダイバーシティ・マネジメント

■概要

　日本では，少子高齢化の急激な進行により，労働力減少が今後ますます懸念される問題となってきています。大手企業についてはそのような状況下でも何とか人材を確保できていますが，中小企業にとって，人材不足は非常に深刻な問題です。

　このような状況下において，高年齢者や女性をはじめ，多様な人材・能力を活用することで，労働力の確保だけでなく，イノベーションの創出や生産性の向上を図ることができます。

（1）ダイバーシティ・マネジメント

　ダイバーシティという言葉は，通常「多様性」と翻訳され，企業経営においては「人材と働き方の多様化」を意味します。人間は人種や性別，年齢，身体障害の有無などの外見的な違いだけでなく，価値観，社会的背景，生き方，考え方，性格，態度，嗜好など，内面も皆違っています。画一的なものを強要するのではなく，個々の「違い」を受け入れ，認め，活かしていく，各自の個性を活かした能力を発揮できる風土を醸成していくことが求められています。

　多様性を経営戦略の源泉とする取組みは大手企業だけでなく，中小企業においても進みつつあり，多様な人材・能力を活用する視点を持つことが重要です。

（2）高年齢者の活用

　急激な高齢化の進行に対応し，高年齢者が少なくとも年金受給開始年齢までは意欲と能力に応じて働き続けられる環境の整備を目的として，「高年齢者等の雇用の安定等に関する法律」（高年齢者雇用安定法）の一部が改正され，平成 25 年 4 月 1 日に施行されました。

　平成 18 年度より雇用確保の年齢が段階的に引き上げられていましたが，平成 25 年 4 月からは 65 歳まで雇用を確保する義務が企業に生じています。

　また，その後さらに一部が改正され，70 歳までの就業機会の確保について，多様な選択肢（例：70 歳までの定年の引上げ，70 歳までの継続雇用制度の導入など）を法制度上整え，事業主として多様な選択肢のうち，いずれかの措置を制度化する努力義務が設けられ，令和 3 年 4 月 1 日から施行されています（高年齢者就業確保措置）。

【高年齢者雇用確保措置（高年齢者雇用安定法第 9 条）】

　定年を 65 歳未満に定めている事業主は，その雇用する高年齢者の 65 歳までの安定した雇用を確保するため，次の①～③のいずれかの措置（高年齢者雇用確保措置）を取らなくてはなりません。

①　65歳までの定年の引上げ

定年を65歳まで引き上げます。つまり，65歳まで定年に達することなく，会社を退職せずに働き続けることができるようになります。

②　65歳までの継続雇用制度の導入

継続雇用制度には勤務延長と再雇用の2通りがあります。勤務延長とは，60歳で定年に達した者を退職させることなく引き続き雇用する制度です。一方，再雇用とは，60歳で定年退職した後で，嘱託社員や契約社員として再び雇用する制度です。再雇用制度は一度定年退職の扱いをしてから再雇用をするため，比較的低い賃金で再雇用することが可能となります。

なお，継続雇用の対象者について，事業主が労使協定で限定することが可能でしたが，この仕組みが廃止され，希望者全員を継続雇用制度の対象とすることが必要となりました。また，雇用する企業の範囲をグループ内の他の会社（子会社や関連会社）に広げることができるようになりました。

③　定年制の廃止

定年そのものを廃止してしまうというものです。極端な場合には，しっかり仕事さえできれば70歳でも80歳でも正社員として退職することなく働き続けることができます。つまり，働き続けたいという意欲のある社員からすれば大きなモチベーションアップにつながります。

これらの措置を試験の解答として使う場合には，比較的低コストで雇用継続を行いたい場合は**継続雇用制度の再雇用の導入**，製造業で高齢の熟練した技術を持つ社員がいて，彼らが会社にとって非常に重要な人的資源であれば，**定年の廃止**を提案するとよいでしょう。

（3）高年齢者活用のメリット

・今までの勤務経験に基づく高年齢者（OB人材）の持つ豊富な知識・経験・ノウハウなどを活用することができる。

・比較的低い賃金（コスト）で雇用することができる（OB人材や再雇用制度の場合）。

（4）高年齢者活用のデメリット

・大量の高年齢者が残ることで，新規事業の開発など，新しいことに対する取組みが生まれにくい企業風土になるおそれがある。

・再雇用以外の制度では高年齢者が同様のポストで残る可能性も高く，ポスト不足が生じ，下の世代のモラール低下につながるおそれがある。

・再雇用制度以外の制度においては，給与体系が年功給となっている場合には，退職金や賃金などのコスト負担が大きくなる。

令和元年度事例Ⅰでは，高年齢者の古参社員が新規事業に対して抵抗をし，新しいことに対する取組みが進まない状況が描写されていました。また，平成18年度事例Ⅰでは，高

年齢者の雇用確保に関するデメリットが問われました。非常に重要な内容ですので，しっかりと理解しておきましょう。

（5）女性の活用と支援施策

　少子高齢化が進むなか，日本における若年労働力の減少は避けられないことから，従来のような男性正社員を中心とした体制を維持することは困難になり，女性の社会進出が盛んになっています。このような状況においては，女性の働きやすい環境づくりを行い，活躍できる"土壌"を形成しておく必要があります。

　具体的には，以下のような育児支援や管理職への登用制度等を充実させることで，女性に均等な機会を提供するとともに，ワーク・ライフ・バランスの充実を図ることが求められます。

①　育児休業制度の取得支援

　育児休業制度は現在法律で定められていますが，実際にはなかなか休暇を取得しにくい，もしくは制度を理解できていない中小企業が多くあるのが現実です。積極的に育児休業制度を通知し，理解させ，会社全体で男女問わず育児休業を取得しやすい環境を整備することは，モチベーションの向上や社員の定着率向上につながります。平成26年4月より，今まで育児休業中のみだった社会保険料の免除（本人及び会社負担分）が産前産後休業中にまで広がりました。産前産後休業や育児休業取得のメリットの活用も大切となります。

②　育児のための就労の柔軟化

　就労時間の短縮，フレックスタイム制による就労時間の変更，在宅勤務など，育児しやすい環境を整えます。

③　社内保育所設置

　中小企業ではやや現実的ではありませんが，大企業では実施されている例があります。

④　復職積極奨励

　育児休業期間終了後の復職を積極的に奨励し，復職を支援します。また，出産を理由とした退職者を対象に，退職後数年以内であれば再雇用するといった制度もあります。

⑤　女性管理職の積極的登用

　女性の管理職を積極的に登用することにより，非管理職である女性社員にとっての目標ができるため，女性社員のモチベーションアップが期待できます。

（6）積極的な女性活用のメリット

・優秀な女性社員を継続して雇用することができる
・女性の持つ感性や能力を活用することで，多様なものの見方を持つことができる
・対外的に企業のイメージアップを図ることができる
・女性の管理職導入や女性の積極的活動により，職場風土の活性化を図ることができる

（7）障害者の活用

　「障害者の雇用の促進等に関する法律」では，事業主に対して，その雇用する労働者に占める身体障害者・知的障害者・精神障害者の割合が一定率（法定雇用率）以上になるよう義務づけています。令和 6 年 4 月からは法定雇用率が 2.3 ％から 2.5 ％に引き上げられます。これに伴い，障害者を 1 人雇用しなければならない事業主の範囲が，従業員 43.5 人以上から 40 人以上に変わります。

　2 次試験で問われる可能性は低いですが，障害者の社会参画の観点から障害者の活用が一層求められるようになっていること，障害者の雇用を通じて成果を挙げている中小企業も多くみられることを念頭に置いておくとよいでしょう。

（8）海外人材の活用

　グローバル化が進行するなかでは，国内人材の最大限の活用はもとより，多彩な価値観，経験，ノウハウ，技術を持った高度外国人材の積極的な活用が重要な課題です。企業においても外国人材活用への意識が高まっています。中小企業においても，外国人ならではの発想力や高度な専門性を十分に発揮できるよう，環境整備を行うとともに，十分な意思疎通を図ることが求められます。

（9）本テーマに関する設問と解答の例

　Q 1．A 社では今年度より定年延長制度を導入する予定である。留意点を述べよ

　A 1．①役職定年制を導入し，管理職の世代交代による組織の活性化を図ること，②雇用される高年齢者に対して企業の進む方向性やビジョンを理解させたうえで，自らの役割を十分認識させることに留意する。

（10）押さえておくべきキーワード

ダイバーシティ・マネジメント　　　高年齢者活用　　　高年齢者雇用安定法
定年引上げ・廃止・再雇用　　　女性の活用　　　ワーク・ライフ・バランス
育児・介護支援　　　海外人材の活用

※参考：「育児休業や介護休業をする方を経済的に支援します」リーフレット（厚生労働省・都道府県労働局）

21. 業務の定型化

■概要

組織のパフォーマンスを向上させるためには，業務を定型化することが有効です。業務の定型化を実施することで，業務を担当する社員によって業務の品質が変動することがなくなり，業務成果の品質を安定させることができます。

また，2009年3月期決算から**日本版SOX法**（米国のサーベンス・オクスリー法の日本版）にあたる**金融商品取引法**が上場企業およびその連結子会社を対象に適用されています。この法律では，会計監査制度の充実と内部統制強化が求められています。そして，内部統制強化を行ううえでも業務の定型化は非常に重要な役割を果たします。この法律は，まずは上場企業から適用されていますが，中小企業においても内部統制の強化はいずれ求められるようになります。その第一歩として業務の定型化に取り組むことは非常に有効です。

（1）内部統制とは

企業が，違法行為や不正をすることなく，定められたルールに基づいて業務を実施し，**組織として有効かつ効率的に機能している状態が続くように統制する**ことです。具体的には，**業務のマニュアルや基準を作成して**，それらに基づいて業務を運営し，定期的に定められたとおりに業務ができているかを監査していくことです。この業務のマニュアルや基準の作成に業務の定型化が必要となります。

（2）業務の定型化を実施するメリット

・業務の品質が安定する
・業務のスキルが人に依存せず組織に蓄積されるため，会社の永続的な発展につながる
・行う業務の概要が明確になるため，従業員の業務習得が早くなる
・金融機関の融資審査の際に有利なIR情報となる

（3）業務の定型化を実施するデメリット

・担当業務を超えた柔軟な対応が個人でとりにくい（セクショナリズム）
・常に見直さないと古いスタイルでの仕事が続くため，かえって非効率となる
・定型化そのものが難しい業務が存在する
・定型化・文書化には大きなコストと手間がかかる

（4）解決策

・完成した業務の定型化文書は常に見直しする

・定型化した業務に多少遊びの部分を入れておく

・社員間の密接なコミュニケーションの促進を図る

・実施しやすい部門や業務内容から段階的に定型化を行っていく

・社長自らが定型化の意義と必要性を社内に伝え，社員からの理解を得る

・社長自らが業務の定型化の主導者となり社内に徹底する

（5）押さえておくべきキーワード

内部統制強化　　日本版 SOX 法　　金融商品取引法　　マニュアル・ルール
目に見える　　PDS サイクル　　コミュニケーション　　リーダーシップ
段階的な実施

22. IT 活用

■概要

> これまで組織・人事の事例においては IT に関する直接的な出題は少ないですが，IT 活用は組織・人事においても大変有効なツールです。また，マーケティング，生産，財務・会計の事例では既に IT に関する問題は出題されており，今後，組織・人事事例で IT に関する問題が出題されることも十分考えられます。したがって，組織・人事における IT の活用はしっかりと理解しておく必要があります。
>
> IT 技術を駆使することにより，さまざまな効果を期待することができますので，本項の組織・人事に関する IT 活用の方法を押さえておきましょう。

IT 活用アクション

事例企業の状況や求める内容に応じて，以下の活用アクションを提案できないか考えてみましょう。

① E ラーニング

パソコンやインターネットを利用した教育のことです。社員が場所を問わずに自分の空き時間を活用して学習することができるので，企業による社員の能力開発のための自己啓発支援の方法として活用できます。

② 勤怠管理システム

タイムカードを使った社内にいる社員の勤怠管理だけでなく，インターネットの活用により遠方の社員の勤怠管理も可能です。また，携帯電話を利用することもできます。

③ 給与管理システム・人事管理（社員別役職／経験／能力など）システム

給与管理や人事管理はアウトソーシングに出すことも 1 つの考え方ですが，最近ではフリーソフトを活用すれば安価に自社で管理することも可能です。

④ CDP をイントラネットで共有化

社内イントラネット内で社員だけでなく，上司や会社も CDP の情報を共有化でき，社員のキャリア開発により活用できます。

⑤ HP を活用した自己申告制度

自己申告制度を社内の HP を活用して，社内に対して申告内容を公表することにより，社内の情報共有の促進が図れます。

⑥ 社内 BBS（電子掲示板）を活用した提案制度

社内 BBS を活用して社員から社内の業務改善のためのアイデアを投稿してもらいます。優秀な投稿に対しては積極的に採用し，社内で表彰したり，賞金を出したりするなど積極的な投稿を促す仕組みがあるとよいでしょう。

⑦　**各種人事手続を定型化しグループウェアにより各種人事手続を自動化**

社員の各種人事手続の負担を軽減化し，本来の業務に集中できる環境づくりにつながります。グループウェアを活用しなければ損をするような仕組みをつくることにより，社員の積極的な活用が期待できます。

⑧　**各種規程，手続マニュアルをグループウェアにより共有**

就業規則などの各種規程や社内の申請手続などのマニュアルをグループウェアなどで共有することにより，社員の会社のルールに対する情報共有が促進できます。

⑨　**ナレッジマネジメント実現のためのグループウェア**

社員の持つノウハウなどの暗黙知を文章や数値として形式知化したうえで，グループウェアの活用により全社員で共有を図っていきます。グループウェアにノウハウを提供した頻度を社員の評価項目に加えるなど，積極的に社員が提供するような仕組みがあるとよいでしょう。

⑩　**ブログ（SNS）を活用した情報共有化の推進**

社員全員にブログを与えて，ブログに日々の営業活動などの業務報告を記載させます。上司から部下への指示や社員同士の連絡はブログのコメント欄を活用していくとよいでしょう。また，社長がブログを通して自分の持っている経営理念や思いを社員に伝えるツールにもなります。

⑪　**携帯電話・スマートフォン・タブレット端末を活用したSFA**

SFAとは「Sales Force Automation（セールス・フォース・オートメーション）」の略です。一般的に「営業支援ツール」や「営業支援システム」といわれることが多く，分析・改善しやすいように営業を支えてくれるツールのことを指します。

外回りの営業活動が中心となり，なかなか会社に戻れない社員に対しては，SFAを活用して，部下から上司への営業報告を携帯端末で行えるようにします。また，上司からの指示を携帯端末で見ることができるようにすることで，会社に戻って作業する時間を削減し，より営業活動に集中することができます。

23. 両利きの経営

■概要

　時代の変化スピードが速いなか，既存の事業に固執し続けていると，時代の流れによっては，その事業自体が世の中から淘汰され，企業として存続することができなくなることも起きています。そのようななか，既存の事業の絶え間ない改善（知の深化）をすることと同時に，新しい事業への探索（知の探索）を並行して進める，「両利きの経営」という理論が注目を集めています。経営資源が限られている中小企業においても，企業の存続・発展につなげるためにも，「両利きの経営」を進めることの重要性が高まっています。

　中小企業診断協会が公開した，令和4年度 事例Ⅰ第3問の出題の趣旨にも「主要取引先との関係の強化と新しい分野の探索について，助言する能力を問う問題である。」と記載されており，「両利きの経営」についての知識が解答に求められていると考えられます。中小企業において，企業の存続というのは非常に重要であり，「両利きの経営」という考えは，事業承継とともに重要な観点であるため，覚えておいたほうがよいでしょう。

（1）既存事業の深掘り「知の深化」

　既存事業の深掘りである「知の深化」とは，自社が行っている既存の事業を改善していくことです。既存事業からの安定的な収益がなくては，企業として存続することは難しいため，既存事業の絶え間ない改善は必要になります。「知の深化」は，既存の知識・技術を活用することなので，その見通しは確実性が高く，それにかかる費用も比較的に小さいです。

　したがって，企業や組織は，（2）で説明する「知の探索」よりも，「知の深化」に傾斜する傾向があります。

（2）新規事業の探索「知の探索」

　新規事業の探索である「知の探索」とは，自社では現在扱っていない商品や事業を探索することです。「知の探索」は，企業や組織が保有する知識や技術などから逸脱した，全く新しい知識・技術を追い求めます。

　したがって，「知の探索」は，費用をかけてもすぐに収益にはつながらず，また失敗も生じるため，特に既存の事業が順調に推移している際には，「知の深化」に傾斜し，「知の探索」がなおざりにされる傾向が強いです。一方，時代の変化に対応するためには，「知の探索」を継続的に行うことが重要になるため，「両利きの経営」の理論においても，「知の探索」が重視されています。

（3）両利きの経営を進めるための留意点

　前述のように，企業・組織は，どうしても「知の深化」に傾斜する傾向があります。企業が「知の探索」を行うため新規事業開発部などを新設しても，最初の1～2年は十分な予算がついても，3年もすると「成果が出ない」という理由で予算が回ってこなくなり，いま現在売上に貢献している目の前の事業（＝「知の深化」）に予算を回しがちになります。この対応は，短期的収益性を高めるには有効ですが，中長期的な視点でみると，企業にイノベーションが生じず，時代の変化についていけなくなります。この状況をコンピテンシー・トラップ（またはサクセストラップ）と呼びます。

　このコンピテンシー・トラップに陥らないためにも，両利きの経営を進めるための留意点を押さえておきましょう。

- ・会社トップが，強力なリーダーシップを発揮し，両利きの経営を進めることを明確に打ち出し，推し進める
- ・知の深化を担う組織（既存事業を推進する組織）と，知の探索を担う組織（新規事業を行う組織）を別々にし，経営資源を振り分ける（兼任などは避ける）
- ・知の探索を担う組織は，収益化するのに時間を要するため，組織ごとに別々の評価基準を設け，管理を行う
- ・別々な組織として推進しながらも，それぞれの組織で培った情報やリソースなどの経営資源を共有し，協力し合う関係性を構築する

　このように，左手と右手で別々なことを同時に行いながらも，軸となる本体は共有・協力するという点が，「両利きの経営」を推し進めるのに非常に重要です。

（4）押さえておくべきキーワード

既存事業の深掘り　　　知の深化　　　新規事業の探索　　　知の探索 コンピテンシー・トラップ

Ⅳ ▶▶▶ 使える解法テクニック

■テクニック1

設問を読んでみて，問われている内容がまったく理解できない場合でも，必ず組織・人事に関する解答を書く

【例】

平成21年度事例Ⅰ（菓子メーカー），第5問「短期的に売り上げを増進させるための具体的施策を助言せよ」という設問に対して，「短期的に」という制約条件を考慮し，「新作菓子を開発する」というような，期間，難易度，確実性が不明瞭な解答は避けたほうがよいでしょう。また，販売面などのマーケティング的に偏った解答は避けたほうが無難です。

組織・人事事例の解答としては，「マーケティング戦略の構築とそれを実現できる組織体制の構築」とするほうがよりよい解答となります。**必ずすべての内容が組織・人事としての解答にふさわしいか**，を意識してください。

■テクニック2

基本的に「**組織体制も人事制度も経営戦略に従う**」を常に意識する

■テクニック3

現状問題のない事例企業が出題された場合には，今後発生する可能性のある外部環境の変化に対応できるような組織の変革を提案する

■テクニック4

組織としては「**学習する組織**」を目指すのが正しい方向性。たとえば，平成26年度事例Ⅰのように技術革新のスピードが速く，製品ライフサイクルが短い業界では，過去に培った知識や製造ノウハウの陳腐化が早いため，安定的経営を行うことが難しくなる。このような場合には，従業員が自ら学習し新たな知識や製造ノウハウを習得する「学習する組織」の構築を，安定的経営を行うための施策として検討してみる

■テクニック5

提案する際に**企業の成長ステージ**を意識する

【例】

社員が少数しかいないベンチャー企業の創生期においては，きっちりした組織は不要。むしろ柔軟性の高い動きがとれるように，個人の裁量に任せることが有効。

■テクニック 6

　メリット・デメリット・留意点などを 2〜3 あげさせる問題については，一般的な切り口（効率と効果，外部と内部，人・物・金・情報，4C，人事施策の採用・配置・報酬・育成・評価など）を使い，個々の解答の切り口が漏れのないように，ダブらないように意識する

■テクニック 7

　ある外部環境が中小企業に与える影響を問われている場合には，機会にもなるし，脅威にもなり得るといった書き方をするとよい。1 つの事象を両面から見ることができるかがポイント

■テクニック 8

　人事制度は，能力が高く，やる気の高い人が生まれるように構築することを意識する

■テクニック 9

　社員が高齢化しているということは，それだけでは悪いこととはいえない。高齢化しているにもかかわらず，会社の業績とは関係なしに年功給にしていて，経営に悪影響を与えていればそれは問題

■テクニック 10

　リストラ策として考えられるのは，せいぜい役員や管理職の賃金カットまで。全社員一律の賃金カットや人員の削減といった極端なリストラ策を提案することは，まずあり得ないと考えるほうが無難

■テクニック 11

　何かの制度（組織や人事）を導入する際の留意点がどうしても浮かばない場合は，**導入の目的を明確化すること，PDS サイクルを回すこと**，の 2 点をあげる（絶対に間違いではないので少しは点が稼げる）

■テクニック 12

　組織・人事は 2 次試験の中で最初の事例であり，自分だけでなく他の受験生もほぼ間違いなく緊張している。他の受験生も思うような解答が書けなかったり，解答そのものが浮かばなかったりして焦っている可能性が高い。だから，必要以上に高得点を狙うことを意識せず，0 点の解答がないように少しずつ着実に点を取ることを意識する

■テクニック 13

　想定できる形式的な変化（与件文字数，解答文字数）などについてはあらかじめシミュ

レーションをしておく。想定しきれない「難しすぎる設問」にはあらかじめ対応方法を決めておき，落ち着いて対応する

■テクニック 14

事業が複数あり，組織形態がわかりづらい場合は組織図を描いて整理する

■テクニック 15

設問文で問われている項目と比較できるものが与件文にないか探してみる。たとえば，平成 25 年度第 4 問では，ICT 専門業者と広告代理店の委託方法を比較することで解答が導き出しやすくなる

■テクニック 16

年代の記述が前後していて企業のたどってきた経緯がわかりづらい場合は年表を書いて整理する

■テクニック 17

具体的施策が思いつかなかったら，自分を事例企業の経営者に当てはめて想像して書く

V ▶▶▶ 知っておきたい考え方のトレンド

■トレンド1

技術革新のスピードが速く，保有していた知識やノウハウが陳腐化しやすい業界では**「学習する組織」**を構築することは非常に有効

■トレンド2

ミドルマネジメント層の育成（意識改革・能力開発）や**活用**（権限委譲）は非常に有効

■トレンド3

若手あるいは中途採用人材を登用して権限委譲することは非常に有効

■トレンド4

社員の**モチベーション**を考えることは優先順位が高い

■トレンド5

社外からの監査，助言を受けることは有効

■トレンド6

パート／アルバイトを正社員のように使うことは有効

■トレンド7

OB ＆ OG 人材（シニア），障がい者，非正規社員，被買収企業の人材の活用は有効

■トレンド8

女性（主婦層）や学生，海外人材を活用するのは非常に有効

■トレンド9

特に製造業の技術伝承や高齢社員の活用として**社内マイスター制度**は有効

■トレンド10

親会社からの天下り経営層は，問題原因となる可能性が高く，好ましくない

■トレンド 11
人事評価は**コンピテンシー評価**で！

■トレンド 12
雇用のミスマッチを減少させるために，**インターンシップ制度**や**紹介予定派遣**を活用することは有効

■トレンド 13
命令系統を最短とするフラット型組織により市場変化に柔軟に対応

■トレンド 14
セクシャルハラスメント・パワーハラスメント対策を行うことは有効

■トレンド 15
経営者が高齢化している場合，次世代の幹部候補の育成や，事業承継の検討が有効

■トレンド 16
地域の活性化や発展に寄与することは重要

■トレンド 17
既存事業の深掘りと並行して新しい事業の探索を進める**両利きの経営**は，企業の存続につながり有効

事 例 別 対 策

事 例

Ⅱ

■事例Ⅱの概要

＜事例Ⅱで問われていること＞
正しい方向へ，基本4Pをしっかり行い，
時にブランドとITを駆使して，基本対策を押さえながら，販売しているか？

Correct Way
正しい方向へ

- ●大枠マーケティング戦略
  - ・SWOT分析
  - ・ポーター競争戦略
  - ・PPM

4P
基本4Pを

- ●Product
  - ・品揃え
  - ・共同開発
  - ・カニバリゼーション

- ●Place
  - ・直販/OEM
  - ・主要顧客依存のメリット，デメリット
  - ・企業間連携（事業連携）
  - ・外注（アウトソーシング）

- ●Price
  - ・ロスリーダー政策
  - ・メニュー選択式価格設定
  - ・プライスライニング政策

- ●Promotion
  - ・パブリシティ/口コミ
  - ・ホームページ/SNSなど
  - ・人的販売
  - ・具体的なPromotion案

Brand
ブランド

Basic
基本対策

- ●小売
  - ・店舗販売
  - ・ISM
  - ・POS
- ●商店街
- ●海外進出
- ●リスク
  マネジメント

IT活用

I ▶▶▶ 代表的 SWOT 項目

【事例 II の代表的な SWOT 項目】

S（強み）	W（弱み）
・企画・開発機能を持つ	・マーケティング戦略が見直されていない
・直営店がある	・資金力に乏しい
・自社ブランドを保有している	・優秀な人材が限られている
・商品・サービス品質が優れている（こだわりがある）	・情報が管理されていない
・十分な内部留保がある	・価格が高い
・顧客 DB を活用している	・ブランド力がない
・特殊技能や高い専門性を持つ従業員がいる	・急遽未経験の社長が引き継いだ
・製品・サービスが差別化されている	・社長・役員が代わらず高齢化，同族化している
・高付加価値／高価格な製品・サービスを提供できている	・継続して企画・開発できない
・アンテナショップがある	・IT／インターネットを活用できていない
・口コミによる顧客獲得ができている	・顧客 DB を活用できていない
・固定客（リピーター）が存在している	・顧客ニーズを収集・反映する仕組みがない
・IT／インターネット／SNS を活用している	・過去の中途半端な規模の経済の追求による過大な設備投資で資金繰り悪化
・地域社会と良好な関係性を築いている	
・外部の企業と協力関係を築いている	
O（機会）	**T（脅威）**
・周辺人口が増加している	・業界の海外生産進展により低コスト化が進み経営不振
・カスタマイズニーズ	・大手進出により影響を受け経営不振
・小口取引ニーズ（少量，おひとり様）	・同業者の躍進による経営不振
・オリジナル商品ニーズ	・IT 化が急速に進み，対応しきれずに経営不振
・ネット購買（遠方通信販売）ニーズ	・少子高齢化に対応しきれずに経営不振
・贈答用・記念日など高級品ニーズ	・市場が飽和している
・半調理品・中食・惣菜ニーズ	・販売先大手の経営方針が変わってきた
・需要の変動が小さいカテゴリーがある	
・対応が面倒だが，利益率の高いカテゴリーがある	
・改良・修理のような付加価値向上系ニーズ	
・生活様式や趣味，嗜好によるニーズ	

II ▶▶▶ 最重要の切り口

■切り口1

事例IIで問われている基本ポイント

正しい方向へ，基本4Pをしっかり行い，特にブランドやITを駆使して，基本対策を押さえながら，販売しているか？

■切り口2

なんでも使える万能切り口，解答に困ったらこれをまず思い浮かべる！

4つのC：Company（内部資源；人・物・金・情報・ブランド），Customer，Competitor，Cooperator

■切り口3

戦略を考える際の基本のフレームワーク

誰に・何を・どのように・効果

■切り口4

マーケティング戦略を考える切り口

ターゲット＋4P：Product，Price，Place，Promotion

■切り口5

顧客を考える切り口

顧客＝新規顧客＋既存顧客

■切り口6

4Pに対応する顧客・消費者側の視点のマーケティングミックス

4C：Customer Value，Cost，Convenience，Communication

■切り口7

物事を推進する際に使う

PDS か PDCA

■切り口8

商品の差別化を考える切り口

製品ベネフィット，製品形態，付属機能製品

■**切り口 9**

自社の販売に影響を与える要素

協力会社，競合，代替品，販売先，自社 の 5 つの視点

■**切り口 10**

プロモーションは 2 つ

プッシュ・プル プロモーション

■**切り口 11**

販売へ影響を与える切り口

ABCD：After Service，Before Service，Communication，Distribution

■**切り口 12**

顧客をつかむ

商品で，時間で，利便で，心で

■**切り口 13**

差別化するには？

STP マーケティング セグメンテーション，ターゲティング，ポジショニング

■**切り口 14**

飲食店の基本チェックポイント

Quality，Service，Cleanliness，Atmosphere の QSCA

■**切り口 15**

小売業で売上向上を考える切り口

客数（新規，既存）×客単価（購買額，購買点数，購買頻度）＝売上

■**切り口 16**

卸売業の存在価値を検討するための切り口

取引数量最小化の原理，不確実性プールの原理

■**切り口 17**

サービス業の業績向上を考える切り口

インターナル・エクスターナル・インタラクティブ マーケティング

【事例Ⅱ】の知識

Ⅲ ▶▶▶ 項目別パッケージ

1. 大枠戦略検討

■概要

> 　事例Ⅱでは，まずはじめに企業の大枠戦略や方向性を決めることが必要です。すべての解答はこの方向性とマッチするか，最低限矛盾しないことを意識して解答一貫性の背骨とすべきだからです。これは，はっきりいって非常にシンプルです。1次試験では設問にもならないほど基本中の基本である「**SWOT分析**」「**アンゾフの成長戦略分析**」の2つの分析と「**経営者の"想い"**」というフィルターを重ねることで実行できます。

（1）SWOT分析

　何はともあれ，事例企業の **SWOT分析** は必ず行いましょう。特に事例Ⅱにおいては強み(S)を機会(O)に投入する戦略が最頻出であるため，必要不可欠な分析です。

　具体的には，マーカーを使って，企業内部環境面から強み(S)と弱み(W)，外部環境面から機会(O)と脅威(T)をマーキングし，素直にSWOTに分けて問題文の余白欄にマトリクスを描くという方法があります。一般に，**強みを機会に投入する方向性を企業の進むべき方向性** と考え，弱みを克服できるか，脅威を避けることができるかを考えながら最終的な企業ビジョンを導きましょう。

【SWOT分析】

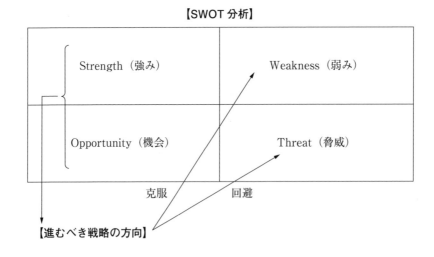

　　Strength（強み）　　　　　　Weakness（弱み）

　　Opportunity（機会）　　　　　Threat（脅威）

　　　　　　克服　　　　　回避

【進むべき戦略の方向】

① 本テーマに関する設問と解答の例1

単に強みを的確にとらえているかを問われるパターン（聞き方はいろいろで，強みを聞

かれていることに気づかない場合もあるので注意）。

　平成30年度や令和4年度および令和5年度の問題では「3C（Customer：顧客，Competitor：競合，Company：自社）分析」という観点から問われましたが，これも，Customer：顧客は機会（O），Competitor：競合は脅威（T），Company：自社は強み（S）と弱み（W）と考えて解くことが可能です。

　Q1．B社の競争優位性はどこにあると思われるか？

　Q2．B社の取引先はなぜB社の商品を扱い続けたのか？

　Q3．B社はなぜレストラン事業へ進出しなかったのか？

　→シンプルに強みを盛り込んで解答する。

　A1．B社は早期より顧客台帳を作成して顧客との関係性を強化しており，固定客を確保していることが競争優位性である。

　A2．B社の商品は，店主の深いこだわりにより独特の深みある味を実現し価格も安いため，多くの顧客から支持され，取引先にとっても安定した売上を得られていたためである。

　A3．B社のこれまでの最大の成長要因は，早期より顧客との深い信頼関係を築き，多くのリピーターに支えられていた点にある。レストラン事業へ進出してもそのリピーターの集客が見込めず，既存顧客との強い信頼関係を活かせないため，進出しなかった。

② **本テーマに関する設問と解答の例2**

　直接的に戦略方向性を聞かれることは少ないが，今後行うことに絡めて戦略を聞かれるパターン。

　Q1．B社は会員カードを発行すべきかどうか迷っている，助言せよ

　Q2．今後自社ブランドを構築・育成するにあたり重要なことはなにか？

　Q3．今後どのような品揃えを拡充すべきか？

　Q4．売上回復のためにどのようなマーケティング戦略をとるべきか？

　→SWOTで決めた方向性を明確に示す解答を書く。

　A1．会員カードを発行すべきである。B社は今後地域住民をメインターゲットとして，強みであるカスタマイズ商品を提供することで，安定した売上を実現し，大手との競争を回避できる。そのため，地域住民とのより深い関係を築くことができる会員カードは有効と考えられる。（強みの商品を地理的に優位な地元顧客層へ訴求する戦略を示す例）

　A2．B社独自のオリジナル企画商品の手づくり感・きめ細かさを統一感あるものとして訴求する。新規ターゲットである通信販売利用者に伝わるよう，SNSや口コミサイト対策を行いながらブランドを訴求することが重要である。（強みの商品を通信販売ニーズ増加の機会に投入する戦略を示す例）

　A3．犬用品に特化した品揃えを拡充すべきである。リピーターの多くは犬用品を目的

にB社へ来店しており，犬用品を充実させることでリピーターのさらなる来店頻度増加，購買単価向上が図れるためである。（強みの商品をさらに専門化させる戦略を示す例）

A4．アクセス数の伸びている学生や主婦層をターゲットとして企画開発力を強化し，携帯電話サイトでの新規コンテンツ需要へ徹底した対応と相互交流を図る。そして，迅速な対応のとれるターゲットマーケティングを実施する。（新市場開拓戦略を示す例）

③　押さえておくべきキーワード

特化する　　コアコンピタンス　　強み　　弱み　　機会　　ドメイン　　集中化
経営資源　　脅威　　回避

（2）アンゾフの成長戦略マトリクス

戦略策定において定番の「**アンゾフの成長戦略マトリクス**」は，やはり非常に大切な考え方です。ほとんどの企業がほぼどれかの戦略に当てはまります。特に，中小企業にとって**市場浸透戦略が最も重要な戦略である場合が多い**です。それは新商品や新市場，そして多角化を狙うのは大手企業との競争に巻き込まれる可能性が高いからです。

そのため，事例Ⅱにおいてはその企業がどの戦略をとってきたか，今後は市場浸透戦略を提言すべきなのか，の視点で読むことが有効です。

また，SWOT分析などの結果で進むべき方向性が見出せない場合，少なくともアンゾフのマトリクスでどれにあたる事例なのか？　という視点で判断するようにすると，ほとんどの事例の方向性が示しやすくなるという効果もあります。2次試験でも強烈に頭に刻み込みましょう。

【アンゾフの成長戦略マトリクス】

市場＼商品	既存商品	新規商品
既存市場	市場浸透戦略	新商品開発戦略
新規市場	新市場開拓戦略	多角化戦略

①　コトラーの4つのブランド戦略

基本的考え方は，アンゾフ成長戦略マトリクスと同様であるため，理解が容易であることに加え，具体的な解答を求められる事例Ⅱにおいて有効活用できます。（詳細については「23．ブランド」を参照）

	既存商品	新規商品
既存のブランド名	ライン拡張	ブランド拡張
新規のブランド名	マルチブランド	新ブランド

②　過去の事例Ⅱの戦略

多くの事例において市場浸透戦略がかかわっています。

年　度	戦　略
R5 年度	既存の少年野球チームに対する市場浸透戦略　→　顧客の離反防止のための販売方法の構築と強みを生かした野球用品の品揃え強化とオリジナル用品・加工品の充実
R1 年度	ネイル需要に対する市場浸透戦略　→　客単価向上のための市場浸透戦略　→　協業先と組んで新規顧客獲得するための新市場開拓戦略
H30 年度	X 市観光需要に対する市場浸透戦略　→　インバウンド客に対する市場浸透戦略　→　日帰り需要を宿泊需要に転換する新市場開拓戦略
H29 年度	シルバー世代（井戸端会議メンバー）に対する市場浸透戦略　→　子育て世代に対する新市場開拓戦略（※ただし既存製品（寝具，日用品）に加え，婦人服やハンドバッグ等の新規商品の販売も実施）
H28 年度	ほとんど最終消費者に特化した市場浸透戦略　→　ターゲット層の更なる明確化，製品戦略・プロモーション戦略・チャネル戦略の見直し
H27 年度	商店街周辺に住む住民に対する市場浸透戦略　→　高層マンション街に移り住むファミリー層を中心とした新市場開拓戦略
H26 年度	新商品開発戦略（介護付きツアー）　→　顧客データベースをもとに重要顧客層，戦略的ターゲット設定を通じた市場浸透戦略　→　客単価向上のための新商品開発（※）戦略 （※設問では「新商品開発もしくは既存商品改良」となっています。）
H25 年度	新商品開発戦略　→　親子食育イベントと POP 掲出による市場浸透戦略　→　インターネットによる新市場開拓戦略
H24 年度	製造方法見直しによる既存製品リニューアルによる市場浸透戦略　→　Y 社・Z 社との提携による新市場開拓・新商品開発戦略　→　コーズリレーテッド・マーケティングによる地元 X 市消費者との関係強化
H23 年度	高機能メガネ専門店の市場浸透戦略　→　プロモーション戦略　→　顧客の再来店促進と第 1 次商圏への認知度向上
H22 年度	中堅スーパーマーケットの市場浸透戦略　→　地元顧客との関係性強化，エコ活動でロイヤルティ向上
H21 年度	スポーツ用品店の市場浸透戦略　→　顧客との関係性，接客・対応力を強化する差別化戦略
H20 年度	高級温泉旅館の既存顧客　→　新規顧客開拓　→　地元資源を活用する新規事業
H19 年度	地元密着の市場浸透戦略　→　コンサルティング販売による新市場開拓戦略

【事例Ⅱ】の知識

③　本テーマに関する設問と解答の例

Ｑ１．これまで B 社のとってきた戦略を 3 段階に分けて具体的に示し，各戦略の意義を述べよ

Ａ１．①地元密着の市場浸透戦略→②増加周辺人口を取り込む新市場開拓戦略→③出張サービスやエステなどの新商品開発戦略。

　　　意義は，競争回避による基盤確立→売上拡大による成長→高付加価値商品での客単価向上による収益性改善。

④ 押さえておくべきキーワード

> 市場浸透戦略　　顧客囲い込み　　自社ブランド　　商品特化型　　専門サービス
> 新商品開発戦略　　関連購買　　客単価向上　　新市場開拓戦略　　売上拡大
> 多角化戦略　　シナジー　　水平・垂直　　経営資源　　競争回避
> リローカリゼーション（地域回帰）

（3）顧客囲い込み戦術

　市場浸透戦略の代表的な戦術である"顧客囲い込み"は，中小企業にとって，最近の傾向においても非常に重要であるため，ここで概要と考え方をまとめておきましょう。

　① なぜ囲い込みか？
　　・新規顧客を獲得するより既存顧客を維持するほうが**低コスト**であるため
　　・囲い込みによる固定客の獲得は大きな**競争優位**となるため
　　・固定客への個別対応で付加価値の高い商品が売れ，**客単価が向上**するため

　② どう囲い込むか？

　囲い込む＝心をつかむことです。究極的には顧客一人ひとりに対して個別の対応をとること（ワントゥワン・マーケティング）で囲い込みます。ポイントは，顧客と商売の関係だけではない人と人との深い関係を築くことです。

　具体的には以下のようなステップを押さえておきましょう。

　ⅰ）常連顧客の名前・連絡先などの属性情報を得る（→知る）

　ⅱ）得られた顧客情報を，顧客管理ソフトなどを使い一元管理して顧客データベース（DB）を作成する。さらに，顧客毎に特殊要望や購買履歴なども併せて管理する（→記録する）

　ⅲ）常連顧客と「ありがとうございます」「またいらしてください」「お久しぶりです」など，最低限のコミュニケーションをとる（→挨拶する）

　ⅳ）常連顧客に対し，極力個別顧客に対応させた（例：冒頭のメッセージを変えるなど）ダイレクトメールやEメール，IM（インスタントメッセンジャー）で，再来店を促す販促情報を発信する（→伝える）

　ⅴ）常連顧客限定の試食会や懇親会など，顧客に有益な活動を行う（→深める）

　ⅵ）常連顧客からの口コミなどで得られる新規顧客に対し，同じプロセスを繰り返す

　上記のような一連の活動を CRM（Customer Relationship Management）とも呼んだりします。直訳どおり，顧客との関係を管理していく手法です。

　③ RFM 分析

　本項に関連して**RFM 分析**があります。RFM 分析の目的は「優良顧客の識別」です。Recency（最終購買日），Frequency（購買頻度），Monetary（購買額）の３つを尺度に，自社の売上にとって大切な「優良顧客」を識別し，重点管理します。実施する前に分析対象

である顧客 DB が存在することはいうまでもありません。

　RFM の背景には，2：8 の法則，ABC 分析のように，全部が全部 100 ％の力で対応するのは効率的ではないという考え方があります。解答の際には，優良顧客を識別して重点管理をするなどの CRM 的提案の中で，キーワードとして「RFM 分析を行い〜」と使いましょう。

④　FSP（Frequent Shoppers Program）

　同じく関連して **FSP** があります。FSP は顧客囲い込みを目的に，優良顧客に対し，その優良の度合いによりプロモーションの差をつける販促手法です。購買額に応じてポイントが得られ，ポイントに応じた景品がもらえるような巷でよく見かける仕組みのことです。

　FSP も，解答の際に顧客囲い込みと合わせて「顧客 DB → RFM 分析→ FSP 実施」という黄金の流れで使用することができますので，押さえておきましょう。

⑤　本テーマに関する設問と解答の例

　Q 1．顧客との関係性を強化するために採用した方策は？

　Q 2．会員カードを発行すべきか迷っている，助言せよ

　Q 3．会員組織の活用方法は？

　A 1．コミュニティサロンでのカルチャー教室開催，手づくり会報発行，手書き DM 発送

　A 2．会員カードを発行して顧客台帳を電子化する。POS データと合わせて分析を行い，個別顧客ニーズの把握，その品揃えへの反映を行い，収益を拡大する。

　A 3．・個別対応 DM による来店頻度向上

　　　　・試食会開催による商品開発効率化

　　　　・交流イベント実施による信頼関係の強化

　　　　・優良顧客識別による販促活動効率化

⑥　押さえておくべきキーワード

FSP　　RFM 分析　　CRM　　顧客生涯価値（シェア）　　顧客ロイヤルティ　ポイントカード　　顧客台帳／DB　　DM　　個人情報保護法　　優良顧客　地域通貨　　顧客満足（CS）　　固定客化　　デシル分析　　層別対応・個別対応

（4）新製品開発戦略

　新製品・サービスを開発するといっても，実際の開発行為は，企業によりそのアプローチやアイデアはいろいろです。2 次試験レベルではどんな解答が期待されているか，考え方を示したいと思います。

①　考え方

（a）　小売店や製造業の場合

　次ページのような**商品カテゴリーの幅と各カテゴリー内の商品アイテムの奥行**，のマトリクスで考えるとシンプルです。

【事例Ⅱ】の知識

【店舗形態別商品構成】

商品カテゴリー

図のアミ掛け部分はよく出題される事例企業の位置づけです。商品開発の方向性として，試験では図のように１カテゴリー特化型の専門店系をまず思い浮かべ，強みのあるカテゴリーでのアイテム数を充実させていき，関連購買を促すことを検討すべきです。

次に，それではどうもおかしいというような場合，商品カテゴリー自体を増やすことを提案しましょう。その際，人・物・金のリソースの有無，シナジーの有無，在庫・仕入などの財務リスク，がすべて問題ないことを確認して慎重に提案を行います。

（ｂ）　サービス業の場合

どんな新サービスを開発し提供するかは，小売店の考え方とは少し異なります。もともと専門店的な要素が強い業種であるため，新サービスといっても，与件文の中から抜き出せるもの，もしくは工夫レベルで解答できることが多いです。そして最大のポイントは，**来店客の本質的なベネフィットをもとに，新サービスを考える**ことが大切です。

たとえば，美容院がエステ・出張サービスをやろうと検討しているとすれば，「美容院→髪を切る」だけでなく，「美容院＝キレイになるところ」と考えれば，「人をキレイにするための他のサービス→エステ，美容整形，健康マッサージ」などいろいろ出てきますね。もっとも，その提案内容も特に人・物・金・ノウハウなどの実現可能性とシナジーは十分検証してから書くことは当然です。エステでもいきなり本格エステを提案するのではなく，飛躍が大きすぎないように，顔のシミ取りだけのエステなどにレベルを下げて段階的な提案をするのも有効です。

②　本テーマに関する設問と解答の例

Ｑ１．Ｂ社は今後どのような品揃えにすべきか助言せよ

Ａ１．Ｂ社は今後犬用品に特化した品揃えを拡充すべきである。リピーターの多くは犬用品を目的にＢ社へ来店しており，犬用品を充実させることでリピーターのさらなる来店頻度増加，購買単価向上が図れ，競争優位性が強化できる。

③　押さえておくべきキーワード

> クロスセル　　アップセル　　シナジー　　一店逸品　　フェアトレード
> リノベーション　　アップサイクル

（5）新市場開拓戦略

　中小企業の多くはニッチ戦略を採用しているため，ゼロから新たな市場を創造するということは困難です。新市場開拓戦略を提案する際に留意すべき点を紹介します。

①　どの程度シフトするか

　新市場開拓戦略を提案するということは，企業ドメイン「だれに，なにを，どのように」の「だれに」に大きく影響する重要な提案となります。そこで本戦略を提案する場合，そのシフトするレベルを考慮して解答を書くことに留意しましょう。そのレベルにより解答に差がつきます。

　たとえば，同じ小売店の営業時間の延長提案でも，出題者は，「日曜営業をしていない小売店の日曜営業を行い，サラリーマン層を取り込む」という解答を期待しているところに，「365 日 24 時間営業のコンビニエンス FC へ加盟し，全時間帯の商圏を取り込む」などの解答をすれば，大きく減点されるでしょう（あるいは加点は期待できないでしょう）。

　おおよその市場シフトレベルは次のとおりです。

　ⅰ）既存 80 ％＋新規 20 ％　　　　　　　：既存に少しプラスアルファで収益を増加させる工夫レベル

　ⅱ）既存 50 ％＋新規 50 ％→新規 80 ％：段階的に大きく本業をシフトする改革レベル

　ⅲ）既存 10 ％＋新規 90 ％　　　　　　　：急激に本業を大シフトする革命レベル

　実際の解答では，「段階を踏んで」「マイルストーンを設けながら」「短期的には〜，長期的には〜」というような書き方をしたⅱ）の方向性が高得点である傾向が強いといわれています。ただし，与件文において事例企業の大改革が急務であるということが明確に読み取れる場合，悠長に長期的な視点でシフトする提案は出題者の求めるものではないことはいうまでもなく，いずれにせよ与件文にヒントを求めましょう。

②　新市場の探し方

　以下の点から考えると提案しやすくなると思います。どれを提案するのでも，与件文のヒントに根拠を求めてください。

・一般消費者：既存が企業を対象としていれば一般消費者へのシフト

・ニッチな顧客：マイノリティ層の取り込み（マニア層，要介護者，花粉症層）

・面倒な顧客：顧客個別対応が必要で，大手企業では煩雑すぎて手が出しにくい市場の取り込み（設置サービス，カスタマイズ）

・地理的に遠い顧客：遠方需要取り込み（インターネット，出張サービス，配送サービス）

・時間のない顧客：営業時間内に来られない層の取り込み（即納サービス，深夜営業，土

【事例Ⅱ】の知識

日営業など）

・1人の顧客：おひとり様層の取り込み（飲食店など）

・外国人客：外国人観光客の取り込み（宿泊施設，観光地など）

③　本テーマに関する設問と解答の例

Q1．B社が今後さらなる成長をするために，どのような戦略をとるべきか，助言せよ

A1．小規模企業と個人客中心の小口取引ニーズの取り込みを行う新市場開拓戦略を展開する。既存の大口顧客との関係は維持しながら徐々に小口取引市場の取り込みを図り，大手との競争を避け売上のさらなる拡大を狙う。

④　押さえておくべきキーワード

競争回避　　段階的に　　強みを生かす　　シナジー効果　　マイルストーン

（6）多角化戦略

　新市場へ新商品を展開することですが，企業にとって最も難易度が高い戦略です。それだけに提案には慎重な解答構築が求められます。多角化戦略は平成14年度の食品卸売業→小売業，平成18年度でもテニススクール→学習塾への多角化が出題されていますが，今後も激しい外部環境変化の中，多角化戦略の出題の可能性があります。

①　考え方

　試験において多角化を考える際，2つの視点で考えると解答がつくりやすくなります。1つは「そもそも実現可能なのか？」，もう1つは「なぜやるのか？」です。

（a）　そもそも実現可能なのか？

主に「4つのC」を使って次の事項が考えられます。

・投資するお金はあるのか（あるいは投資額の負担が小さいのか）？

　……借金を返せるのか，リースの活用も含む

・担う人材はいるのか？

・その事業を行うノウハウがあるのか？

　……卸売業がいきなりレストランできますか？

・新しい事業の顧客はつかめるのか？

・仕入先があるのか？

・競争優位性はあるのか？

　……コアコンピタンスが活用できる事業であるべきです

（b）　なぜやるのか？

主に以下の点が考えられます。

・人・物・金のリソースに余裕がある　……大企業に多い

・既存ビジネスの停滞とその対応として成長分野へ進出　……中小企業に多い

・既存の強みが生かせる

・シナジー（相乗効果）追求

・リスク分散＝ポートフォリオ効果

・遊休設備がある

② **本テーマに関する設問と解答の例**

Ｑ１．美容院 B 社はなぜ貸衣装業に進出したのか？

Ａ１．美容院来店客の一部が貸衣装の顧客となり，逆に貸衣装の顧客が美容院顧客になる可能性が高く，集客面でシナジー効果が期待できるためである。また，服飾コーディネート専門学校を卒業した B 社社長の娘が入社し，ノウハウ面でも実現可能なリソースができたためである。

③ **押さえておくべきキーワード**

シナジー　　ポートフォリオ効果　　Why と How　　組織スラック　　ネットワーク 異分野進出

【事例Ⅱ】の知識

2. 競争戦略

■概要

> ポーターは，ある事業分野の競争状態を決める要素として5つをあげて説明しています。1次試験対策で学習済みだと思いますが，2次試験では解答の切り口としても競争状態を分析する視点としても非常に有効ですので，しっかりと概念を押さえて活用しましょう。

【競争市場の規定要因（5フォースモデル）】

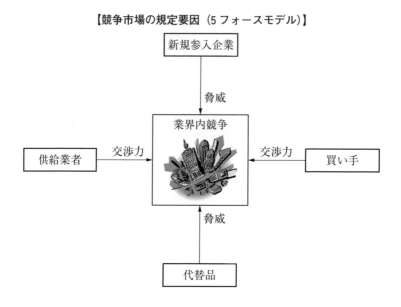

（1）競争戦略を考えるための例

〈仮の携帯電話キャリア業界〉

「業界内競争」とは普通の同業者同士の競争で，各社割引サービスや長期契約割引などでユーザーの囲い込みと取り合いの激しい競争が行われています。

「供給業者」とは，仮に携帯電話のアンテナ送受信技術が1社にしかない場合，その技術を持つ1社の交渉力は業界にとって非常に大きな脅威となります。

「新規参入企業」とは，たとえば，より低価格での通話サービスを提供するキャリアが業界に参入し，競争のより一層の激化をもたらす脅威です。

「代替品」とは，既存の携帯電話に代わり，まったく新しい技術を使い，従来以上のユーザーベネフィットをもたらす代替品ができ，既存製品と競合する脅威です。

「買い手」とは販売先の顧客のことで，仮に携帯電話販売業者の最大手の販売シェアが40％を超えているような場合，その販売業者の業界に与える交渉力は脅威となります。

このように，競争状態はどういう視点で見るかのモデルを提示しているのがポーターの5つの競争要因です。

試験に出題される事例企業にとって，既存事業から撤退する，新たな事業へ参入するなど大きなドメイン変更を検討するうえで，これらの視点は有効です。解答を書くうえでは，特に業界内競争だけでなく，**供給業者・買い手の交渉力面からの考察**を盛り込むよう留意すると，抜けのない解答になると思います。極端な話，新規進出先市場で競合がほとんどいなくても，供給業者が技術をほとんど独占し，ぼったくり価格でしか仕入れられず，買い手の販売シェアが50％を超え，激安でないと買ってくれないような市場は進出すべきでありませんね。

（2）競争の基本戦略

業界で競争優位を確立するには，コスト・リーダーシップ戦略，差別化戦略，集中戦略が基本の戦略になります。また集中戦略はコスト集中戦略と差別化集中戦略の2つになります。

中小企業はコストでは大企業にかなわないことがほとんどです。そこで高い品質やサービスで付加価値を付けるなど，独自性を打ち出すことにより**優位性を築いて差別化**します。

・製品そのもの……品質，性能，デザインなど
・サービス　　　……接客，アフターサービスなど
・その他　　　　……広告，企業イメージ，社会的活動など

また，自社の強みを活かせる**特定のセグメントに集中**することにより，少ない資本でも特定のセグメントにおいてシェアを確保します。

そのため，中小企業では**差別化集中戦略**を採るのがほとんどです。

（3）本テーマに関する設問と解答の例

Q1．まぐろの卸業者B社が，競合の少なそうな鰻（うなぎ）の卸売への進出を検討している。やるべきか助言せよ

A1．やるべきでない。近年うなぎの1次卸会社X社の交渉力が高まっており，うなぎの仕入価格が長期にわたり高騰している。一方，顧客のうなぎ離れが進んでうなぎを取り扱う小売店が減り，うなぎ小売店の交渉力が高まっており，値下げ要求も強い。そのため，期待される収益が得られない可能性が高い。

（4）押さえておくべきキーワード

競争戦略　　集中戦略　　コスト集中戦略　　差別化集中戦略　　マーケットシェア
インストアシェア　　商圏分析

【事例Ⅱ】の知識

3. 市場細分化（標的市場の選定）

■概要

> ほぼすべての中小企業は経営資源の面で制約条件を抱えています。そのため，あらゆるところで競争するのではなく，市場の中で効率的に活動できる最も魅力的な部分を探さなければなりません。そして，標的市場を選定し，マーケティング戦略を決定するに至る次のステップであるターゲットマーケティングにおいて，企業は無数にある市場のうち，いくつのセグメントをカバーするのか，どのセグメントを選択するのかを決定しなければなりません。
>
> ここでは，代表的なターゲットマーケティングにおける2つの市場選択のタイプを紹介します。

（1）ターゲットマーケティング

ターゲットマーケティングとは，市場を構成するさまざまなセグメントを区別し，そこからいくつかを選択して，各標的市場のニーズに合った製品とマーケティング・ミックスを開発することです。

市場を細分化して，特定セグメントにおける消費者のニーズに適合した製品・サービスの提供をすることにより競争優位性を確立し，中小企業でもそのセグメントでのシェア確保が可能になります。

① 市場細分化（マーケット・セグメンテーション）の基準

・ジオグラフィック基準…地理的基準。自治体，地域，気候，人口密度など

・デモグラフィック基準…人口統計的基準。年齢，性別，所得，職業など

・サイコグラフィック基準…心理的基準。価値観，生活様式，嗜好など

② 過去の事例Ⅱの市場選択

年　度	市場選択
R5年度	①強みである，野球用品の強化。特に商品カスタマイズ提案力をより強化することで，大型スポーツ用品量販店との差別化を図る。②女子軟式野球のチームを支援し，新規顧客として，女子チームを開拓。
R4年度	①ホテル・旅館や飲食店などを主要取引先とした，食肉及び食肉加工品の卸売事業が売上構成比の9割。②近隣の消費者を対象とした，直営の食肉小売店事業が1割
R3年度	冷蔵販売車を使った豆腐（「手作り豆腐セット」）の移動販売を展開
R2年度	①（Z社により）ヘルスケアに関心の高い30〜40歳代の女性層に，アンチエイジングの効能のあるハーブを使ったドリンクやサプリメントを販売。②20歳代後半〜50歳代の大都市圏在住の女性層に，安眠効果の高いハーブを使ったハーブティーを販売
R1年度	X市の同世代向けに，顧客の要望に合わせたネイルを提供

H30 年度	和の風情を求めるインバウンド客向けに，日本の文化を感じるサービスの提供と，X 市ならではの観光情報を提供
H29 年度	①シルバー世代向けに寝具や介護ベッド，こだわりの日用品を販売，また婦人服やハンドバッグの予約会を実施。②子育て世代向けに入園準備のアドバイスや「親と子の快眠教室」等のイベントを実施
H28 年度	国内外の健康志向の高い最終消費者向けに，伝統的手法で作られたしょうゆを販売
H27 年度	高層マンション街に住むファミリー層に，家族で訪れやすい商店街を運営
H26 年度	X 市内を中心とした顧客，企業を中心に，添乗員付きツアーを展開
H25 年度	X 市地域外の消費者向けに，インターネット販売
H24 年度	地元 X 市向けに，X 市内向け製品の売上から一定額を寄付
H23 年度	45 歳〜65 歳向けに，高付加価値のメガネを提供
H22 年度	地元向けに，ゴミの自主回収・リサイクルや自治体への寄付を実施
H21 年度	地元の学校・サークル向けに，ユニフォームや用品を提供
H20 年度	静寂や和みの非日常を好む大人向けに，その空間とサービスを提供
H19 年度	①業務（プロ）用需要向けに，専門性重視の品揃えを提供。②一般消費者の趣味の需要向けに，DIY 用品を提供

【事例Ⅱ】の知識

（2）市場選択のタイプ

①　コトラーによる標的市場の考え方

・無差別型マーケティング…単一の製品をすべての市場に投入する

・差別型マーケティング…市場ごとのニーズに適合した製品を各市場に投入する

・集中型マーケティング…特定の市場を限定して，そこに最適な製品・サービスを投入する

②　エイベルの製品─市場細分化戦略

・全市場浸透型…多くの製品をすべての市場に投入する

・製品集中型…単一の製品をすべての市場に投入する

・市場専門型…多くの製品を単一の市場に投入する

・選択的専門型…市場ごとのニーズに適した製品を各市場に投入する

・単一セグメント集中型…単一の製品を単一の市場に投入する

（3）押さえておくべきキーワード

ターゲットマーケティング　　競争優位性　　マーケティング・ミックス

4. PPM

■概要

PPM 理論は多数の事業を持つ大企業向きの理論と思われますが，中小企業にとっても活用できる面があるため，考え方は理解しておくほうが安全と思われます。平成26年度事例Ⅱでは，B社の展開する複数の商品について，各商品が特定時点（2000年，2014年）において PPM 上のどの分類に該当するかが，分類名とともに問われました。

ここでは詳しい理論は解説しませんが，試験対策上有効と思われる考え方だけを紹介します。

（1）考え方

PPM は，製品ライフサイクル，キャッシュフロー，経験曲線効果の3点をもとに，市場と自社の競争ポジショニングから，「花形・問題児・金のなる木・負け犬」の4つのマトリクスで分析し，**基本的に「問題児→花形→金のなる木」「負け犬→撤退」とすること**がよいとされています。

しかし，実際の中小企業のほとんどは相対的シェアが低い状態ですので，市場成長率の増減だけしか有意義でないのが実情です。ただ，自社がターゲットとしているニッチマーケットの市場成長率ととらえると，以下のような戦略が検討できます。

① 花形　　　：シェアの高いうちにブランド強化，顧客を囲い込み，ポジション維持
② 問題児　　：市場細分化を行い，獲得できるセグメントでのポジションアップを狙う
③ 金のなる木：さらなる顧客囲い込みを行って維持しながら，新規事業投資を行う
④ 負け犬　　：最低限収益の取れるセグメントに対し，抑えた投資を行うライトニッチ

【ポートフォリオ・マトリクス】

市場＼自社	相対的シェア：高い	相対的シェア：低い
市場の成長率：高い	【花形】 CF：少ない／PLC：成長期後期 競争状況：かなり激しい 一般論　：シェアの維持 中小企業：ブランド強化，顧客囲い込み	【問題児】 CF：赤字／PLC：成長期初期 競争状況：かなり激しい 一般論　：投資せよ 中小企業：市場細分化によるニッチ戦略
市場の成長率：低い	【金のなる木】 CF：多い／PLC：成熟期 競争状況：ゆるやか 一般論　：維持して他へ投資 中小企業：顧客囲い込みして他へ投資	【負け犬】 CF：普通／PLC：衰退期 競争状況：ほとんどない 一般論　：撤退 中小企業：ライトニッチ戦略

CF：Cash Flow，PLC：Product Life Cycle

　与件文を読んで，市場の伸びと自社の位置づけが明確にわかり，今後の戦略を問われる場合，上記中小企業向け PPM の考え方を検討しましょう。基本的な方策は，市場細分化・自社ブランド・ニッチ戦略（ミニリーダー政策）・顧客囲い込み，で押さえられると思います。

（2）本テーマに関する設問と解答の例

　Q1．文房具専門小売店である B 社の主業務は，企業向け名刺作成業務である。最近，名刺市場は大手企業が大規模設備を武器に進出しており，市場は伸びているものの，B 社の地域内でのシェアは落ち込み，収益は悪化している。B 社の名刺は複雑なデザインが対応可能であり，大手よりもその品質は高い。今後どのような戦略をとるべきか？（問題児のテーマ）

　A1．個人や小規模企業向けをターゲットに，デザイン名刺の提案販売を行い，このマーケットでのニッチ戦略をとる。個人や小規模企業市場は，取引規模の面から大手が参入しない市場であり，B 社の強みであるデザイン力を活かせる。また，自社ブランドを育成し，顧客へ訴求することで口コミからの新規需要獲得を検討する。

（3）押さえておくべきキーワード

ミニリーダー　　市場細分化　　自社ブランド　　ニッチ戦略

5. Product ① 品揃え拡充

■概要

　　企業の品揃えのあり方を考える際に必要なポイントをここで押さえます。品揃えに関する出題は，特に小売店事例での出題が予想されます。メーカーと異なり，小売業の特徴は，自由にどんな商品も組み合わせて販売することが可能な点です。中小企業の小売店にとって多くの制約があるなか，ベストマッチングな品揃えは何か？　を考えることは最重要テーマですし，それだけに試験で問われるのも当然といえます。

　　解答では，品揃えを広げる際にはしっかりとその注意点を押さえ，狭める際は選択と集中をコンセプトに，止める商品と強化する商品の2セットでの提案を心がけましょう。

（1）考慮すべきポイント

① ストアコンセプト（自店の強みと方針）

取扱商品が，だれに，なにを，どのように売るかというストアコンセプトと合致するものか？　自店の強みを強化するものか？　の2点は必ず押さえましょう。

たとえば，コンサルティング販売を強みとする紳士向け高級靴店が，婦人向け安売りスリッパの展開をすれば，そのお店のアイデンティティーが薄れ，強みのコンサルティング販売イメージも大きく損なわれるでしょう。逆に紳士向けコンセプトを強化するために，子供用靴の取扱いを止め，紳士向け靴下の取扱いを開始するという提案は可能性があるでしょう。

② 仕入先

安定した価格，納期，品質で仕入れられるのか？　を押さえましょう。根本的なポイントですので，与件文にない場合は書く必要もない可能性はありますが，仕入先に関する出題がある場合，QCDで対応しましょう。

③ ノウハウ（手間）

仕入れて販売するノウハウがあるかどうかに注意しましょう。ストアコンセプトとマッチし，仕入にも問題がなくても，商品によって仕入・販売するノウハウがない場合，商品展開を再考する必要があります。特に，買回品や高級品の際に考慮すべきポイントです。

先の例でいえば，紳士向け高級靴店が，オーダーメード靴の販売を新展開する場合，寸法の測り方，顧客との受注方法，寸法確認方法，工場への連絡方法，費用の見積り方など，既存店員では急に対応しきれない数多くのノウハウが必要になります。また仕入面では，季節商品などで仕入れるタイミングがわからない，最適発注量がわからない，などがあげられます。

また，ノウハウがない分を時間をかけることでカバーするため，多くの手間がかかり，

既存商品への販売への悪影響も懸念されます。解答で提案する場合でも，この点を留意点としてノウハウ習得まで試験的な取扱いから段階的に開始する，などの配慮をしましょう。

④　既存商品とのシナジー（アップセル，クロスセル）

自社取扱商品間のアップセル（より上位価格帯への誘導），クロスセル（関連購買）に注意しましょう。ある商品自体の貢献利益がマイナスでもそれがコア商品の販売に大きく貢献する関係があれば，取扱いを中止すべきではない場合があります。ロスリーダー政策はこの考え方に準じた戦略といえます。また，取扱商品を増やす際も，新商品投入によって既存商品にも好影響を与えるような商品展開が望ましいといえます。たとえば，紳士用ビジネスシューズ販売店で紳士用カジュアルシューズの取扱いを開始し，双方の関連購買を促すといった例があげられます。

⑤　財務リスク

品揃えを広げる際，主に次の財務的備えが必要になる点に留意しましょう。

・仕入費

・在庫維持費

特に企業の CF が逼迫している際などは，安易に品揃え強化の提案はすべきではありません。提案する場合でも，不採算商品の取扱いの中止や売れてから仕入れる受注販売にするなど，財務リスクを低減するような記載に配慮しましょう。

⑥　陳列スペース

新規取扱商品の陳列スペースを考慮しましょう。中小企業では特に陳列スペースに限りがあるため，増やす商品があれば，減らす商品も対で挙げることが重要です。そのためには，顧客のニーズの分析とともに，POS システムなどを活用した死に筋商品の洗い出しが有効です。資源に限りのある中小企業ですから，店舗の拡大はよほどのことがない限りNG です。

⑦　在庫管理

取り扱う商品が増えるということは，在庫管理しなければならない商品が増えるということです。在庫管理とは主に，過大在庫にならないよう，品切れにならないよう，発注量と販売量をコントロールすることです。

過去の事例では，スポーツ用品店が流行性の強いファッションスポーツウェアを新規展開した際に大量のデッドストックが発生した例がありました。特に，季節商品や需要の動向の激しい流行商品などの取扱いの際，デッドストック化に伴う CF 悪化に注目した解答を意識しましょう。

⑧　売上分析

特に POS システムなどを導入している場合など，商品単品別の売上データをもとに「**売れ筋**」「**死に筋**」を定期的に押さえ，常に商品ラインアップを見直す仕組みがあるべきです。

（2）本テーマに関する設問と解答の例

Q1．B社は野球用品をコアにサッカーやバスケットボール用品なども取扱い，売上を伸張させてきたが，近年不振である。一部まだ取り扱っていない野球用品ブランドがある。今後どのような品揃えにしていくべきか？

A1．野球用品に特化した品揃えにする。サッカーやバスケットボール用品の取扱いを止め，まだ取り扱っていない野球用品ブランドの取扱いを開始する。野球専門店としてストアコンセプトを強化し，大手総合スポーツショップとの差別化を図っていく。

（3）押さえておくべきキーワード

死蔵在庫　　アップセル　　クロスセル　　売れ筋　　死に筋

6.　Product ②　共同開発

■概要

　新製品開発には多額の投資が必要になることが多いです。開発設備，試作費，調査費などがかさむためです。中小企業の場合，その負担は大きく，非常にリスクの高いものとなります。そこで，そのリスクを低減する方策として，他組織と共同で開発を行う**共同開発**が有効です。

　事例企業に協力できそうな外部組織が存在し，多額の投資が必要な新商品開発を行う旨の設問がある場合，共同開発の可能性を検討しましょう。（参考：事例Ⅲ「15.　製品開発」）

【事例Ⅱ】の知識

（1）共同開発の相手先

共同開発相手先として考えられるのは以下のとおりです。

・自社商品・サービスの販売先

・自社商品・サービスの仕入先

・大学

・NPO 研究機関

・インキュベーション施設での異業種交流からの企業

・同業者

（2）共同開発のメリット

　共同開発を行うことで得られるメリットは主に以下のとおりです。

・投資費用負担の軽減化

・開発スピードの向上：双方の技術が合わさるため

・共同開発者との協力関係が強化される

（3）共同開発における留意点

共同開発を行ううえで留意すべき点は以下のとおりです。

・共同開発先と秘密保持契約を結び，自社ノウハウや技術の外部漏洩を防ぐこと

・共同開発先と費用負担割合や共同開発中止基準などの明確な取決めを行うこと

・だれが商品化し販売するのか，ブランドはどうするかなど，商品化に関する取決めを行うこと

・計画と実績の評価も共同で定期的に行い，綿密なコミュニケーションをとりながら協力体制を維持すること

（4）本テーマに関する設問と解答の例

Q1．B社は新規顧客にマッチした新商品開発を検討している。どのように進めるべきか？

A1．地元大学との共同開発を行う。大学ではB社の取り扱う商品に関連する要素技術の開発が進んでおり，共同開発することで早期商品化が期待でき，多額の研究投資も抑えられるためである。開発にあたり，商品化した際の大学への報酬や大学研究設備使用の可否などに関し明確に取り決めておくよう留意する。

（5）押さえておくべきキーワード

異業種交流　　補助金　　製品短命化　　イノベーション　　コラボレーション

7.　Product ③　カニバリゼーション

■概要

　カニバリゼーションとは，直訳すると「共食い」です。1次試験で学習されたかと思いますが，自社内で新製品が既存製品と競合し，既存製品の売上が減り，結局新製品を投入しても全体の売上があがらない結果となるような状態のことです。自分で自分の競合相手をつくってしまうようなイメージですね。大手企業が市場を席巻するビール産業や車などでその例は顕著に見られます。これらの産業では，カニバリゼーションが生じても結果として少しでも自社の売上が伸びればよいというところでしょうが，競争激化と顧客のニーズの多様化による多品種化でカニバリゼーションは頻繁に生じています。

　しかし，資源の限られた中小企業にとってカニバリゼーションは絶対に避けなければなりません。2次試験では，カニバリゼーションの概念とその回避策が問われる可能性があります。かなり前になりますが，平成13年度事例Ⅱのエニグムとプチエニグムはその典型的な例でした。

（1）なぜカニバリゼーションが起こるか？

　主に以下の理由と考えられます。

① 投入商品が，「だれが買う（使う）のか」を深く考慮されてつくられていない

② 「だれが買う（使う）のか」の企業側の理解が間違っている

③ 自社の各商品のベネフィット差と価格差のバランスが釣り合っていない

平成13年度事例Ⅱのエニグムとプチエニグムは，上記の②に該当し，B社が市場細分化した基準では実際に細分化できておらず，新製品が旧製品の売上を落としました。

（2）対処方法

　カニバリゼーションを避けるには以下の方法が考えられます。

① **テストマーケティング**

新製品を全面市場導入する前にテストマーケティングを行い，意図した購買者層が正しいかを確認する。

② **事前顧客調査**

商品開発にあたり，顧客の感じる商品ベネフィットやニーズをアンケート調査でしっかりと把握する。

③ **価格政策**

ベネフィットに応じた価格差をつけて販売する。

④ チャネル

　新製品を既存製品とは別のチャネルや地域限定で販売する。既存は小売ルート，新製品はインターネット販売にするなど。

（3）本テーマに関する設問と解答の例

　Q1．B社が用いた市場細分化変数にはどのような問題があるか？

　A1．旧製品に対しては，顧客の価値観（心理的基準）を基準に細分化し，新製品では顧客の年齢や性別（人口統計的）を基準に細分化し，異なる変数による細分化で，ターゲット層の一部が新製品と旧製品で重複し，カニバリゼーションが生じていることが問題である。

（4）押さえておくべきキーワード

地理的基準	人口統計的基準	心理的基準	市場細分化	資源有効活用

8.　Product ④　サービス財

■概要

> サービス財は物品財と異なる特徴を持ち，それゆえにサービス財ならではの対応が解答に求められるため，ここでまとめて覚えておきましょう。
>
> サービスには主に以下の3つの特徴があります。
>
> ・生産するとき＝消費するとき：**同時不可分性**
>
> ・品質は一定でない：**非均一性**
>
> ・見えない：**無形性**
>
> これらは基本的によいことではなく，企業にとっては**好ましくないこと**です。よって，これらに対する対応策をしっかり押さえておきましょう。

（1）同時不可分性への対応策

同時不可分性で主に問題になるのは，顧客も企業も時間を合わせる必要があり，サービスを「在庫できない」ため，需要と供給のミスマッチが起きやすいことです。

対応策は以下のとおりです。

① 価格を繁閑に応じて変更する

② サービス内容を繁閑に応じて変更する

　　・忙しいとき：手間のかからない基本定型サービス中心

　　・暇なとき　：手間のかかるカスタマイズ系サービスも受ける

③ オンライン予約制度の導入

④ サービスの繁閑状況を顧客にインターネットなどで情報公開する

⑤ 複数店舗があれば店舗間で営業情報を共有し，繁閑の変動を吸収しあう

⑥ 学校などで，別の日に別の場所でも受講を可能にする振替制度を導入する

⑦ 学校などで，ビデオやDVD，ブロードバンドなどによってオンデマンド補講を可能にする

（2）非均一性への対応策

非均一性で主に問題になるのは，わかりやすいですね。サービスの質が人や時間など諸事情でばらつき，その質が悪くなることが発生することです。

対応策は以下のとおりです。

① サービスマニュアルを作成して教育を徹底させ，属人的なサービスの質を安定させる

② コンタクトパーソネル（サービスを提供する人）への疲労や快適さに配慮した勤務体制を敷く

③　人の作業以外でできる部分を機械化する

④　顧客の意見を定期的に収集して自社内でその情報を共有し，サービスの質向上に生かす

（3）無形性への対応策

無形性で主に問題になるのは，顧客にそのサービス内容や質を告知することが難しいことです。

対応策は以下のとおりです。

①　初めて利用するお客様向けに無料体験キャンペーンを実施する

②　顧客紹介制度を導入する

③　BBS を設置し，顧客間の意見や感想を集めて公開する

④　口コミ効果を期待できる対策をとる（「19. 口コミ」参照）

⑤　HP や SNS，動画サイトでサービス風景やイメージ映像などを掲載し，視覚的にサービスイメージをアピールする

（4）押さえておくべきキーワード

同時不可分性　　　非均一性　　　無形性

9.　Place ①　直販

■概要

> 「Ⅰ　代表的 SWOT 項目」の中にもあるように，中小企業にとって顧客に直接販売できる機能を持つ＝**直販体制があることは非常に大きな強み**です。与件文を普通に読むと当たり前と思ってしまい，何となく読み飛ばしてしまいそうな点であるだけに注意してチェックしてほしいところです。
> ここでは，直販がなぜ大切かと，どう解答に生かすか，の考え方を示します。

（1）直販の重要性

まず，最大の理由は何より「顧客と直接コミュニケーションができること」です。その効果としては以下の点があげられます。

① 顧客ニーズ（クレーム）を直接聞ける→商品開発に生かす

② 顧客に自社ブランドを示せる→自社ブランドの訴求ができる

③ 顧客囲い込みによる収益安定化・伸張策がとれる

④ 中間マージンが発生しないため利益率が高い

（2）解答への生かし方

上記の重要性を押さえると，事例企業が以下のような問題を抱えている際に，もし直販体制があるのであれば，それを解答の背骨として使用できます。与件文の中に競合や大手との違いで直販体制がある場合，以下の図式がピピッと頭の中に出てくると強いでしょう。

① 継続的に商品開発することができていない

　　→顧客のクレーム・要望を定期的に反映させる商品開発体制を築く

② 競合との価格競争が激しく，取引先からの値下げ要請も強い

　　→直販に経営資源を注力させ，自社ブランドの認知度を向上させ，価格競争・対応からの脱却を図る

③ 収益が安定せず顧客も一定でない

　　→直販体制を生かし，顧客カードを発行して顧客管理を行い顧客の囲い込みを図る

④ 直販・卸の販売比率が２：８で収益率が低下傾向である

　　→直販重視の経営転換を行い，直販比率を上げることで収益を改善させる

（3）本テーマに関する設問と解答の例

Ｑ１．B 社はこれまで大手コンビニチェーンへの大量納入により自社を成長させてきた。しかし，近年，競合との価格競争によりコンビニチェーンへの納入が打ち切られ，経営が困難になりつつある。一方，インターネットからの遠方受注が伸びている。

どうすべきか？

A1. インターネットでの販売を今後の最重要テーマとして経営方針の転換を図る。直販体制を整え，コンビニチェーン納入から直販への段階的なシフトを行うことで，利益率を改善させ，自社ブランドの訴求を行い，経営の安定化を図る。

（4）押さえておくべきキーワード

高利益率　　クレーム活用　　自社ブランド　　顧客志向

10.　Place ②　OEM

■概要

> 　本テーマは，平成 15 年度事例 II　第 2 問のように直接聞く例がありましたが，考え方として，**自社で直接消費者に販売しないことはあまり望ましくないです**，という出題者の意図が各事例によく表れます。一般的に，OEM や卸販売は避けたほうがよいというのが傾向として強いと思われます。それが感じ取られるときは，脱却の方向性を検討しましょう。

（1）OEM のメリット

OEM のメリットには次のようなものがあります。

・著名な相手先ブランド利用により売上が安定する

・製造に集中でき製造ノウハウが蓄積できる

・営業経費（セールスマン人件費・販促費など）が削減できる

・販売チャネル開拓が不要となる

（2）OEM のデメリット

OEM のデメリットには次のようなものがあります。

・自社営業力が弱まる

・顧客ニーズを捉えられず企画開発力が弱体化する

・環境変化（特に顧客のニーズ変化など）への対応が遅くなる

・自社ブランドの訴求ができない

・利益率が低い

・相手先から急に打ち切られる場合などの経営リスクが高い

（3）OEM の脱却方法

OEM の脱却方法として，次のことが考えられます。

①　OEM 供給先と競合しないことに留意しながら（カニバリゼーションを避けながら），ある新製品限定で，小規模に直販をスタートし，徐々にその量を増やして成長させていく

②　インターネットによる通信販売へ配送サービスを行うことで対応し，直販を行う

③　自社ブランドを，OEM 供給を行いながらも認知度を高める対策をとり，いざ OEM 供給がなくなっても自社ブランド活用による販売可能な状態をつくる

　　【例】・パブリシティ活用による自社技術とブランドの紹介

　　　　　・インターネットホームページ活用による訴求

④　自社営業力を強化し，直接の取引先を開拓する

⑤　広告宣伝，販売促進などのノウハウを蓄積する

（4）本テーマに関する設問と解答の例

Q1．B社はなぜOEM供給を行ってきたのか？

A1．OEMにより相手先へ安定した商品納入があり，創業したてのB社にとって，経営を安定化するうえで売上を安定化させたいという志向が強かったため。

（5）押さえておくべきキーワード

ブランド　　利益率　　販売投資　　営業力　　企画開発力　　経営リスク 売上安定化　　カニバリゼーション

11.　Place ③　主要顧客依存

■概要

> OEMと性格が似ていますが，主要顧客依存の状態は，OEMと比べ多くの中小企業で見られることであり，試験に出題される中小企業でも多くの事例があります。
>
> また，OEMは技術や製造設備に強みを認められている企業が多いですが，主要顧客依存の状態はそのような強みに欠ける場合があり，OEMより一般に望ましくはない状況といえます。なぜなら，1回の受注で大きな販売額が期待できる顧客は大手企業にとっても魅力的な顧客といえ，大手の規模を生かした価格・サービス攻勢に中小企業は太刀打ちできなくなる可能性があるからです。**与件文で主要顧客依存がみられる場合，その脱却の提案をまず頭に浮かべましょう。**

（1）主要顧客依存のメリット

主要顧客依存のメリットには次のようなものがあります。

・安定した売上がある

・経営資源の有効活用ができる（大手中心にしていればOK）

・営業以外に人材を振り分けられる

（2）主要顧客依存のデメリット

主要顧客依存のデメリットには次のようなものがあります。

・顧客開拓力（営業力）が弱まる

・経営リスクが高い（急に打ち切られる可能性）

・交渉力が弱く利益率が低くなる

（3）課題

主要顧客との関係を急に壊すことなく，いかに主要顧客依存からの脱却を図るか？

（4）脱却への対応策

主要顧客依存からの脱却を図るための対応策として，次のことが考えられます。

① 営業方針を「主要顧客志向」から「小規模顧客志向」へ転換する

② プロモーションやサービス対応で，これまで取引実績のある小規模顧客からのリピート需要，口コミ需要を喚起する

③ 売上ベースでの指標だけでなく，利益額・利益率ベースでの経営管理を重視し，優良顧客の選別を行い，小規模でも利益率の高い優良顧客の重点管理を行う

④ これまでの取引で培ってきたノウハウを小規模企業に対し提案できないか，与件文

からその手がかりを探し，あればそれを提案する

⑤　自社ブランドを強化して新規顧客開拓を誘発し，経営リスクを低減させる

⑥　セールストレーニング，KM（ナレッジマネジメント），SFA などを推進して自社営業力を高める

（5）本テーマに関する設問と解答の例

Q1．B社の販売先は大手メーカーX社だけで80％を占める典型的な下請け企業である。近年X社からの値下げ要請，短納期要請が強く，B社の経営を圧迫している。どう打開すべきか？

A1．X社以外の小規模取引先重視の営業方針としてX社比率を低減させる。具体的には，既に取引実績のある20％の小規模取引先へリピート受注の呼びかけ営業を行い，顧客紹介制度を導入すると同時に，ホームページを活用して1個からも発注可能を打ち出し，口コミからの小規模受注を喚起する。これによりX社依存体制から徐々に脱却し，経営リスクを低減させ，利益率の改善を図る。また，X社の販売比率は大きいため，急激な方針転換をするのではなく，X社への対応はできるだけ図りながら，段階的なシフトを行うことに留意する。

（6）押さえておくべきキーワード

下請け脱却	経営リスク	紹介制度	利益率重視	交渉力

12.　Place ④　企業間連携（事業連携）

■概要

> 　販売力を高めること，仕入コストを下げること，販売経費を下げること，これらを行わなければならないとき，自社だけではどうにも手立てがなく，与件文の中に同じく困っている同業者や組織がある場合，共同でこれを行うことが検討できます。互いの経営資源の組み合わせによっては，1＋1＞2 になる「相乗効果（シナジー効果）」も期待できます。検討にあたっては，自社だけでなく連携相手候補側のメリットも意識することを忘れないようにしましょう。

（1）販売力を高める

　単純に他社と一緒に販売を行うだけでは効果はあまりないことが一般にいわれています。それよりも販売する施設を共有して共同の催事場をつくることや，インターネットポータルサイトを立ち上げて受注窓口を一本化し，擬似ワンストップ販売・サービスを行うことなどは有効な提案と考えられます。

（2）仕入コストを下げる

　いわゆる**共同仕入**が提案できます。共同で仕入を行い，量的割引を受けることでコスト低減の効果があります。製造業や小売店だけでなく，飲食店などでも単価の高い汎用素材などを協力会社が共同で仕入を行うなどによりコストが下げられる効果があります。

　最近では，共通のコミュニケーション手段であるインターネットを利用して共同仕入を行う例が増え，解答作成の参考にできます。

（3）販売経費を下げる

　共同配送が代表的な例です。一般に共同で行う場合，自社ノウハウの流出などのリスクがありますが，物流のように特に自社の付加価値が少なく，他社と比較してもその機能に大きな差がない活動は，共同化によりそのコスト低減とサービスの向上が期待できます。共同配送センターをつくり，自社だけではできなかった定期全国配送を実現し，施設負担金を分担で軽減することが具体策として考えられます。

　また，大規模でなくても高齢者中心の地域住民へ商店街全体が協力し，まとめ配達サービスを行うことなども考えられます。

（4）新規顧客の獲得

　「顧客」も，企業の連携により互いに提供し，補完し合えるものの1つです。たとえば，異なるセグメントの顧客を固定客化させている企業同士が連携すれば，それぞれの企業が

新規顧客の獲得を期待できます。ほかにも，季節や時間帯によって集客にムラがある企業同士が連携することで，互いの集客力不足を補う相補効果が期待できます。

（5）本テーマに関する設問と解答の例

Q1．フランス料理B店では他の競合店と同じように，メイン食材トリュフの仕入額の高騰に頭を悩ませている。顧客も値段の高さを嫌いイタリア料理に流れている。助言せよ

A1．他のフランス料理店と共同してトリュフや主要食材の仕入を行い，大量購買割引を引き出し，B店独自で食材以外の素材単価コストを下げて対応する。なお，B店独自の素材であるカラスミなどの差別化となる食材の仕入は，共同で行わないことに留意する。

（6）押さえておくべきキーワード

数量割引　　共同店舗　　共同配送センター　　ポータルサイト　　シナジー 分権型国際協力（デセントライズド・コーポレーション）　　新規顧客獲得

13.　Place ⑤　外注（アウトソーシング）

■概要

> 事例Ⅱでは事例Ⅲに比べ外注に関する出題は少ないですが，マーケティングを考えるうえで**アウトソーシングの考え方は無視できません**。なぜなら中小企業にとって必要なことは資源の有効活用であり，なかでもコアコンピタンスの最大活用です。そのために，必要だがコアコンピタンスでない部分は積極的にアウトソーシングを行い，経営資源をコアコンピタンスに集約化することが有効と考えられるためです。
>
> ここでは，事例Ⅱで出題の可能性があると考えられるポイント対策を紹介します。（【事例Ⅰ】の知識 19 および【事例Ⅲ】の知識 16 も参照。）

（1）アウトソーシングを行う理由

アウトソーシングを行う理由として，次のことがあげられます。

①　外部専門性が活用できるため

②　自社で行うよりスピーディな処理ができるため

③　自社での投資が不要＝単純に安い，ということではなく，短期的にみれば高くつく場合もあるが，自社で行う場合の初期設備投資などが不要となり，固定資産などの財務リスクを負わなくて済むため

④　自社コアコンピタンスに集中できるため

特に，**アウトソーシング＝安い，と決めつけないことに注意**してください。短期的にみればアウトソーシングは高いともいえます。

（2）アウトソーシングの例

情報部門：アプリケーションの ASP 活用，レンタルサーバ会社の活用

ロジスティクス部門：サードパーティロジスティクス（3PL）の活用

経理部門：財務諸表作成・公告の代行

人事部門：人事雇用・社会保険管理などの代行

法務部門：特許申請，パテント管理などの外注化

製造部門：企画開発特化型企業となる

（3）どんな場合に提案するか？

事例企業が以下のような状況にある場合に，上記のようなアウトソーシングの提案を検討します。

①　限られた経営資源を有効活用して自社の最大の強みである企画開発力を強化し，業界での他社との差別化による成長を目指したい場合

② 業界で急速な情報化が進んでおり，早期にIT化を図る必要がある場合

③ 物流管理に従業員・倉庫スペースなどの大きな負担がかかっている場合

④ 社内アプリケーションの管理が徹底されておらず，頻繁なソフトウェアの更新についていけず，管理が煩雑となっている場合

⑤ 雇用から退職にかかるまでの労務管理ができる人間がおらず，個々従業員の社会保険などの管理が自社でしきれていない場合

⑥ 他社による商標侵害やパテント侵害問題が生じているが，自社でどう対応すべきかわからない場合

これらの例の中で，自社でもできるがあえてアウトソーシングによる経営資源の選択と集中を行う「**戦略的アウトソーシング**」と，自社でできず対応する必要があるためにアウトソーシングを行う「**守備的アウトソーシング**」の２種類の考え方があることを覚えておきましょう。

当然，試験では両方の出題が考えられますが，事例Ⅱでは経営革新を行う前向きな企業の例が多いことから，戦略的アウトソーシングの提案を予想するほうが現実的です。

（4）本テーマに関する設問と解答の例

Q1．婦人向けバッグの企画・製造を行うB社は，近年顧客ニーズの多様化に伴い多品種化が進み，自社の製造能力ではコスト面・生産キャパシティ面から対応が困難になりつつある。競合からは中国で生産された安価なバッグが浸透しつつある。ただ，自社で企画開発したデザインと素材は顧客から高い評価を得ている。どうしたらよいか助言せよ

A1．中国の製造会社と製造委託契約を交わし，製造部門をアウトソーシング化し，強みであるバッグの企画開発力に人的資源を集中化させ，高付加価値化と低コスト化の両立を図る。製造会社とは品質・納期面での定期的な打ち合わせを行って管理し，徹底した高品質を実現させて顧客の期待に応えるよう留意する。

（5）押さえておくべきキーワード

選択と集中　　迅速な環境対応　　コアコンピタンス　　柔軟な環境対応
サードパーティ

126

14.　Price ①　価格設定

■概要

> 　過去の出題傾向を見ても価格に関する出題はほとんどなく，マーケティングの4P
> とはいっても，Price の割合が少ないように思えますが，中小企業診断士として助言
> するからには，大手企業に対抗しにくい「値下げ」の提案は基本的にないと考えてよ
> いと思われます。しかし，価格はやはり4本柱の1つであり，価格政策の重要性はい
> うまでもないため，今後の出題も少なからず想定できます。
>
> 　そこで，Price 面からどのようなポイントを押さえておけばよいか，想定される点
> をここで述べることにします。

【事例Ⅱ】の知識

（1）価格設定方法

　価格設定の方法面では以下の点を押さえましょう。まず，1次試験でも学習済みの価格
設定方法は次のとおりです。

① **コストプラス法**：価格＝製造コスト＋欲しい利益

② **競合比較法**　：価格＝競合会社のつけている価格

③ **市場価格法**　：価格＝顧客の感じるベネフィット

　この中で中小企業の多くが採用しているのが，競合比較法やコストプラス法です。競争
がない業界はほとんどなく，競合比較法になるのは仕方がない面もありますが，コストプ
ラス法に関しては，得たい利益をコストに乗せるだけで価格が決まっており，顧客の感じ
るベネフィットを軽視している点で大きな欠点があります。

　次に，競合比較法でも，提供するサービスや商品の便益がまったく同じである場合でも，
提供時間が24時間であり，全国配送を受けるなどを行い，顧客の利便性を訴求することで
価格競争の枠から抜け出す必要性を検討すべきです。価格競争ではやはり中小企業は不利
になります。その点からも，中小企業にとって競合比較法は理想的でないといえるでしょ
う。

　最後に，やはり価格は，市場価格法に極力近づけるべきでしょう。ポイントは，単に顧
客の期待する価格にするのではなく，上述した提供方法の改善や個別顧客対応を進めるこ
とで**顧客にとって感じる便益を高め，結果として高価格・高マージンの価格をつけること**
が狙いです。

　事例企業の価格が，コストプラス法や競合比較法で決められ収益が悪化している，価格
設定に関し対応策が求められている，というような場合，市場価格法の考え方を背骨にし
た解答の作成が検討できるでしょう。

（2）本テーマに関する設問と解答の例

Q1．B社は新製品の価格を設定する際，競合会社の同製品の価格より5％安いことを
方針として決めている。近年，価格競争が激しく収益を圧迫している。一方，商
品は個別カスタマイズニーズも強い。価格政策に関し収益改善策を助言せよ

A1．顧客のカスタマイズニーズに対応し，価格設定方法を競合志向から顧客便益志向
へと転換する。カスタマイズによる顧客満足度に応じた価格設定で，高収益の得
られる価格設定とする。カスタマイズすることで競合と商品面での差別化ができ，
価格競争を回避できる。

（3）押さえておくべきキーワード

市場価格法　　コストプラス法　　競合比較法　　顧客便益志向　　価格競争回避

15.　Price ②　ロスリーダー政策

■概要

　1次試験で学習済みだと思いますが，価格政策において**ロスリーダー政策**は，ある商品を囮（おとり）として原価を割った価格で販売して集客し，結果として他の高粗利商品も買ってもらうという施策です。

　試験対策としては，値下げ提案はタブーと何度も伝えていますが，これは結果としては**総粗利額の増加を期待するため**，**例外**とお考えください。

（1）ロスリーダー政策における留意点

　ロスリーダー政策を行う前提として以下を押さえると，解答に差がつくと思われます。

①　商品毎の貢献利益を正確に把握し，最適商品ミックスを綿密に検討すること

②　提案型の商品展示や陳列に配慮し，**関連購買を促す**こと

③　関連購買されそうな商品を高粗利品に設定すること

　まず，ロスリーダー政策を展開するうえで，商品別貢献利益，固定費が明確になっている必要があります。むやみにある商品を囮として販売しても，結果として総粗利額が減っては政策の意味がありません。個別商品の貢献利益と**商品ミックスでの利益管理**が不可欠です。

　また，当然ですが，原価を割った囮商品だけが売れたのでは意味がありません。関連購買をしっかりと促すような展示と陳列を徹底しましょう。実際のお店の中には囮商品だけとられて何の購買促進努力をしていないところも多いですね。集客だけできても，しっかりと顧客にプレゼンテーションしなければ意味をなしません。

　さらに，囮とする商品と関連購買されそうな商品を高粗利品に設定することも有効です。例をあげれば，カセットコンロを原価マイナス10％で販売し，カセットボンベを3個セットで原価プラス35％にするなどです。安い中古車を見つけても，実際に支払う総額はどこのお店もほとんど変わらなかったりする，と思われたことはありませんか？　手数料に差があったりするのです。

（2）どんな場合に提案するか？

　事例企業が以下のような状況にあるとき，ロスリーダー政策を検討します。

・同商品を販売する競合店と価格やサービス面で差がなく，自店の特長を打ち出せない

・とにかく集客力が弱くなっている

・価格政策の工夫により利益総額を増加させる必要がある

・関連購買しやすい商品ミックスとなっている

（3）本テーマに関する設問と解答の例

Q1．B社は創業したてのペンダント販売店である。顧客は好きなデザインのチェーンとヘッドをチョイスして自由に組み合わせることができる点に特徴がある。カスタマイズできるため，価格は高めに設定している。創業して6カ月経過しても立地が悪く，集客力が弱い。どうやらターゲット顧客であるOLは価格が高い高級店と認識し，足が遠いようだ。価格政策面から集客増加および収益増加策を助言せよ

A1．ヘッド価格にロスリーダー政策を採用し，チェーンとセットでの粗利額を管理する。ヘッド毎の貢献利益を算出し，一部のヘッド価格を原価割れの価格設定とし，目玉商品として前面に訴求して集客を促す。ヘッドと対になる価格据置きのチェーンとトータルで一定の粗利額獲得を維持できるよう商品ミックスを管理し，販売数増加による総粗利額の増加を狙う。

（4）押さえておくべきキーワード

貢献利益　　値入率　　関連購買

16.　Price ③　メニュー選択式価格設定

■概要

> この考え方は，顧客志向の価格設定の考え方の１つとして有効です。具体的には，特にサービス業などで，コースで価格を設定してしまうのではなく，コースの詳細内訳をさらに細分化し，顧客が欲しいと思う分だけを販売する考え方です。
>
> これを行うためにコースの中身をあらかじめメニュー化し，顧客が選択できるようにします。これにより顧客は欲しい分だけのサービスを受けることができ，あたかもその顧客専用のサービスを受けた気持ちになるため，満足度が向上するのです。
>
> 企業側の価格管理は若干煩雑化しますが，詳細なメニュー毎の人気や成功具合をチェックすることができ，不採算サービスの見直しと改善などに活用できるため**メリットも大きい**と考えられます。

（1）提案する条件

与件文の中で以下のような内容が読み取れれば，提案を検討してもよいと思われます。

・価格設定の対象商品やサービスがさらに分割して販売できる

・顧客により価格の感じ方が大きく異なり，高いとも安いとも思われている

・一部顧客から価格が高いという不満がある

・４人家族，おひとり様，ディンクスと顧客層が多種多様である

・常連客にとっては不要なアフターサービスがあると思われている

（2）本テーマに関する設問と解答の例

Q１．B社のマッサージサービスは，足から顔まで全身セットで45分4,000円というリーズナブルな価格で人気を博しているが，最近一部常連客から時間がない，より手頃な価格にしてほしいという要望が聞かれる。さらなる収益増加を目指す策を助言せよ

A１．足・肩・腰・顔などマッサージ部位に応じたメニュー選択式価格政策を採用し，顧客の時間やニーズに応じたきめ細かな価格設定でのサービスを提供する。セット価格は割引価格とし，部位毎の価格はセット内での割合価格より高めの定額とする。顧客からは自分の必要な部位のマッサージだけを受けることができるため満足度が高まり，B社もこれまで以上の集客と収益率改善を図ることができる。

（3）押さえておくべきキーワード

顧客満足　　　量り売り　　　選択式

17. Price ④ プライスライニング政策

■概要

> これも1次試験で学習したと思われますが，商品のランク毎に一定のプライスゾーンを設けて，これらに当てはめて価格を設定するものです。顧客からすると，個別の商品がすべてバラバラに価格設定されているときより商品を選びやすくなるメリットがあります。企業側のメリットは，低ランク品の安さをアピールし，逆に高価格品へのアップセルを促しやすくなるという点があります。

【プライスライニングの例】

￥480	￥980		￥1,000
￥1,800	￥2,800		￥3,000
￥3,800	￥4,800		￥5,000
￥7,800	￥9,800		￥10,000
￥14,800	￥19,800		￥20,000

（1）提案できる条件

与件文の中で以下のような内容が読み取れれば，プライスライニング政策の提案を検討してもよいと思われます。

・個別商品の価格がバラバラで顧客が選びにくいと思っている
・低価格品ばかりが売れ，高級品の良さが伝わらず売れない
・ロスリーダー的価格設定をしているのにもかかわらず，安さが訴求できていない
・商品の機能差と価格差がわかりにくい展示となっている

（2）本テーマに関する設問と解答の例

Q1. 手づくりシャツ販売業者であるB社は，シャツ毎にかかる工数が異なり，各原価が異なるため，それぞれ個別に価格を設定している。しかし，顧客からは商品が選びにくいという不満がある。改善策を助言せよ

A1. ロープライス，ミッドプライス，ハイプライスの3価格帯に全シャツの価格を統一するプライスライニング政策をとる。各プライスゾーンの違いである，つくりの違いを示すPOPを商品と一緒に展示し，仕様の差を明確に伝える。顧客は3つのプライスラインから容易に商品を選ぶことができるようになり，購買が喚起される。B社にとっても高価格品の高級感，低価格品の安さを訴求でき，売上改善が期待できる。

（3）押さえておくべきキーワード

アップセル　　均一価格　　POP

18.　Promotion ①　パブリシティ（プル戦略 1）

■概要

> ここでも Promotion の類型や 1 次試験で学習したような解説は割愛し，2 次試験対策上必要なポイントに絞って紹介します。ここに掲載されていない部分は，最低限 1 次試験レベルの知識（合格できる知識量）で対応可能と判断します。
>
> **中小企業が無料で自社告知できる第 1 の手段がパブリシティ**です。それだけに試験上「Promotion ＝告知活動」と考えると，真っ先に頭に思い浮かんでもよい活動です。
>
> ここでは一般的なメリット・デメリット，提案する条件を押さえておきましょう。1 次試験で学習したことがほぼそのまま適用できるはずです。

（1）メリット

パブリシティのメリットには次のものがあります。

・無料である

・主体が自社でなく客観性あるメディアであるため，顧客からの信頼性が高い

・うまくメディアの関心が寄せられれば魅力的な編集やページで紹介される

（2）デメリット

パブリシティのデメリットには次のものがあります。

・紹介されるかどうかはメディアが決めるため，掲載が不確実である

・メディアの方向性もあるため，紹介内容を意図したものにできないことも多い

・著名なメディアでない場合，効果は小さい

（3）提案できる条件

与件文の中で以下のような内容が読み取れれば，パブリシティの提案を検討してもよいと思われます。

・他社との差別化となるような独自技術・商品サービスノウハウがある

・広告を打つほどの経済的余裕はないが，告知したい

・競合企業や他社でパブリシティにより成功した事例がある

（4）本テーマに関する設問と解答の例

Q 1 ．B 社は，首都圏を中心に 24 時間介護サービスを展開している。ユニークなのは，介護者として 60 歳以上の定年退職後の従業員を中心に構成し，低コストと従業員のやりがいを促進する仕組みをとっている点である。しかし，認知度が高いとはいえない。B 社に広告を行う十分な内部留保はない。有効な告知方法を提言せ

よ

A1. 自社のユニークな60歳以上の定年退職後の従業員採用を魅力的に紹介したプレ
スリリースを作成し，地元ミニコミ誌，地方紙，高齢者向け雑誌などに送付して
パブリシティ活動に力を入れる。これにより無料でB社のユニークな経営を市場
にアピールできる可能性がある。

（5）押さえておくべきキーワード

> コーポレートコミュニケーション　　ロビー活動　　カウンセリング　　プレス対策
> ニュースレター

19.　Promotion ②　口コミ（プル戦略 2）

■概要

> 今日，消費者が商品を購買するうえで最も信頼性を置くのは「口コミ」になりつつあります。みなさんも TVCM や街に氾濫する広告にはうんざりすることも多いのではないでしょうか。一般に口コミ宣伝を促すことを「バイラルマーケティング」と呼びます。
>
> **中小企業が無料で自社告知できる第 2 の手段が口コミ**です。大きなポイントは，情報が伝わるかどうかと，伝わる内容は企業側でほとんどコントロールできないという点です。パブリシティは，ニュースレターやプレスリリースの内容，アピールの仕方という企業努力である程度コントロールできると考えられますが，口コミを操るのは一般に困難です。
>
> 最近では，飲食店やホテル，美容室などのサービス業界では，ポータルサイトの口コミを閲覧し，評価や価格を比較して顧客を獲得することが多くなっており，口コミの重要性が高まっています。ただし，解答にするにあたって「口コミによって告知する」など因果関係が明記されていない短絡的な解答は基本的にありえません。口コミとして広めたくなるような顧客個別の体験や，独自のサービスの提示が重要となります。
>
> ここではその例と提案する条件を押さえておきましょう。

（1）きっかけづくり

以下の活動は，口コミを誘発できるきっかけと考えられます。ポイントは，**思わず人に伝えたくなるような気持ちにさせる**ことと，その**伝える手段への対策**の 2 つを押さえることです。前者は①〜④，後者は⑤〜⑦がそれにあたります。

① 優良顧客への独自で個別の対応提供：優良顧客→他の顧客へ自慢したい

② 奇抜な商品，広告，イベント：面白い→伝えたい

③ オピニオンリーダー重点対策：【例】女子高生マーケティング，セレブ対策

④ 顧客紹介制度の導入：良さを人に伝える動機づけ強化

⑤ BBS（Bulletin Board System：電子掲示板）：顧客同士のコミュニケーションを誘発し公開，顧客クレームへの回答を公開

⑥ ブログ／SNS：自社の社長のブログでのこだわり紹介→顧客のブログ，SNS などで拡散

⑦ 口コミサイト対策：インフルエンサー，著名口コミサイトの定期チェック，ノイズ低減対策

⑧ ポータルサイトの活用：口コミの評価が多い，または上がる→予約の増加

前掲①や③の具体例として，ラーメン店が自店の常連客のみに対し，新商品の試作品を無料で食べてもらう試食会を開催する，宝石メーカーがセレブ層をターゲットにグループインタビューを行い，新商品を無料で使ってもらうなどが考えられます。

（2）提案できる条件

与件文の中で以下のような内容が読み取れれば，口コミ誘発の提案を検討してもよいと思われます。ただし，冒頭で説明したとおり，口コミをあたかも企業のPR手段として主体的に行うような記載は避け，意図として**口コミを誘発する**レベルに留めましょう。

・自社の高品質が既に一部の顧客から口コミで伝わっている→SNSでさらに誘発など
・企業の評判が口コミになりやすい業界である（レストラン，化粧品など）
・商品やサービスの良さが広告や雑誌では伝わりにくい（サービス品質など）

（3）本テーマに関する設問と解答の例

Q1．B社のフランス料理はランチコースがリーズナブルで，一部の常連客より味を絶賛されている。今後B社の認知度向上をどのように行うべきか？
A1．PRとともにインターネットホームページにBBSを設置して顧客間のコミュニケーションを活性化し，口コミ効果を誘発して認知度向上へつなげる。

（4）押さえておくべきキーワード

バイラルマーケティング　インフルエンサーマーケティング　トラックバック
バズマーケティング　ノイズ　ステルスマーケティング

20.　Promotion ③　ホームページ，SNS など

■概要

> コストが低い告知手段の第3弾がホームページです。特に効果が大きいのは，ホームページで自社のこだわりをわかりやすくしっかりと伝えることです。
>
> 2次試験では，具体的なホームページの構成やデザインに関する問題は出題されないと思われますが，ホームページに関してはその活用方法，掲載内容，そして併せてSNS，ブログ，メルマガの活用を押さえておきましょう。

（1）ホームページの活用方法

①　主な掲載コンテンツ

- ・商品，サービスの詳細な紹介
- ・商品，サービスの説明動画
- ・自社のこだわり
- ・商品在庫状況や予約の空き状況
- ・定期更新イベント・キャンペーン情報
- ・店主のブログ
- ・問い合わせページ
- ・オンラインオーダーフォーム

②　留意点

- ・見やすいレイアウト，フォント，デザイン
- ・画像を中心に構成してわかりやすく
- ・定期的に情報を更新して飽きさせない
- ・アクセスログを解析してさらなるコンテンツ改善を図る

③　活用方法とねらい

- ・自店の紹介とアピールによる新規顧客の集客
- ・新製品・新商品の紹介による新規・既存顧客の集客
- ・イベント・キャンペーンの告知による新規・既存顧客の集客
- ・遠方受注促進による売上拡大

（2）SNS の活用方法

- ・顧客間コミュニケーションを促進し，顧客固定化を図る（C to C）
- ・顧客の掲載内容からニーズを探り，商品・サービス開発に反映させる（C to C）
- ・顧客との双方向コミュニケーションにより，顧客との関係を深める（B to C）
- ・新たなビジネス上の取引先や協力者を得る（B to B）

　近年，Facebook や X（旧 Twitter），Instagram などの SNS（ソーシャル・ネットワーキング・サービス）の利用が増えています。これらの SNS は基本的にはブログとの類似点が多いですが，次の点が特徴的です。

・顧客が他の人に情報を容易に転送（シェア）できるため，口コミの誘発につながる

・利用者は興味のある情報源を選んで情報を受ける仕組み（フォロー）を持つため，自社の商品やサービスに興味を持つ顧客層に的確な情報を届けるチャネルとなる

・一般的にブログよりもリアルタイム性が高く，タイムリーな情報を顧客に伝えられる

（3）ブログの活用方法

　1次試験知識の確認となりますが，ブログとは Web Log ＝オンライン上の日記の略称で，個人やグループが，ニュースや日常生活に対する自分の意見や感想を日記のように記載して公開し，これに他の人間がコメントやリンク（トラックバックと呼ぶ）をつけ，インターネットによりコミュニケーションが広がる仕組みです。一言でいえば，簡単に更新が可能なホームページの一形態です。

　中小企業にとって，ブログが有効活用できる方法としては以下の例があげられます。

・社長ブログを公開して自社のこだわりやポリシー告知を行う＝集客

・企業ブログを公開して他からのリンクを得ることで，検索エンジンで自社ホームページが検索されやすくする（SEO）＝集客

・ホームページの更新を頻繁に行い，閲覧者を飽きさせない＝顧客固定化

・人に伝えたくなるようなブログを掲載して口コミを誘発する＝集客

（4）メールマガジン（メルマガ）の活用方法

・キャンペーンや特売イベント情報などの告知

・商品，サービスのこだわりやエピソード発信

・予約の空き状況や在庫情報の更新情報

・特典付きオンラインクーポンの発信

・景品付きニーズアンケートの発信

（5）本テーマに関する設問と解答の例

　Q1．B社の SNS の活用方法を述べよ

　A1．①顧客の投稿内容から製品へのニーズや評価を収集し，商品開発に役立てる，②口コミを自社アカウントで拡散する，③顧客とのコミュニケーションを促進し，顧客の固定化を図る。

（6）押さえておくべきキーワード

口コミ誘発　　バイラルマーケティング　　ネットワーク　　定期的更新
トリプルメディア　　顧客ニーズ収集

21.　Promotion ④　人的販売

■概要

> 　人的販売，すなわちセールスマンのセールス活動の行為を示す概念ですが，2 次試験では人的販売でできること，できないことを押さえておけば十分だと思います。

（1）人的販売のメリット

人的販売のメリットには次のものがあります。

・口頭で複雑なことも提案し伝えることができる

・顧客の個別対応がしやすい

・フェイストゥフェイス，実演，情熱が伝わるなどで説得力がある

・一般に単価の高い商品に向いている

（2）人的販売のデメリット

人的販売のデメリットには次のものがあります。

・効率が悪く多くの人には伝えられない

・セールスマンの能力差によって効果が一定でない

・しつこい勧誘などで企業イメージを損ねる可能性がある

・一般に単価の安い商品にはコストが見合わない

（3）本テーマに関する設問と解答の例

Q1．住宅販売業者 B 社は，物件品質に自信があり，積極果敢な人的販売中心の活動を続けて成長発展してきたが，近年売上が大きく落ち込んでいる。最近，顧客での口コミで評判が非常に悪いことを知った。人的販売に問題があるようだが，問題を類推せよ

A1．積極果敢な人的販売活動が行き過ぎ，"しつこい勧誘をする会社"とのイメージが顧客の間に口コミで広がり，企業イメージを悪化させている可能性がある。

（4）押さえておくべきキーワード

> オーダーゲッター　　オーダーテイカー　　プッシュ戦略　　マニュアル化
>
> コンタクトパーソネル　　提案販売

22.　Promotion ⑤　具体的な Promotion 案

■概要

製品やサービスの販売を促進するための具体的な方法です。

アイデア集

　１次試験で学習した以下のような項目が思い浮かび，その内容を書くことができれば十分かと思われます。

① **企業（取引先）向け**
- ・目標取引額達成報奨金
- ・リベート
- ・販売店コンテスト
- ・インセンティブ旅行
- ・ハウスオーガン（取引先向け雑誌）
- ・POP 無料提供
- ・店員トレーニング
- ・派遣店員

② **消費者向け**
- ・サンプル配布
- ・店頭デモ
- ・フェア・展示会
- ・バーゲン
- ・POP
- ・プレミアム（買えばもらえる）
- ・ノベルティ（買わなくてももらえる）
- ・ポイントカード
- ・カタログ
- ・体験・お試し
- ・クーポン配布

23.　ブランド

■概要

> ブランドは，マーケティングの 4P では Product で解説されることが多いですが，2
> 次試験の解答の中でも非常に重要で使える概念ですので，ここで独立させた項目とし
> てまとめておきたいと思います。

（1）なぜ重要か？

なぜブランドがよく出題され，重要かは以下の理由が考えられます。

　理由：「**ブランド自体が，大手企業に対しても脅威となるような強い競合優位性となる
ため**」

その結果，以下のような効果が期待できます。

・単価向上が可能となる

・他社との価格競争を回避できる

・固定客を獲得することができる

・顧客を説得する手間が省力化できる

・宣伝効果により，売上が逓増する

・大手取引先などから独立した経営が可能になる

人・物・金の基礎的経営リソース面で圧倒的な不利にある中小企業にとって，**自社ブラ
ンドという要素は，宣伝効果をより高められるため，最大の生き残りのカギ**ともいえます。

（2）コトラーの4つのブランド戦略

コトラーは4つのブランド戦略を定義しています。

①　ライン拡張

既存製品の色・形・サイズ・味を変えたものに，既存のブランド名をつける。

　例）うまい棒納豆味，カフェラテ S，M，L

②　マルチブランド

同一製品カテゴリーに異なる特徴を加えて，新規ブランドとして立ち上げる。

・メリット……既存製品のイメージを崩さない。

・デメリット…既存製品の知名度を活用できない。

　例）ネスレのミネラルウォーター。「ペリエ」「ヴィッテル」「コントレックス」などの
　　　ブランドを展開

③　ブランド拡張

まったく新しい製品に，顧客に既に認知されている既存名をつける。

・メリット……既存名の知名度を新規製品に活用できる。

・デメリット…新規製品が失敗した場合，既存名・既存製品のイメージを低下させる可能性がある。

　　例）ヤマハのバイク・ピアノ

④　新ブランド

新規製品に新規名称をつける。

・メリット……既存製品のイメージを崩さない。

・デメリット…新規製品を認知させるのが困難。

　　例）ナショナル（旧），パナソニック

事例企業の強み・ニーズ・競争企業を分析し，事例企業に合った戦略を立てることが望ましいです。

（3）構築方法

　2次試験を意識したブランドの構築方法を次に述べます。まず，ブランド育成には以下の構成要件があることを押さえ，これらをしっかりと満たすことを意識してブランド構築，育成を表現しましょう。

①　ブランドの構成要件

　・一貫したブランドコンセプト＝自社のこだわり（なにを）

　・継続的な認知度向上の方策（どのように）

　・ブランド訴求対象顧客（だれに）

②　具体的内容

　上記の要件は，ドメイン構築に非常に近い構成要素と考えてもよいと思います。"ブランド構築の際に考えなければならないこと"ときたら，最低限この３点が浮かぶようにしましょう。具体的な内容は次のとおりです。

（a）　一貫したブランドコンセプト＝自社のこだわり（なにを）

　中小企業にとってブランドは，ただの名前ではありません。**自社が持っている最大のポリシー，考え方，"想い"，すなわち"こだわり"を伝える象徴的なメッセージです。**そのこだわりが，まずはしっかりと存在することが不可欠です。

　過去の事例でも以下のようなこだわりが読み取れたはずです。

年　度	こだわり
R5年度	野球用品の取り揃え，ユニフォーム加工技術や納品の確かさ，オリジナル用品への対応力，子どもたちの体格や技術に応じた野球用品の提案力
R4年度	良質でおいしい食肉加工品の製造体制を有し，最高級のハムやソーセージ，ローストビーフなどを自社ブランドで開発，販売
R3年度	地元産大豆，良質な軟水にこだわった滑らかな豆腐
R2年度	美しい島の大自然の中で育ち，高品質かつ安全性の高い伝統あるハーブ
R1年度	顧客の要望を丁寧に聞きながら期待以上の提案を行うネイルサロン

H30 年度	和の風情があり，小規模の施設ながらも文化の香りに満ちた老舗日本旅館
H29 年度	睡眠状況を聞きながら商品を薦める丁寧な接客の寝具小売業
H28 年度	創業以来一貫して国産丸大豆を原材料とし，自社の蔵で杉桶を使った伝統的手法で作られたしょうゆを販売
H27 年度	ファミリー層のニーズを捉えた高品質で安全性，利便性の高い店が並ぶ商店街
H26 年度	高い組織サービス力で添乗員付きツアーを展開する旅行業者
H25 年度	他社にはない原材料配合により食感が柔らかいさつまあげ（水産練物）製造小売業
H24 年度	伝統的製法にこだわった芋焼酎専門酒造メーカー
H23 年度	高品質な商品とサービスで生涯価値を重視する眼鏡専門店
H22 年度	エコ活動によりストアロイヤルティ向上と地元顧客との関係を強化する中堅スーパー
H21 年度	顧客関係性と緻密なサービスのスポーツ用品店
H20 年度	静寂さと和みを大切にする高級温泉旅館
H19 年度	専門性の高い品揃えと優秀な従業員を持つホームセンター

【事例Ⅱ】の知識

　これらを自社ブランド構築上のコンセプトとしてしっかりと認識し，そのコンセプトを常に意識した商品・サービスの提供を行うことが大切です。

（b）　継続的な認知度向上の方策（どのように）

　いくらコンセプトに独自性があり，しっかりしたものでも，それが外部に伝わらなければ意味がなくなってしまいます。どのように伝えるか？　がここでの継続的なブランド認知度向上の方策です。「継続的な」となっているのは，続けて伝える試みがなされなければ，ブランドという抽象的な概念はなかなか伝わらないからです。

　伝える方法として以下のものを押さえておきましょう。

　・商品やサービスで伝える（商品コア機能，デザイン，パッケージ，サービス）

　・ブランドロゴで伝える

　・直営店舗で伝える（POP，プライスタグ，ポスター，口頭で）

　・アンテナショップで伝える（POP，チラシ，ポスター，口頭で）

　・インターネットやSNSで伝える

　・パブリシティで伝える

　・名刺で伝える

　・ビジネスショーやイベントで伝える

　・固定客の口コミで伝えてもらう

（c）　ブランド訴求対象顧客（だれに）

　だれを対象に伝えるか，ということが大切です。これはコンセプトの中に含まれている場合もありますが，コンセプト自体をはっきりとさせ，伝える手段を効率化できる効果があるため，3点目にあげています。

　具体的には，自社の訴求するブランドが携帯電話のある一部のパーツ製造技術だとして，対象は大手携帯電話メーカーなのに，これをしっかりと捉えず自社工場や販売店舗

で訴求してもブランドは伝わりにくく，企業向けを意識すれば，より広域のインターネットや大型イベントへの参加などにすべきと判断できます。

（4）本テーマに関する設問と解答の例

Q1．自社ブランドを構築・育成するうえで重要と思われることを2点あげて説明せよ

A1．①手焼き，おいしい味，老舗の煎餅屋，というブランドコンセプトに基づいたブランドを創ること，②B社の煎餅ファンである固定客を重点管理して，固定客からの口コミを誘発し，ブランド認知度の向上を促すこと。

（5）押さえておくべきキーワード

収穫逓増　　ブランドエクイティ　　ロイヤルティ　　マルチブランド

24.　IT

■概要

> 事例Ⅱの最後の問題でIT，情報システムを活用する施策を問われることがあります。その多くは「インターネットを活用した〜を述べよ」というもので，深い知識を問われるというよりは，各IT技術がどんなときに使えるか程度の基礎知識が出題されており，これらを多く押さえておけば大方の対応は問題ないと思います。インターネット活用の出題は今後も続きそうです。

（1）インターネット・アプリの活用

①　インターネットを活用した顧客囲い込み

- ・会員登録：希望顧客にメールマガジンや販促情報が得られる会員登録を提供
- ・会員専用ホームページ：優良顧客向けの会員専用ページを作成して関係を構築
- ・個別顧客ページカスタマイズ機能：顧客毎にページレイアウトやメッセージを変更
- ・SNS／BBS：顧客との双方向コミュニケーションで関係を構築
- ・Eメール配信：顧客購買履歴・顧客属性情報をもとに個別にEメール送付して関係を構築
- ・メールマガジン発行：優良顧客専用の特典，イベント情報の提供
- ・顧客管理のパッケージソフト活用
- ・IM（インスタントメッセンジャー）：顧客に登録してもらい，属性に合わせたメッセージを配信することで関係を構築

②　インターネットを活用した販売

- ・オンライン受発注システム（物販）
- ・オンライン予約システム（サービスやチケット）
- ・大手オンラインショッピングモールを活用しリンクページを設置
- ・大手オンラインオークションサイトを活用しリンクページを設置
- ・購買者の評価および購買後フィードバックの投稿と閲覧ページ設置
- ・アフターサービスオンライン対応窓口ページの設置
- ・関連購買促進するお勧め表示機能：関連商品を購買過程で紹介する機能
- ・商品別在庫数，納期情報公開
- ・配送方法，配送時間指定
- ・自社でオンラインショッピングサイトを開設

③　インターネットを活用したサービス

- ・予約空き状況の公開
- ・在庫情報の定期更新

・購買者サポートページ

・配送手配状況の確認ページ

・自店地域の天気予報

・自店にウェブカメラを設置して公開

④ **インターネットを活用した販売促進**

・ホームページでキャンペーン情報を紹介

・個別対応販促メールの発信

    誕生月メール

    ご来店 Thank you メール

    入学，卒業，入社，退職，結婚などの節目需要喚起メール

・ホームページでのオンラインクーポン発行

⑤ **インターネットを活用した活動告知**

・ホームページで活動告知

・メールマガジンで活動告知

・SNS／BBS で活動告知

・個別 E メールで活動告知

・IM（インスタントメッセンジャー）で活動告知

・ブログで活動告知，さらにトラックバック獲得による情報被検索性向上

・成功報酬型バナー広告の活用

⑥ **アプリを活用した販売促進**

・企業情報，キャンペーン情報の告知

・クーポン券の配布

・専用アプリによる囲い込み

（2）データベースの活用

　データベースは，情報を時系列に一元管理し，共有することだけでも非常に有効なツールです。そのまま解答に使える場合があります。情報がバラバラで共有されていないという基本的な問題が中小企業にはまだまだ多いためでしょう。試験対策上，以下のような情報蓄積を押さえておきましょう。

① 販売情報 DB……売れ筋，死に筋情報などがだれでもわかる

② 顧客情報 DB……顧客がだれで，どんな受注状況で，特殊要望が何かなどがだれでもわかる

        →平成 23 年度事例 Ⅱ では，顧客カルテに趣味や嗜好まで記載して役立てています。

③ 生産情報 DB……各商品がどんな生産状況で，納期はいつ頃かなどがだれでもわかる

④　物流情報DB……各商品の出荷手配，配送状況などがだれでもわかる

⑤　商品情報DB……豊富な商品仕様情報などがだれでもわかる

（3）情報システム

　事例Ⅱの範囲として，中小企業では以下のようなシステムがよく活用されています。システムというと難しく感じますが，実際は市販のパッケージソフトと必要最低限の機器を使ってシステムと称していることが多いです。

　試験対策上は，次のシステムがどんなときに必要かが答えられれば十分かと思います。キーワードは「**省力化**」「**一元管理**」「**全社的活用**」です。

　　・販売管理システム　　　　：見積り，受注，売上，請求，回収処理などを一元管理したいとき

　　・顧客情報システム　　　　：個別顧客属性情報や購買履歴，問い合わせなどを一元管理したいとき

　　・財務・会計システム　　　：財務・会計の記録や計算を正確かつ確実にしたいとき

　　・在庫管理システム　　　　：数多い商品の煩雑な現品管理をオンラインで一元管理したいとき

　　・物流管理システム　　　　：個別商品や顧客毎の配送手配や出荷情報の指示管理を自動化

　　・ポイントカードシステム　：ターミナル，管理ソフト，カードのセットでカード事業を行うとき

　　・オンライン受発注システム：自前でオンラインショッピングサイトを構築するとき

（4）ITを活用したチーム力強化

①　SFA（営業支援システム）

　SFAとは，各セールスマンが行う顧客毎の商談進捗（例：第3回見積りを提出して回答待ち状態など）や部門内情報を，グループウェアを使ってチーム全体で共有し，営業チーム全体としてパフォーマンスを向上させることです。

　だれでも個別顧客の情報が手に入るため，顧客にとってはどのセールスマンと相談しても同じレベルで話ができ，顧客からの利便性は高く，顧客囲い込みの一環として使用されることも多いです。営業活動のアプローチ面から顧客囲い込みを考えるとき，SFAを解答に浮かべましょう。

②　KM（ナレッジマネジメント）

　KMとは，個人が持つ独自ノウハウや知識（暗黙知）を，グループウェアを使ってチーム全体で共有し，チーム全体のパフォーマンスを向上させることです。当然，独自のノウハウを易々と他人には教えたがらないのが人情ですから，情報提供を高評価する，チーム別評価制度を導入するなど評価面での工夫を行い，効果的なKMを促進する仕組みをつく

ることが留意すべき点です。

（5）モバイル活用

　携帯電話を活用してSFAや顧客管理をより効果的に行うことができます。セールスマンやサービス人員が外で顧客対応をするという社外でのIT活用を考えるとき，モバイルを活用した提案は有効といえます。

　① **携帯電話メール＋顧客管理DB**

　顧客情報を出先で獲得し，個別顧客へ対応します。たとえば，出先での急な顧客からの納入遅延クレームに対し，最新出荷状況を確認して早期に進捗報告と見通しを伝えて対応する，などが考えられます。

　② **通信機能付きノートPC＋社内承認システム**

　顧客との価格決定や仕様決定において，出先で決めた内容をすぐに社内承認が得られるシステムを使い，商談成立のスピード向上を図ります。

　③ **通信機能付きノートPC＋オンラインオーダーシステム**

　客先で説明を加えながらカスタマイズを行うことができ，さらにそれをリアルタイムで製造部門へ伝えることができます。

　④ **スマートフォン＋生産情報**

　客先で最新の生産情報を伝えることができ，顧客対応力を高めます。

　⑤ **通信機能付きノートPC＋商品詳細情報**

　技術者がいなくても，技術営業が可能になります。

　これ以外にも数多くのモバイル活用は考えられますが，ポイントは携帯端末と社内データベースのマッチングです。モバイル活用を提案する場合，これを念頭に置いて解答を検討するとよいでしょう。

25.　店舗販売

■概要

　2 次試験で店舗販売に関する詳細な出題はこれまでほとんどありませんが，問題に
しやすい点であるため，ここで若干内容を補足したいと思います。

商品陳列

　商品陳列やレイアウトの考え方ですが，販売ニーズ毎に有効な陳列方法や什器，照明，
配置を押さえておきましょう。仮に陳列の提案が出題されても，この知識をもとに事例企
業とマッチさせながら解答を構築できるはずです。

① **安さをアピールしたい**

・ゴンドラ陳列　　　　　　　・ひな段陳列

・ダンボールカット陳列　　　・レジ前陳列

・量感陳列　　　　　　　　　・エンド陳列

・投げ込み陳列　　　　　　　・突き出し陳列

・出入り口開放型　　　　　　・手前側に配置

・直接照明

② **高級感を演出したい**

・ショーウィンドウ　　　　　・ステージ陳列

・ガラスカウンターケース　　・ボックス陳列

・個別商品展示台　　　　　　・電光展示台

・木目調の陳列台　　　　　　・展示陳列

・出入り口閉鎖型　　　　　　・店奥に配置

・間接照明

③ **共通事項**

・フェイシング管理　　　　　・ゴールデンゾーンを意識した陳列

・プラノグラム　　　　　　　・商品動線・従業員動線は短く

・客動線は長く

【事例Ⅱ】の知識

26. インストアマーチャンダイジング（ISM）

■概要

ISM についてはいろいろな解説がされていますが，要は，小売店頭で売上を最大化するためには何をしたらよいかを体系化したものです。

一般的な ISM の式は以下のとおりです。

「客単価＝①動線長×②立寄率×③視認率×④買上率×⑤買上個数×⑥商品単価」

つまり，上記の6つの視点で工夫しましょう，ということを示しています。特に「視認率」「買上率」「動線長」は，陳列や展示方法など小売側の努力で上昇させることが可能です。「プラノグラム」（棚割）も ISM の一環として有効です。

販売促進策の類型

インストアマーチャンダイジング（ISM）は，店頭における効率的販売の総合的手法といわれています。顧客心理に基づくレイアウト設定や効率的棚割り，ディスプレイ方法など，売場を数値によって計画的に活性化する方法です。

ISM は，中期的視点から生産性（販売効率）を向上させるスペースマネジメントと，短期的効果を期待するインストアプロモーション（ISP）から構成されています。すなわち，顧客の買上げ点数の増加策による1回当たりの購買単価の引上げを狙いとするものです。

小売業が展開する販売促進策は，インストアマーチャンダイジングの概念でとらえると，次の3つの視点から類型化できます。

・来店促進策……広告，パブリシティ，口コミ，ポスティング，プレミアム

・購買促進策……フロアマネジメント，シェルフマネジメント，イメージアップ

・売上増加策……催事，割引，顧客サービス，人的販売

27.　POS システム

■概要

> POS システムに関しては最低限以下の事項を押さえ，POS に関する出題に備えておきましょう。いずれも 1 次試験で学習したことの復習がほとんどです。

（1）ハードメリット

・レジ業務の効率化：間違えない，簡単

・値札作業の効率化：値札が要らなくなる

・単品売上データ獲得

（2）ソフトメリット

・効果的な品揃え：売れ筋商品，死に筋商品をとらえた仕入ができる

・効果的な陳列：関連購買を分析し（ショッピングバスケット分析），配置による売上の違いを把握して改善（プラノグラムに反映）できる

・効果的な顧客分析：顧客属性情報が把握できる顧客カードと POS を活用し，「いつ，だれが，なにを，いくつ」買ったのかが把握でき，これをもとに顧客囲い込み，優良顧客識別が可能になる

　　→ RFM 分析をして FSP を実施できるようになる

（3）押さえておくべきキーワード

FSP　　　CRM　　　RFM 分析　　　プラノグラム　　　コーザルデータ

28. 商店街

■概要

商店街に関する問題は，平成21年度出題後，平成27年度に久しぶりに出題されました。①郊外につくるスーパーなどを規制して市街地を活性化するという「まちづくり三法の改正」を踏まえ，商店街の課題解決を行う，②商店街や地域との共存共栄を図り，郊外の大型店舗等に対抗する，の2つの視点での対策が必要となります。

（1）商店街としての代表的な課題

・経営者の高齢化と後継者がいないこと

・魅力的な店舗や核となる店舗がないこと

・商店街としてまとまれないこと

最近の活性化の考え方として，がんばるところ（店舗，経営者など）から活性化していく，というように商店街全体としてみるのではなく，個店からのアプローチがトレンドになっています。

（2）主な対応策

① 後継者がいない

自分の子供以外でも外部からの人材すべてが後継者候補であるとして考え方を変え，都心からのIターン希望者や公募なども検討します。

② 魅力的な店舗や核となる店舗がない

次項参照

③ 商店街としてまとまれない

・リーダーシップのとれる人材育成

・中小企業診断士などの外部人材の投入

・個店→他店→商店街全体（やる気のある個店から活性化し，それに刺激を受けるかたちで他店も活性化させ，最終的に商店街全体が活性化する流れにする）

（3）個店活性化の代表的な例

・営業時間延長：日曜営業，深夜営業，休日変更

・看板，価格タグ，展示方法改善による徹底したアピール型店頭への見直し

・高齢者向けサービス充実：配送サービス，御用聞き，休憩所，相談所，出張修理

・自慢の一品重点アピール

・提案型／コンサルティング販売への転換

・ポイントカード事業

152

・ホームページ充実による通信販売
・顧客囲い込み実施

（4）商店街全体の活性化例

・一店逸品制度の導入
・商店街ポイントカード事業の導入
・リサイクル活動の推進
・コミュニティスペース，ベンチ，街灯設置によるくつろぎ感演出
・パトロール隊，監視カメラ，子供110番などによる安心感演出
・チャレンジショップによる空き店舗対策
・地域密着コンセプトの共有と対応
・商店会青年部への権限委譲による活性化
・商店街バーチャルモール設置

（5）商店街や地域との共存共栄

　大企業資本による郊外の大型小売店やショッピングセンターは，1つの店舗内に複数の魅力ある業種やテナントを持ち，ワンストップショッピング等の利便性も高く，中小企業にとっても非常に強い競合といえるでしょう。これらに対抗するためには，中小企業である各店舗が個別に取り組むのではなく，商店街や地域として連携をし，一体感のある対応を行うことが必要となります。

　このような場合，事例企業であるB社がその強みや機会を活用し，地域で中心となってコーディネートを行う（もしくは"連携を構築する"）ストーリーが考えられます。B社の属する商店街や地域の魅力を高め，顧客数や売上の回復・増加を図り，最終的にB社にとってのメリット（顧客数や売上の回復・増加，地域との関係性強化等）が得られるというストーリーが考えられます。

【事例Ⅱ】の知識

29. 合併・買収

■概要

近年，中小企業でも合併・買収は大いに関係がありますので，最低限のポイントは押さえておく必要があります（【事例Ⅰ】の知識「18. M&A」参照）。

（1）合併の主な種類

① 吸収合併　　　　　　　② 新設合併

③ 株式交換　　　　　　　④ 株式移転

（2）買収の主な種類

① 市場で株券を買い占める　② 公開買付け

③ MBO（マネジメント・バイ・アウト）　④ LBO（レバレッジド・バイ・アウト）

（3）敵対的買収を防ぐ方法

① 新株予約権を設定しておく　② 第三者株式割当：ホワイトナイト

③ 自社株購入

（4）M&A のメリット

すべての M&A が敵対的であるわけはなく，M&A は以下のようなメリットもあり，実際に中小企業同士の M&A も統計的に少なくありません。中小企業にとっても選択肢の１つとして認識しましょう。

・力のある企業に譲渡できれば後継者問題を解決できる

・不採算部門を売却でき，コアコンピタンスに集中できる

・金融機関への信用力が増す

・シナジー効果が得られる

（5）買収する場合の留意点

・十分な資金の内部留保があること

・自社で構築するより QCD 面でメリットが十分にあること

・シナジー効果が得られ，特に自社の強みとマッチして強化できること

・買収企業の人材のモチベーション低下の対策をとること

・買収先企業の十分な企業価値分析を行うこと

・財務諸表上以外の負債（簿外債務）の有無に注意すること

・秘密保持に留意すること

30.　地域資源の活用

■概要

> 　農林水産品，産地の技術，観光，伝統文化など地域特有の「素材」や「技術」を活用することで製品等の差別化が可能になります。2次試験では，地域の「強み」となる**地域資源**を活用した事業戦略やマーケティング戦略を立案することが重要になってきています。

（1）地域資源とは

地域特有性が高く，それゆえに差別化の程度が高い「素材」や「技術」のことです。

① 　産地の技術……鋳物，繊維，漆器，陶磁器など

② 　農林水産物……野菜，果物，魚，木材など

③ 　観光資源　……文化財，自然景観，温泉など

（2）地域資源の活用

地域資源の活用パターンには次の3種類が考えられます。

① 　高付加価値化：これまでと同様の製品分野において，より高付加価値の製品等を創出する

② 　新分野進出：これまで未経験の分野に，新たな製品等を投入する

③ 　利用促進：製品等の知名度向上や顧客とのアクセス改善により利用を促進する

（3）地域資源活用の留意点

　販売先，組合や地域の他企業，専門家や研究機関等「他者との連携」が，地域資源の活用上重要であることを認識しましょう。

（4）具体的事例

　地域資源を活用した中小企業の取り組みを，①産地技術型，②農林水産型，③観光型の3類型に分けて紹介します。

《具体的事例①：産地技術型》

　山形カロッツェリアプロジェクト（山形県）では，世界的に著名な工業デザイナーが中心となって，「山形カロッツェリア研究会」がスタートした。鋳物，木工，繊維などの県内の優れた職人が高品質の商品を「山形工房」のブランド名で，海外の国際見本市「メゾン・エ・オブジェ」に出展し商談に結びつけた。

《具体的事例②：農林水産型》

　南房総市（千葉県）は特産品の枇杷（びわ）を活用したソフトクリームなどの開発や

「南房総いいとこどり」と題した観光情報の発信などを総合的に展開した。この事業化を契機に地域内に同様の事業を行う加工事業者なども生まれている。

《具体的事例③：観光型》

　熊本県南小国町にある黒川温泉は，40年ほど前までは全国に数ある温泉街の１つに過ぎなかった。危機意識が高まるなかで地元・温泉旅館が中心となり，敷地内の岩山を掘り抜いた露天風呂や樹木整備などを行い，独特な雰囲気の温泉郷を実現した。これを機に地域内の温泉旅館が協力して，地域一体となった景観づくりが進んだ。

※参考：J-Net21　中小企業ビジネス支援サイト「地域資源活用事業の概要」

31.　リスクマネジメント：危機管理

■概要

> 　事例企業にほとんど問題がなく，順調な経営を行っているような場合，**リスクマネジメントの提案**も検討しましょう。リスクマネジメントとは，損害が発生する前に，発生する可能性のあるリスクを把握し，リスクの深刻度を評価し，あらかじめ対処策を準備しておくことです。
>
> 　リスクマネジメントでは以下の点を押さえましょう。

（1）リスクマネジメントのステップ

　リスクマネジメント対策の順序としては，①まずどんなリスクがあるか？　を把握し，②それらのリスクはどれだけ影響があるかを評価し，③それらに対し何を講じておくべきか？　の３点を決めるという流れとなります。評価のところでは，損害金額と発生可能性のマトリクスで評価する方法が一般的です。

【IT 機器に関するリスク評価】

損害額：大		
	落雷直撃による システム破壊	ウイルス侵入による 基幹システム破壊
	プリンター盗難	スパムメール受信
損害額：小		
	発生可能性：小	発生可能性：大

（2）対応策

　いろいろな小難しい解説はさておき，対応策の要点は，①リスクへの金銭以外での対策と②リスクに対する財務的な対策の２点に分けて考えます。

　パソコンとコンピュータウイルスを例に説明します。

① 　**対リスクそのもの１**（回避・分散・移転の切り口で）

　　回避：ファイアウォール設置，ウイルス対策ソフト

　　分散：重要なデータを１台だけでなく，別のオフィスのもう１台にも保存する

移転：ウイルス撲滅運動を業界全体で推進する
　②　**対リスクそのもの2**（人・物・管理の切り口で）
　　　人　：ウイルス知識教育，IT人材常設
　　　物　：ファイアウォール設置，ウイルス対策ソフト
　　　管理：緊急時対策マニュアル，緊急時連絡体制構築
　③　**財務的な対策**（財務的と書いていますが，実際は保険をかけておくことです）
　　　・パソコンやシステムにウイルス損害保険をかける
　　　・そもそも使えなくなってもすぐに買えるくらいの安い機材を使う

（3）出題可能性のあるリスク

　おおよそ以下くらいのリスク発生は中小企業で考えておいてもおかしくないと思われます。

　　・財務リスク：CF（キャッシュフロー）にまつわる黒字倒産リスクなど（金）
　　・人的リスク：人が急に辞める，店主が病気で倒れるリスク（人）
　　・物的リスク：コア設備が急に故障するなどのリスク（物）
　　・ITリスク：ウイルスで全システムが死んでしまうリスク（情報）
　　・顧客リスク：大手納入先が急に倒産するなどの連鎖倒産リスク
　　・PLリスク：PL法で訴えられるリスク
　　・景気リスク：急激な不景気など
　　・競争リスク：急激な競争激化，大手のニッチ市場取り込みなど
　　・技術リスク：業界でのまったく新しい技術革新による不振リスク
　　・規制リスク：政府の新たな規制により損害を受けるリスク（電気用品安全法など）
　　・証取リスク：最低限の経営管理をしないで違反となるリスク（某有名IT企業での証券
　　　　　　　　　取引法（金融商品取引法）違反など）

32.　4C

■概要

> マーケティングの基本である 4P に代わる概念として，ロバート・ローターボーンによって提唱されたマーケティングの考え方です。4P は製品・サービスのマーケティングを企業側の視点（＝プロダクトアウト）で考えるフレームワークですが，4C では顧客側の視点（＝マーケットイン）で考えます。2 次試験を解くうえでどちらの概念も知っておくことが重要です。

（1）4C の構成要素

4C は Customer Value／Cost／Convenience／Communication の頭文字を取っています。4P に代わる概念であるため，4P の構成要素（Product／Price／Place／Promotion）と以下のような対応をしています。

4P	4C
Product（製品）	Customer Value（顧客価値）
Price（価格）	Cost（顧客にとってのコスト）
Place（流通チャネル）	Convenience（顧客にとっての利便性）
Promotion（販売促進）	Communication（顧客とのコミュニケーション）

・**Customer Value（顧客価値）**

　製品・サービスを購入することで，顧客にとってどのような価値をもたらすのか，どのような顧客のニーズを充足することができるのか，という視点で考えます。「製品・サービスを売る」ことではなく，「顧客の求める価値やニーズを充足する」ことに目的を置いています。

・**Cost（顧客にとってのコスト）**

　製品・サービスを購入するために，顧客はいくらならコスト負担を行えるのか，という視点で考えます。金銭的なコストだけではなく，購入にあたって考える時間や発生する手間，また購入後の使用，廃棄に至るまでのあらゆるコストが考慮されます。

・**Convenience（顧客にとっての利便性）**

　製品・サービスを入手するための流通チャネルが，顧客にとって便利かどうか，手軽かどうか，という視点で考えます。ここでの「利便性」は，製品・サービスそのものの利便性ではなく，購入時の利便性（＝入手しやすいか）を指しています。

・**Communication（顧客とのコミュニケーション）**

　製品・サービスを企業側から一方的に「押し込む」のではなく，顧客と双方向のコミュニケーションを行い，相互の関係性を構築しながら製品・サービスを届けていく，という

視点で考えます。

（2）本テーマに関する設問と解答の例

Q1. B社はインターネット上でどのようなマーケティング・コミュニケーションを展開するべきか

A1. 顧客と双方向のコミュニケーションを行える場を設け，相互の関係性を構築しながら製品・サービスを展開する。具体的には，顧客と要望や意見交換を行えるようにSNSを開設する，また顧客ごとに過去の購買履歴に応じて製品・サービスの紹介メールを送る。

Ⅳ ▶▶▶ 使える解法テクニック

■テクニック1

事例のほとんどは課題設定型なので，**強みと機会を特に注視する**

■テクニック2

まず与件文から解答に盛り込めそうな**経営資源**をすべてチェック（ピックアップ）しておく

■テクニック3

大手との競合や強い他社の真似はせず，**競争回避**（すみ分け）を狙え

■テクニック4

戦略のほとんどは市場浸透戦略で，**顧客や地元（第1次商圏）との関係性強化**が進むべき道

■テクニック5

具体的施策が思いつかなかったら，**自分を本当のその経営者に当てはめて想像して書け**

■テクニック6

あるいは，施策そのものの記載は最小限にし，与件文の「因」から設問の意図の「果」への**因果関係**や，**望ましい経営状態としての期待効果**等について明確に書け

■テクニック7

最終問題は，**経営者の想いや地域のニーズを満たす解答**を求められることが多いので，設問文に明記されなくても意識すること

逆に，経営者が「今は想定していないこと」は絶対に提案しない！（たとえば，追加コストは考えていない，設備交換は考えていない，価格上昇は考えていない，など）

■テクニック8

与件文に書いてあることをそのまま丁寧に抜き出す問題が多い。複雑に考えるな！　ただの国語。**かなり当たり前な解答もOK**（たとえば，「売上向上」といった当たり前の期待効果であっても忘れずに解答に書くこと）

■テクニック9

業態別戦略

① 小売業：分野特化「この分野だけはどこにも負けない」

② 卸売業：キャッシュ＆キャリー，物流特化（サードパーティロジスティクス），リテールサポート強化のコンサル型，情報武装型，ホールセラー型

③ サービス業：双方向交流，個別対応，ホスピタリティの向上により関係強化　→　顧客囲い込み，固定客化に尽きる

④ 製造業：独自性ある製品の企画製造，顧客との関係強化，カスタマイゼーション，直販とブランド，さらにはアフターサービス

⑤ 飲食店：常連・新規の切り口による戦術……日替わりメニューと定番メニュー，顧客カード，プレミアム顧客試食会と商品開発

■テクニック 10
短期・長期の視点で今後の方策を考える

■テクニック 11
与件文は「**オウム返し**」！　書いてある言葉をそのまま活かす。その際に「出題者が解答してほしいキーワード」であることを意識することで「＋αの得点」を狙う。

特に，図や注釈等の資料は，「**解答作成の制約条件**」と捉え，必ず活かす！

■テクニック 12
詰め込み

きれいな解答を書く必要はない。キーワードと見極めたものは，制限字数内に優先順位順に詰め込むことで，少しでも得点を稼ぐ。ただし，**因果関係**はおろそかにしないこと

■テクニック 13
念のため，**電卓**を準備せよ（過去に人時生産性（＝粗利益÷総労働時間）等を問われた例あり）

■テクニック 14
顧客のニーズや経営者の想いには必ず応える

■テクニック 15
施策の助言を問われたら，「**誰に・何を・どのように・効果**」のフレームワークを活用する

■テクニック 16
SWOT 分析を問われたら**最後に解く**

V ▶▶▶ 知っておきたい考え方のトレンド

■トレンド 1

とにかく**顧客との接点を増やし，関係を深める**ことが大切

■トレンド 2

固定客（リピーター客）化し，さらに**口コミを誘発**して新規顧客を獲得する

■トレンド 3

値下げは言語道断，多少高価でも**高付加価値目的**で買ってもらう

■トレンド 4

教育や権限委譲→従業員満足→ロイヤルティ高まりサービスレベル向上→顧客満足向上
（インターナルマーケティングの考え方）

■トレンド 5

顧客の価値観を最も大切に考えろ！　年齢や性別は古い，生活スタイルが重要

■トレンド 6

SNS やブログはかなり有効，「**双方向コミュニケーション**」実現ならさらに効果大

■トレンド 7

競争が激しく，粗利も低いスーパーやコンビニ，チェーン店などの大手業者とは今後離れていくべき

■トレンド 8

業務用→一般消費者用への提案は有効
例：業務用染み抜き→一般消費者に提供して利益を得る

■トレンド 9

大学，NPO，異業種，地域（公共団体，経営者団体），ボランティア団体との**連携**は非常に有効で相乗効果が高いと考える　→　自社だけで独自でやるのは，時間がかかる，コストがかかる，あるいはリスクが高くなり，あまり望ましくない

■トレンド 10

大手とは共存共栄あるいは棲み分けの姿勢で事業を行うべき

■トレンド 11

飲食店の場合，料理講座や食事診断，コミュニティ活動は望ましい

■トレンド 12

1 つの機能に特化することはあり

企画開発機能	→	ファブレス企業
生産機能	→	3rd Party 製造
物流機能	→	3rd Party ロジスティクス，デリバリー専門業者
情報機能	→	リサーチ会社
アフターサービス機能	→	保守専門サービス業者

■トレンド 13

同業界の**ポータルサイト構築**は有効

例：ホテル，レンタル業者など

■トレンド 14

販売は，**提案型**で

■トレンド 15

プロモーションは，**参加型**で

例：自社工場や自社店舗で見学会や試食会を実施

事 例 別 対 策

事例

Ⅲ

■事例Ⅲの概要

<＜事例Ⅲで問われていること＞
安く品質の高い製品を納期どおりに，
混乱なく効率よく作って，売っているか？>

QCD
- ●Quality（品質）
- ●Cost（原価）
- ●Delivery（納期）
- ●エコロジー

**Smoothly
混乱なく作って**
- ●生産計画
- ●生産方式
- ●管理方式
- ●PQ分析
- ●工場設置のSLP
- ●技術継承

**Effectively
効率よく作って**
- ●コミュニケーション
- ●製造現場チェックポイント
- ●IE
- ●設備保全
- ●アウトソーシング

**Sell
売っているか**
- ●販売体制
- ●人員
- ●チャネル

ＩＴ活用

Ⅰ　▶▶▶　代表的 SWOT 項目

【事例Ⅲの代表的な SWOT 項目】

S（強み）	W（弱み）
・企画開発力がある ・直販機能を持つ ・独自（製造・開発）技術がある ・企画→設計→加工→組立の一貫工程を持つ ・品質・コスト・短納期に競合優位性がある ・製造管理に IT を活用している ・固定客が存在する ・協力できる外部組織がある（企業連携等，工業団地組合等） ・自社ブランドを持つ ・強い技術を持っている ・優秀な多能工がいる ・複数の工場がある ・SCM システムを導入できる下地がある ・後継者がいる ・特許を保有している ・顧客管理を行っている ・社長の人脈が豊富である ・営業の新規開拓力がある ・こだわりの技術がある	・品質・コスト・短納期に比較不利がある ・製造工程に無駄な滞留がある ・生産計画がない，おろそか，スパンが長い ・生産統制がされていない ・無駄な段取替えがある ・製造時間・技術・負荷にバラツキがある ・飛び込み受注が多く工程が混乱する ・残業が多い ・顧客要望を確実に記録・連絡できていない ・多工程持ちしていない ・外注管理できていない ・部品・在庫・設備管理が煩雑，不徹底である ・営業活動が非効率である ・直販機能がない ・製造技術ノウハウが継承されていない ・作業標準化ができていない ・クレームに対応をとっていない ・社内意識が顧客志向になっていない ・（管理／作業の）人が未熟である ・特定の顧客への依存度が高い ・5S 活動が徹底されていない ・IT 化が進んでいない ・新製品の企画開発力がない
O（機会）	T（脅威）
・短納期ニーズ ・インストールまで納入ニーズ ・カスタマイズニーズ ・小口取引ニーズ（少量，おひとり様） ・デジタル化ニーズ ・オリジナル商品ニーズ ・ネット購買ニーズ ・贈答用・記念日など高級品ニーズ ・半調理品・中食・惣菜ニーズ ・需要の変動が小さいカテゴリーがある ・利益率の高い製品カテゴリーがある ・多品種少量ニーズ ・改良・修理のような付加価値向上系ニーズ ・海外市場が拡大している ・新規取引ニーズ	・競合の海外生産進展により低コスト化が進み経営不振 ・大手進出により影響を受け経営不振 ・少子高齢化に対応しきれずに経営不振 ・過去の中途半端な規模の経済の追求による過大な設備投資で経営不振 ・代替品が市場に出てきている ・新たな法規制などが悪影響をもたらしている ・競争激化で市場の淘汰が激しい ・さらなるコストダウン要請が激しい ・市場が飽和状態である ・海外において現地調達が進展している ・受注量に季節変動がある ・公共予算削減の影響を受けやすい

II ▶▶▶ 最重要の切り口

■切り口 1

生産管理全般，工場の改善を考える際に使う最も有効な切り口

PQCDSME

P（Productivity）：生産性

Q（Quality）：品質

C（Cost）：コスト

D（Delivery）：納期

S（Safety）：安全性

M（Morale）：モラール

E（Ecology or Environment）：環境

■切り口 2

自社リソースを考えるときに使う切り口

4M（Man，Machine，Material，Method）＋I（Information）

① Man

　・社長プロフィール

　・熟練工の数とノウハウ共有

　・外部人材（コンサルタント，外注先）

② Machine

　・独自の設備

　・独自の生産プロセス

　・設備保全

③ Material

　・現品管理

　・調達先，ルート，方法

　・外注管理

④ Method

　・生産方法

　・ノウハウ

　・技術

⑤ Information

　・情報

■切り口3

工程を改善するにはどうするかを考える切り口

ECRS

E（Eliminate）：なくせないか

C（Combine）：一緒（いっしょ）にできないか

R（Rearrange）：順番（じゅんばん）を変えられないか

S（Simplify）：簡単（かんたん）にできないか

→ないじゅか　で覚えよう

■切り口4

生産統制するために管理する対象

進捗管理，現品管理，余力管理

■切り口5

生産方法を考える切り口

多量 or 少量，個別・ロット・連続生産，受注生産・見込生産

■切り口6

モノの流し方を考える切り口

生産方式：機能別，製品別，固定式

■切り口7

問題点や課題を考える切り口

①営業面，生産面，技術面，②長期・短期

■切り口8

IT の活用方法

DRINK

D：DB（データベース）化

R：リアルタイム

Ｉ：一元管理

N：ネットワーク

K：共有化

【事例Ⅲ】の知識

Ⅲ ▶▶▶ 項目別パッケージ

1. 生産計画はどうあるべきか

■概要

> 　生産計画に関する設問は頻出です。ポイントはそれほど多くないのでしっかり押さえましょう。
>
> 　1次試験で学習したとおり，**生産計画**とは「いつ，いくつ」つくるかの計画で，長期的視点からの**基本計画**と短期的視点からの日常よく使う**業務計画**の2つに分かれます。さらに業務計画は，どんな工程でどの順番で生産するかという**手順計画**，それに人と設備を割り当てる**工数計画**，生産日程を決める**日程計画**の3つで構成されます。

（1）なぜ生産計画が必要か？

　基本的なことですが，今一度おさらいします。生産計画は生産するための計画です。旅行の計画で考えますと，計画がない場合，ホテル，飛行機は休暇の日程に合った日程で取れません，旅費を支払うお金も期日に用意できません，行きたいレストランはその日は休みで行けません，よく見ると旅行日程に外せない仕事の会議が入っていました，等，旅行の実行自体できません。

　工場は物をつくる作業ができますが，人，材料，メンテされた機械，消耗品，部品がないとできませんし，キャパの制限があり一定以上の仕事もできません。また，1つの同じ物をつくる時間は基本的に同じで調整はできません。逆にお金をかけて準備をしても仕事がない状況は極力避けたいです。一方，顧客の需要は不確実で工場の事情と矛盾します。

　企業は，生産計画を用いることによって，工場の都合と顧客の都合を調整することができるのです。複数の商品や受注を組み合わせ，工場の稼働を平準化し，約束どおりの期限で顧客に商品を届け続けるのです。そして生産計画によって安定した品質，納期，コストを実現するのです。

　【工場の都合と顧客の都合を調整するために必要】

　・Q（品質）のため

　・C（コスト）のため

　・D（納期短縮）のため

至極当たり前なことを書いていますが，これが意味するのは，「不慣れな従業員による段取り替えが頻繁に発生し工程の品質に問題が出ている」「工場の残業続きでコストが高くなっている」「部品の調達リードタイムが長く工場で納期遅延を起こしている」「工場の稼働能力が足りず設備投資が必要だ」「仕掛品が多く滞留，散在している」等，一見生産計

画と関係なさそうに見える問題でも生産計画によって解決できる問題が非常に多いということです。また、「担当者本人に計画を任せている」や「受注者から作業者に直接生産指示を行う」のような状況は、一見問題なさそうに見えますが、実は生産計画により改善すべき状況と考えられます。

　事例Ⅲでまず最初に生産計画から述べるのは、それほど大事で意識すべき内容だからです。常に「生産計画が立てられているか」を考えながら、事例企業を分析していきましょう。

（2）出題のポイント

　一般に生産計画は需要予測から始まり、生産能力に合わせて年間や半年単位の大日程計画策定、在庫や原材料から正味生産数を決め、月や日単位の小日程計画策定と、大→小へ落とされて作成されます。その中で、生産計画に関して押さえるべきポイントは以下の点です。

①　需要予測

　需要予測方法は移動平均法や線形計画法が有名ですが、重要なポイントは以下のとおりです。

【最終販売先の情報を速やかに、正確に、頻繁に手に入れること】

　その販売実績をもとに最終販売に携わる人間の見込みも重視しながら、手法を使って予測します。CPFR（Collaborative Planning Forecasting and Replenishment）という言葉がありますが、簡単にいえば、小売店とメーカーでDBを使って情報をリアルタイムに共有し、需要予測などを行う仕組みです。まさに最終販売先の情報を速やかに、正確に、頻繁に手に入れることができる仕組みといえます。

②　生産計画策定と更新のタイミングと頻度

生産計画はあくまで計画であり、販売に応じて臨機応変に修正をかける必要があります。特に更新時期や頻度に関する点は問題にしやすいと考えられます。ポイントは1つです。

【できるだけ短いスパンで頻繁に更新すること（目標は日単位で毎日更新）】

　短いスパンで更新する理由は、以下のとおりです。

　ⅰ）直近の販売動向を反映した精度の高い需要予測をもとに計画が立てられるので、
　　　・余剰在庫を起こさない生産が可能になる
　　　・品切れを起こさない生産が可能になる
　ⅱ）飛び込み受注など販売動向にフレキシブルに対応できる

　事例企業に飛び込み受注が工程を混乱させ、納期遅延や残業が増えている、などの問題が発生しているときは、生産計画の更新時期と頻度の点を問われているのではないかと疑いましょう。

③　基礎データ充実

　生産計画は、生産の対象となる工程を、生産能力に基づいて、部品表にある各部品の納

171

期データや在庫数などをもとにつくられます。当然，生産計画策定に必要な情報がすべてあり，それらの精度も高くなければ，適切な生産計画はつくれません。

【部品表とMRP】

1つの製品を生産するうえで何の部品が何個必要か，がまとめられた部品表は，基本的に常に最新の情報が反映されるようメンテナンスされている必要があります。また，今それらはいくつの部品在庫を持ち，手配時間はどれくらいかかるかまでを制御できるMRP（Manufacturing Resource Planning）も，手配時間などの情報も最新の情報である必要があります。そのためには，定期的な登録情報の見直しとメンテナンスを行う必要があります。

事例企業がMRPの情報を更新していない，部品表を更新していない，ほか何かしらの情報が更新されていないといった場合，古い情報に基づく生産計画立案で非効率な生産となっている問題を出題している可能性があります。**「更新されていない」**という言葉は大きなキーワードです。

④　**計画対象**

基本的に生産計画を立てる対象は，生産に関する工程で，企業がコントロールできる範囲すべてであるべきです。前後の工程を省いて重要なメイン工程のみ生産計画を立てている，ある部門での工程は生産計画には入っていない，などの中途半端な生産計画は改善すべきといえます。

全工程を統制することが困難であれば，せめて簡易的な工程は実績を記録することだけは行い，標準化するなどの工夫が望ましいといえます。なぜなら顧客に約束した納期を守るため，企業として計画と統制という伝家の宝刀でコントロールできる範囲は最大限カバーして制御すべきだからです。

与件文で，生産計画の範囲漏れや記録も何もしていない成り行き管理工程が読み取れる場合，**実績を記録して標準化，生産計画の範囲に入れる**などの提案を検討しましょう。

⑤　**計画者**

生産計画をつくる者は，生産実態に精通している者であるべきです。社長が片手間につくっている，営業部門や総務部門が作成している，などは危険です。販売計画などと違い，生産計画は，客観的事実に基づいて精度が高く設定されなければ，すぐに工程の混乱，残業の発生，出荷遅延，人や物の余剰在庫など深刻な問題を生じさせるためです。当然，営業部門が生産部門を兼務しているような場合は仕方ありませんが，実際の企業や試験に出る事例企業で，営業業務をやりながら生産管理を行うという例は少ないでしょう。

生産計画は，生産関連部門もしくは担当者によってしっかりと立てられるべきです。

⑥　**生産統制**

基本的な3つの統制を行うことを徹底します。

・進度管理（D）

最も基本的で最も重要な日程管理のことです。予定より遅くても早くてもダメで，期

限どおりにモノが生産されるよう日程管理します。Delivery に影響します。

・現品管理（C&D）

　日程計画どおりに進むよう，仕掛品の所在と数量の視点で管理を行うことです。予定よりモノが多すぎても少なすぎてもダメで，次工程へ計画数のモノが運ばれるよう現品管理します。主に Cost と Delivery に影響します。

・余力管理（C&D）

　機械と人がサボれないよう働きすぎないよう管理することです。「作業負荷 − 作業能力 = ゼロ」にすることが目的で，プラスだと遅延，マイナスだとムダが発生します。主に Cost と Delivery に影響します。

　計画どおりに生産されないことが与件文から読み取れる場合，この 3 つの生産統制の視点での解答構成を検討しましょう。

2. 生産方式

■概要

> 1次試験で学習済みとは思いますが，2次試験対策上，すぐに頭に浮かぶレベルで知識が出てくるよう再度おさらいしましょう。生産方式の種類は下表を押さえておけば十分でしょう。
>
> 活用の仕方として，本知識をもとに生産方式やレイアウトの変更を検討します。たとえば，出題される企業が受注生産形態で個別生産方式をとっている場合，特に毎回の段取り時間がかかり納期遅れとなりつつあるといった状況の場合，製品毎の製造工程をある程度グループ分けして共通化し，機能別レイアウトにしてロット生産方式へ転換するといった方策が検討できます。

【生産方式の種類】

製品タイプ	注文の時期	品種と数量	物の流し方	レイアウト
個別受注品	受注生産	多種少量生産	個別生産	固定式・機能別
折衷品		中種中量生産	ロット生産	機能別
標準品	見込生産	少種多量生産	連続生産	製品別

（1）受注生産と見込生産のポイント

	受注生産	見込生産
主な課題	納期の遵守	在庫管理
留意点	・納期を遵守するための日々の進度管理の徹底 ・多能工化や人員体制の見直しによる受注量の変動に対応できる生産体制の構築	・販売予測の精度向上 ・生産計画を販売の実態に合わせて，短いスパンで更新する ・生産リードタイムを短縮し，需要変動への対応力をつける

（2）デカップリングポイント

受注に対してどのタイミング（ポイント）で在庫を持つか，計画業務と実行業務の切り替えポイントのことです。

たとえば一般のパソコンは，「見込生産」により製品在庫を持ち，流通・小売店での展示を通じて販売する「間接販売モデル」です。一方，デル社が構築した受注生産方式による「直接販売モデル」は，製品在庫を持たずに部品の状態で在庫し，Web等で注文を受け，受注してから製品の組立てを行い，顧客に直送する形態をとっています（Build to Order＝BTO　受注加工組立て生産）。

　「見込生産」では，物流センターの倉庫がデカップリングポイントとなります。完成品を組み立てて倉庫に製品在庫を搬入するまでは計画に従って業務を行いますが（計画業務），倉庫からの出荷業務以降は，受注に基づいて実行する形になります（実行業務）。

　「BTO＝受注加工組立て生産」の場合は，部品加工までが計画に従って業務を行いますが（計画業務），それ以降は受注が入った後に進められます（実行業務）。したがって，部品加工と組立て工程の間がデカップリングポイントとなります。

　つまり，デカップリングポイントを境に，計画主導の計画系業務と，受注主導の実行系業務が切り替わるのです。計画業務は，「経営上の意思決定として行う業務」で，実行業務は，「経営的な判断を差し挟まず，決まりに従って効率的に行うべき処理」です。デカップリングポイントをどこに置くかで，在庫の持ち方や SCM（Supply Chain Management）が変わってきます。

【「デカップリングポイント」イメージ】

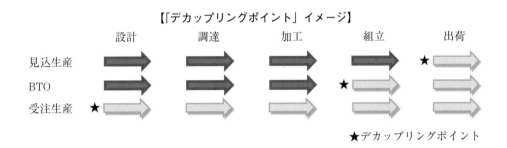

★デカップリングポイント

（縦書き）【事例Ⅲ】の知識

（3）セル生産方式

　大企業でセル生産方式が活用されていますが，同生産方式は個別生産に非常に向いているため，中小企業でも多種少量生産の方策として活用できる可能性は大いにあります。

　ここでは主にその概要とメリットを理解し，解答の候補として押さえておきましょう。

①　セル生産方式とは？

　従来型のライン生産のようにベルトコンベヤで工程順に順番に製品を組み立てるのではなく，1人の作業者によって多くの工程を担って製造を行う方式です。1人1人の作業周辺に部品や工具などが取り囲んでいるイメージであり，それがあたかも1つの細胞＝セルのようにたとえられてセル生産方式と呼ばれています。

【「ライン生産方式」イメージ】

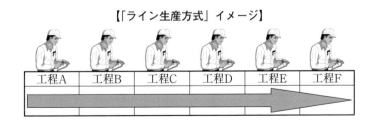

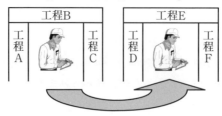

【「セル生産方式」イメージ】

② **セル生産方式のメリット**

・多品種少量生産への柔軟な対応がとりやすい

・生産量の調整もしやすい

・問題が起きてもライン全体を止める必要がない

・セル別の進捗がわかり問題点を発見しやすい

・多能工の育成がしやすい

・単純作業でなくなり，作業者のモチベーションが上がる

③ **セル生産方式のデメリット**

・全員優秀な多能工であることが前提であるため，人の育成に時間がかかる，または
　かける必要がある

・当然，大量生産には非効率となり向かない

（4）本テーマに関する設問と解答の例

Ｑ１．個別生産方式と異なり，標準品生産のためにはどんな生産方式が望ましいか？

Ａ１．見込生産を前提とした連続生産方式を採用する。工場内設備配置も製品別専用ラ
　　　インを設けて連続生産に適した配置とする。受注前に生産を行って在庫を保有す
　　　ることで納期を早めることができ，標準品の連続生産で生産効率を上げて製造コ
　　　ストを下げられる。

（5）押さえておくべきキーワード

機能別	連続生産	製品別	ロット生産	効率化

3.　管理方式

（1）JIT

　トヨタの生産方式です。詳細に入れば入るだけ内容がある生産方式です。2 次試験では，以下の押さえるべきキーワードの理解を得れば十分です。

　なお，興味があれば，本生産方式を体系化したとされる大野耐一氏の書籍を読んでみてください（あくまで試験対策上は読む必要はないと思います）。

①　基本的な考え方

　"売り" に結びつかない①工程間や最終製品在庫，②経費，③設備は，まったくキャッシュを生まないムダと考えます。"売り" に結びつくのは，顧客が買う場合だけです。したがって，「顧客が買ったものを，買った時に，買った個数だけを，在庫も無駄な経費も設備も使わず生産すること，が生産のあるべき姿である」といった考え方です。

　生産部門＝「モノをつくるところ」ではなく**「利益を創るところ」**と捉えます。そのために，以下のようなキーワードに代表される取組みがあるのです。

②　キーワード

- ・JIT（Just In Time）：必要なものを，必要な時に，必要なだけつくる→在庫ゼロ
- ・後工程引取り方式：①販売→②最終工程製造→③その前の工程製造→④資材調達
- ・カンバン方式：見える管理……生産・運搬の指示の表示
- ・（ニンベンの付く）自働化：機械に異常が発生したら自動的に止まるような仕組みにすること
- ・平準化生産：最終生産量を平均化すること→ JIT につながる
- ・5S：→見える管理につながる
- ・5 回のなぜ：問題の原因を徹底追究して対処する

③　試験対策上の考え方

　JIT をそのまま説明するような設問はないと思いますが，あくまで「在庫を減らす」「働いている従業員の生産性志向の古い意識を変える」「必要以上の経費や豪華な設備導入を止めさせる」といった取組みが全社的に必要と思われる場合に，思想として「JIT を社長主導で導入し，改革を図る」「顧客からの短納期化・小ロット化・多品種少量化の要望に対応」といった具合で解答に使うことを想定します。

　JIT は改善レベルの話ではなく，少なくとも工場全体を挙げて行う改革レベルの提案となることを意識しましょう。

（2）生産座席予約方式

　飛行機チケットの座席を予約するように，顧客からの早い受注順に生産計画を入れていく方式です。一定期間で決めた生産計画をフレキシブルに修正するため，飛び込み受注にも対応しやすく，顧客要望に柔軟に対応できる仕組みといえます。デメリットとして，元

【事例Ⅲ】の知識

の生産計画に遊びが生じるため，生産が非効率になる可能性があることです。

これも生産計画の策定期間短縮の視点から提案が検討できます。ITを活用したオーダーエントリーシステムが活用できることも併せて押さえておきましょう。

（3）製番管理

製番とは，製造番号のことです。顧客からの受注毎の製品を製造する度に製造番号が振られます。そして，他製品との共通部品などをまとめて部品発注するのではなく，製造番号毎に部品発注が行われ，製造がなされます。

メリットとして，個々の顧客発注品の製造進捗や部品発注状況，製造コストを把握しやすく，進捗／コスト管理がしやすくなります。デメリットとして，基本的に製造番号毎に生産が実施されるため，まとめて生産するロット生産や連続生産などでは適用しにくく，同じ部品を1日に何度も発注する場合があるなど，生産が非効率になりやすい点です。

受注生産体制でのコスト／進捗管理に提案を検討しましょう。

4. PQ 分析

■概要

　工場での生産方式を検討する際に使う分析です。2次試験でもこのレベルの知識の実用化は提案できる必要があります。

　下図のように生産量と商品でグラフにし，生産量の多い商品には「製品別配置の製造レイアウトにして連続生産をする」，生産量の少ない商品は「機能別配置で個別生産にする」などで効率化します。

　事例企業が生産方式の見直しを検討している，あるいは生産方式の説明がありQCD の問題が発生しているような場合，**PQ 分析**（Product–Quantity）を使って見直すといった解答案を検討できます。

【PQ 分析】

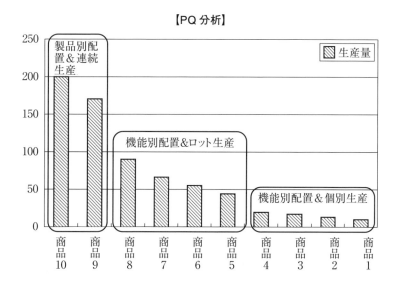

本テーマに関する設問と解答の例

　Q1．C 社は機能別配置によるロット生産で生産を行っている。近年，生産数量の増加に伴い，工程のあちこちで仕掛り在庫が発生している。改善策を提案せよ

　A1．PQ 分析を行い，生産数の多い製品には製品別配置ラインを設け連続生産を検討する。

5. コミュニケーション

■概要

近年の2次試験では，社内の連携，外注先との連携，顧客との連携などのコミュニケーションに関する論点が多く出題されています。いずれも，人的交流やデータ交換などのコミュニケーションを円滑に行うことで，メリットを得られることが多く，解答上重要なポイントになってきます。

（1）社内コミュニケーション（報・連・相）

① 報告（上下）

部下から上司へというイメージも強いですが，事例Ⅲの対策上は，現場作業者，現場監督者，経営管理者といった3つのレベル程度の視点で報告が円滑になされることを考えます。対策として以下があげられます。

- ・報告体制の明確化
- ・朝会・夕会など定期報告会の開催

② 連絡（左右）

部門間の円滑なコミュニケーションと連携体制を考えます。「報連相」の中で最も設問にしやすそうなところです。特に機能別組織である場合，顧客志向の対応を図るため，部門同士の横のつながりがとれるかとれないかで企業の生き残りにも大きく影響するからです。強化策として以下があげられます。

- ・週単位の定期部門連絡会
- ・グループウェア活用による情報共有DBの設置
- ・社内懇親会の促進（非公式組織の醸成）
- ・マトリクス組織的構造

③ 相談

コミュニケーションのすべてが報告と連絡であれば，人は公式的で決まったことしか話すことができず，ロボットになってしまいます。実際のコミュニケーションのほとんどは相談です。この相談が気軽に頻繁にできる職場は強いコミュニケーションの源泉を持つといえるでしょう。強化策としては，職場の雰囲気づくりです。事例Ⅲでは，気軽に相談ができる職場づくりを徹底するというくらいで十分だと思われます。

（2）外部企業とのコミュニケーション

主に外注先とのコミュニケーションを指します。本内容は「16. アウトソーシング」のところで解説しますが，要は，外注管理をしっかり行いましょうということです。

（3）顧客とのコミュニケーション

顧客とのコミュニケーションでは，主に以下の点をチェックしましょう。

① **受注前**

・スピーディな回答：メールでも電話でも，とにかく顧客への迅速な対応をとる

・コンサルティング姿勢：相手の悩みを一緒に共有する姿勢

・提案型営業：顧客が選ぶのではなく，顧客に選ばせる姿勢

② **受注の際**

・受注内容を顧客と確認：納期・価格・個数・特殊要望などの確認行為を行う

・受注内容を正確に記録・保管：メモ書きやついで書きではなく，定型フォーマット
などで漏れなく正確に記録する

③ **納入前**

・最新納期の連絡

・最終仕上がり品の確認

・納入形態の連絡

④ **納入時**

・検品・受領確認

⑤ **アフターセールス**

・「お買上げ，ありがとうございました」連絡

・販売後アフターサービスの連絡

・購買後顧客フィードバック（感想・不満など）の獲得

（4）顧客志向の考え方

生産管理は QCD で説明されることが多いため，品質・コスト・納期を追求しがちです
が，最も大切な点は，「**顧客志向**」であることです。

QCD は，まずほとんどの顧客が求めていると考えられることから浸透していますが，本
来は自社の顧客が最も求めていることを最優先に考えるべきです。これは QCD より先に
CS（顧客満足）があるというよりは，QCD の順位付けを意味することが多いです。つまり，
どんなに Q が優れていても，顧客が D を最優先していれば，D を最優先に対応しましょう
ということです。平成 17 年度事例Ⅲは，顧客は短納期要請の希望が強いのに，C 社はその
対応がおろそかになっているというものでした。

顧客志向変革の方法

・社長主導で顧客志向を社内に浸透させる社内 PR 活動を行う

・組織上，顧客と直接かかわる営業部門の権限を強くする

・各部門の横のコミュニケーションを増やし，顧客意見を共有する仕組みをつくる

・機能別組織に顧客別対応プロジェクトを横串にしたマトリクス組織的構造にする

6. Q（品質）

■概要

　　生産管理３大ポイントの１つ，品質管理です。品質を維持・向上するにはどのような方策を知っておけばよいか，どのような考え方があればよいか，ここで紹介します。

（1）品質とは何か？

　結論からいうと，品質は**「顧客が満足するまで」**が品質と考えるべきです。設計品質や製造品質をクリアするのは，顧客満足のための過程の管理にすぎません。極端なことをいえば，設計も製造も企業が意図していたとおりのモノができても，それが顧客満足につながらなければ悪い品質といえます。企画・設計・調達・製造・販売・アフターサービスの全過程で品質を意識することで，企業にとって初めて意味のある品質となります。

　ここまで来るとマーケティングの話にも思えますが，品質という意味は実はとても広いことを認識し，２次試験の解答の中でも覚えておくべき概念です。平成17年度事例ⅢのC社は，品質を自社で製造して出荷するまでと考え，顧客満足まで考えなかったため，設置段階をおろそかにして顧客クレームを引き起こしています。

品質の種類

　以上を踏まえ，試験対策上は，以下の３つの認識を持つとよいでしょう。

・設計品質：製品が備えるべき品質
・製造品質：実際にできた製品の品質
・満足品質：顧客が満足する品質

（2）QC サークル

　現場従業員の小グループによる自主的な品質管理活動です。生産を設計・製造（工程）の２段階でみると，品質は工程（作業）でつくり込むものという考え方から出てきた活動で，狭義には工程での段取り時間短縮策の検討，広くは自主勉強会なども含まれます。

　最近では，品質は設計段階でつくるものという考え方が強く，QC サークルはあまり聞かれなくなりましたが，従業員の自主性を尊重して業務改善をする考え方は現在でも有効と思われ，キーワードレベルでは使えるようになっているべきです。

　２次試験では，製造現場で生じている問題があり，現場の熟練従業員たちが自主的な活動をして解決できそうな場合，QC サークルの採用を検討しましょう。また，若手従業員と熟練従業員間の技術継承の面からも，勉強会の開催と捉えて QC サークル的解答をするのも有効です。

（3）市場クレーム

　与件文に**顧客からのクレームがある場合，100％解答に使えます**。品質改善でもクレームを最大限に生かしましょう。具体的には，個々のクレームに対処してきたすべてを記録，管理し，顧客が最も不満に思っている点や自社製品の問題が多い点を特定し，それを品質改善のメインテーマとして設定し，そこにリソースを集中させて最大効果を得ようとする試みが有効です。

（4）SQC → TQC → TQM

　品質管理の考え方は，主に品質管理部門→現場全員→経営層と３つの過程を経ています。基本的には TQM の考え方を持つことが企業にとってよいという認識で構わないと思います。

　ここでは，それぞれの考え方があることを押さえ，企業が SQC や TQC で止まっていないかチェックする視点を持ちましょう。

①　SQC（Static Quality Control：統計的品質管理）

　QC7つ道具のような統計的手法を使って品質を管理することです。統計的手法を使って，品質の良し悪しを判断し改善につなげるという最も原始的な行為です。主体は主に品質管理部門です。

　問題点は，品質管理が人任せであり，社内の品質に対する認識が薄いため，十分な品質管理が行われないことです。

②　TQC（Total Quality Control：全部門的品質管理）

　QC サークルの全社版です。品質は品質管理部門だけの仕事ではなく，全部門で意識して活動しなければならないといった考え方です。全部門で少人数活動を推進し，各部門で品質改善の取組みをするものです。基本はボトムアップ型の活動です。

　問題点は，活動が現場主導型で部門によりバラバラの品質意識で管理が行われ，社内で統一した品質管理活動ができず，顧客満足までの品質管理ができていなかったことです。

③　TQM（Total Quality Management：総合的品質経営）

　品質を経営レベルで捉えて行うことです。経営レベルとは，企業の根本的最重要課題の１つとしてのレベルです。各部門が個別で品質を考え，バラバラに QC 活動を行うだけではダメで，顧客満足までが品質と認識し，会社全体の視点で最適な活動は何か？　を考え，経営層からのトップダウンで活動を推進する，という考え方です。TQM の主体は経営層になります。

　まとめるポイントとしては，主に以下のとおりです。

・品質を顧客満足までの品質と捉え，全社でこの１つの考え方を持つこと

・全体最適視点であること

・トップダウンであること

・PDCA サイクルで品質管理活動を推進すること

（5）ISO9000 シリーズ

　TQM の考え方と合致する国際品質保証規格です。1 次試験でおおよその内容を理解していると思いますので，ここでは 1998 年→2000 年で重視された「品質マネジメント 8 原則」を押さえましょう。

【品質マネジメント 8 原則】

① 顧客志向：品質は顧客満足を実現するためにあるという考え方

② トップのリーダーシップ：トップ主導でやる

③ 全員参加型：主導はトップで実行は全員が参加

④ プロセス志向：あらかじめ決めたことを改善するのではなく，実施過程でどんどん改善していく

⑤ システムアプローチ：体系的にやる（⇔場当たり的にやる）

⑥ 継続的にやる（⇔一時的）

⑦ 事実に基づく意思決定（⇔予想，予測，聞いた話などで決める）

⑧ 供給者との相互利益：自分だけでなく，協力会社との Win-Win の関係を考える

　2 次試験で品質管理活動の考え方が出題される場合，ISO9000 的考え方を思い出し，上記原則を受けて以下の実施策を解答に使い，メリットとともに理解しておきましょう。

① **実施策**

・トップダウン

・顧客志向

・PDCA サイクル

・文書化

② **メリット**

・企業信用力の向上による受注増

・文書化により技術継承が促進される

・社内に PDCA サイクルが浸透し，成り行き管理からの脱却ができる

・社内に顧客志向が浸透し，企業競争力が増す

（6）作業標準化，マニュアル化，教育の実施

　作業面から品質を改善する方法として，「作業標準化」「マニュアル化」「教育の実施」があげられます。作業のバラツキを抑えるために定型化＝作業標準化して，それを別の人間が行ってもすぐに同じ品質となるように文書化＝マニュアル化します。その後，作成したマニュアルを活用して教育を体系的に実施し，組織的に作業員の作業レベルを標準化するのです。生産合理化 3 S のうちの Standardization を使うことになります。「作業標準化→マニュアル化→教育の実施」は理解もしやすく，試験上かなり使えるセットです。「作業員の判断で作業を実施している」というような記述が与件文に出てきたら，このセットの活用を検討してもよいでしょう。

　さらに，教育には OJT，Off-JT，自己啓発支援の方式があることも意識しておきましょう（参考：事例Ⅰ「9. 能力開発」）。事例Ⅲでは特に「OJT」が活かせる場面が多いです。なぜなら，事例Ⅲで問われている生産・技術面において，高度な技能や特別な技能が属人化している場合があり，マニュアル化だけで仕事を覚えてもらうことは難しく，日常の業務を通じた教育を行うことが大切だからです。また，OJT には後継者の育成により技能伝承できるという効果があることも押さえておきましょう。

　1 次試験でも学習済みとは思いますが，事例Ⅲでは特にすらすらと解答に書けるようになりましょう。ちなみに本書も，中小企業診断士 2 次試験という工程の作業標準化，マニュアル化という考え方から執筆に至っています。

①　留意点

　標準化してマニュアル化すれば属人的な作業のバラツキは抑えられますが，作業員の自由で創作的な人間的な活動をしたいという願望とトレードオフの関係となります。作業改善の提案制度，定期的なジョブローテーションを行ってマルチタスク化を図るなど，従業員のモチベーション維持に留意する必要があります。

②　本テーマに関する設問と解答の例

　Q 1．C 社は，各作業員の技術習熟度のバラツキが原因で製造段階で品質問題を生じさせている。対策方法を提案せよ

　A 1．各工程作業を，IE を使って記録，分析して，1 つの工程に必要な作業や手順を洗い出し，作業を標準化する。そして標準化した作業を文書化してマニュアル化することで，どの作業員でも早期に作業に習熟できる仕組みをつくり，技術レベル差を低減させ，品質の安定化につなげる。

（7）QC7 つ道具，新 QC7 つ道具

　品質管理を行う際，QC7 つ道具，新 QC7 つ道具が有名です。2 次試験ではこれら個別の詳細を知ることよりも，キーワードとしてどのような問題に使えるかがわかるようになっていれば十分です。

①　QC7 つ道具……定量データ分析，現場が使う，個別の問題を対象

　・パレート図　　　：問題の優先順位を決めるとき
　・チェックシート：漏れなく調査するとき
　・ヒストグラム　　：バラツキを把握するとき
　・散布図　　　　　：相関関係を調べるとき
　・管理図　　　　　：工程が異常か，異常でないか判断するとき
　・特性要因図　　　：因果関係を調べるとき
　・層別　　　　　　：原因分析をするとき

【パレート図の例】　　　　　　　　　　【ヒストグラムの例】

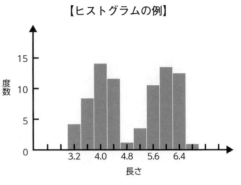

【散布図の例】　　　　　　　　　　【管理図の例】

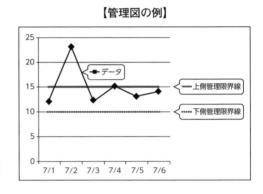

【特性要因図の例】

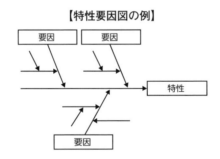

② 新 QC7 つ道具……定性データ分析，管理者・スタッフが使う，相互関係ある問題
を対象

・親和図法　　　　　　　　　：特徴の把握，新発想の創出のとき
・連関図法　　　　　　　　　：原因を究明するとき
・系統図法　　　　　　　　　：問題の解決策を決めるとき
・アロー・ダイヤグラム法　：最適日程を決めるとき＝PERT
・PDPC 法　　　　　　　　　：不測事態に備えるとき
・マトリクス法　　　　　　　：関連を整理するとき
・マトリクス・データ解析法：マトリクス法を数値化してわかりやすくするとき

7.　C（コスト）

■概要

> 　生産管理3大ポイントの1つ，コストです。コストを下げるにはどのような方策を知っておけばよいか，どのような考え方があればよいか，ここで紹介します。

（1）多能工による多工程持ち

　本テーマは**CとDとモチベーションに効果がある万能技**です。しっかり理解しておきましょう。

①　概要

　1人1工程を持つのではなく，1人が複数の工程を担当し，作業者間の繁閑のバラツキをなくし，その結果工程間の負荷バランスをとることで，工程間の仕掛りを減らし，不測の事態に対応しやすい柔軟な生産体制をつくることです。

　複数の工程といっても2種類あります。1つは，1人が複数のラインで同じ工程を持つこと＝多台持ち，もう1つは，1人が1つのラインで複数の工程を持つこと＝多工程持ち，です。前者は，作業効率化や省人化には即効性があります。しかし，作業者は基本的に多能工化（マルチタスクができる人材）せず，工程間の負荷バランスが解消されるわけではありません。それにそもそも試験で省人化を提案するよりは，既存従業員の最大活用を考えるほうが望ましく，あまり有効ではないため，後者の多工程持ちを重要視しましょう。

　下図はイメージですが，1つの工程に1人だけ配置しているときより，人の相互協力が行いやすく，工程間のつながりが人によって円滑にできるというイメージが湧くと思います。

【多工程持ちのイメージ】

→多工程持ちにより人数は2人減っても応援体制がとりやすくなっている

また，多能工化を進めるにあたっての具体策には，「作業標準化，マニュアル化，教育の実施」があります（参考：6. Q（品質））。これらの概念も関連づけて理解しておきましょう。

② **多能工**

多工程持ち生産を行うためには，**従業員のマルチタスキング化が不可欠**です。1人で複数の仕事ができる能力を身につけさせることで，マルチタスクができる人材を多能工と呼びます。

多能工を育成するには，以下のような方策が考えられます。

・定期的なジョブローテーション

・労働者向け技術セミナーの開催

・社内技術検定試験の実施

・職場公募制度

・OJT，Off-JT

③ **多工程持ちのメリット**

多工程持ちにすることのメリットをしっかり押さえましょう。

・リードタイムの短縮……工程間の相互応援がしやすく，工程間負荷のバランスがとれるため

・仕掛りの減少……工程間負荷のバランスが作業者自身によって制御できるため

・コストダウン……作業者毎の負荷バラツキが低減し，手待ちや残業のムダが減少するため

・作業者の不満解消……作業者毎の負荷の差が公平になるため

・モチベーションの向上……職務拡大するため

・柔軟性の高い生産体制……急な人員減にも対処できるため

・品質が安定する……作業者は複数工程に習熟し，シナジー効果で技術が向上するため

④ **本テーマに関する設問と解答の例**

Q1. 1人1工程体制のC社に対し，納期短縮およびコストダウンを図るための生産方法の改善に関しアドバイスせよ

A1. 従業員を多能工化して多工程持ち生産方法を採用する。現状生じている工程間負荷のバラツキを，多工程持ちにより柔軟な相互応援体制を実現して低減し，負荷の大きな工程を重点対策して生産リードタイムを短縮する。また，多工程持ちにより無駄な手待ち，残業労働が減少し，生産効率が上がることでコストダウンを狙う。

⑤ **押さえておくべきキーワード**

多能工　　マルチタスキング　　習熟する　　ラインバランシング

（2）マスカスタマイゼーション

　中小企業にとってマスカスタマイゼーションは，1 つの生き残りのカギです。解答の素材としては非常に汎用性の高い考え方であり，キーワードでもあります。ここもしっかり押さえましょう。

①　概要

　マスカスタマイゼーションとは，簡単にいえば「**セミオーダーメード**」です。完全オーダーメードを 100 ％顧客要望品とすると，従来の大量生産品は 100 ％企業企画品といえます。マスカスタマイゼーションは，企業企画の一部に顧客個別要望を取り入れて生産する方式で，A ％顧客要望品＋（100－A）％企業企画品となります。

　ポイントは，顧客個別要望を取り入れる部分は，企業で対応可能な範囲をメニュー化し，顧客に選んでもらう仕組みをとることです。パソコンメーカーの DELL の PC 発注方式が有名です。大企業では細かな点にまでこれを広げることは困難ですが，小回りが利く中小企業にとっては細かな点にまでこれを応用でき，採用しやすい有効な戦略といえるでしょう。

②　メリットと留意点

マスカスタマイゼーションによるメリットは，主に以下のとおりです。

・コストダウン（100 ％個別受注生産に比較して）

・顧客満足度が高まる

・競合優位性を築ける

・短納期（100 ％個別受注生産に比較して）

・品質が安定する（100 ％個別受注生産に比較して）

よいことばかりではありません。以下の点に留意しましょう。

・カスタマイズする部分は顧客要望がある部分であること（なければ CS にならない）

・顧客の際限ない要望を受けるのではなく，カスタマイズ部分をあらかじめメニュー化すること

・カスタマイズメニューが多くの顧客ニーズをカバーできること

・要望の多いカスタマイズメニューを在庫化するなどリードタイム短縮に配慮すること

・生産が混乱しないようカスタマイズを考慮した生産計画を立てること

③　**事例Ⅲで使えそうなとき**

2 次試験では，以下のような場合にマスカスタマイゼーションの導入が検討できます。

ⅰ）多品種化に伴い生産効率が落ち，コストも増加している場合

　　マスカスタマイゼーションの考え方を解答の骨子とします。生産工程を分析し，製造上各製品共通で対応できるコア部分とそれ以外の変動部分に分けます。コア部分は汎用ラインを使い，規模の経済性を追求して徹底した効率化を図ります。変動部分を顧客要望反映部分と位置づけ，機能別配置のラインで，あらかじめ対応可能な範囲をメニュー化し，顧客個別要望を取り入れて生産します。あらかじめメニュー化してあ

るため，そのメニュー毎にも生産効率化を徹底し，全体の製造コストダウンにつなげます。

ⅱ）標準製品のある特定の機能・仕様・デザインに顧客からの個別要望がある場合

　　与件文でこれが読み取れる場合，その特定部分に顧客個別要望を反映できるマスカスタマイゼーションの導入を提案できる可能性があります。

　　たとえばそれが製品カラーならば，対応可能なすべてのカラー見本をサンプルブック化し，顧客が発注時にサンプルを見ながら自由にカラーを選べるような仕組みとします。これにより顧客満足度が高まると同時に，自社生産面でも初めからその工程だけを自社対応できる範囲内で変動可能とする生産体制を敷くことができるため，効率的な生産が可能になります。

ⅲ）標準製品の機能差が小さく，競合と価格競争に陥っている場合

　　マスカスタマイゼーションの考え方を導入し，製品仕様の一部に顧客個別要望を受ける仕組みにすることで，顧客満足度を高め，競合優位性を構築して価格競争を回避します。当然，与件文に少しでも顧客の個別要望ニーズがあること，自社内での生産工程でもアウトソーシングの活用などで自由に変動できそうな工程があることなどが読み取れることが前提となります。

（3）購買管理

　生産行為のコア活動は，設計・調達・作業です。ここで調達面でのコストダウンを押さえましょう。調達面でのコストダウン策には以下があります。

①　長期取引によるコストダウン

　中小企業の多くでは，発注ロットが規模の面でどうしても大きくできず，大量発注による数量割引を受け低コスト化を実現している大手企業と比べ価格面で大きなハンデを背負っています。そこで，仕入先と長期的な契約を結び，長期でみれば大きな規模となることで数量割引を受け，調達コストを下げる試みが検討できます。

　当然，すべての物品を長期取引できるわけではありませんが，自社の調達部品を分析し，長期的に需要が確定しているコア部品を選別し，これに長期取引ベースでの数量割引コストダウンを行うことで，自社へのコストダウン効果も大きくなると考えられます。実施の前提として，仕入先と厚い信頼関係が築かれていることが必要です。

　留意点として，自社での在庫保有リスクを低減させるため，一括納入を避け，一定の時期を定めて分納する契約を結び，仕入費用の発生を延期させて財務リスクを低減することがあげられます。具体的には，取引先と年間ミニマム発注総枠数を合意し，実際の納入は毎月の発注によって決め，それに合わせて毎月の仕入支払いも発生するといった取引形態です。

【解答に使える条件】

　・調達コストを下げる必要があること

　・仕入先と信頼関係が築かれていること

　・長期的に安定して自社内消費のある部品や原料があること

　・同じ問題を抱えている同業者などはいないこと

②　共同購買

　共同購買も調達コスト低減の有効な方策です。「【事例Ⅱ】の知識　12. Place ④　企業間連携（事業連携)」の飲食店事例（p. 124）でも解説しましたが，生産に必要な部品や原料のまとまった大規模の発注をかけて数量割引を受けるため，同業他社や他企業と共同で仕入を行うことは製造業でも有効です。業種によっては業界団体や組合で共同購買事業を行う場合もあり，これに積極的に参加することも有効です。

　同業他社と共同で仕入を行う際は，その部品が双方の差別化となるような部品ではなく，**汎用性の高い性格を持つ部品であること**に留意します（いうまでもないポイントですが）。製造業の場合は，特に原料など汎用性の高い調達品も多いため，飲食店よりも共同仕入が有効な機会は多いと思われます。

　【解答に使える条件】

　・調達コストを下げる必要があること

　・同じ問題を抱えている同業者や他企業があること

　・外部調達品に汎用的な部品や原料があること

　・長期的に安定して自社内で消費すると明確にわかる外部調達品はないこと

③　コンペによるコストダウン

　調達価格を決める方法は，1次試験で指値方式，協議購買方式，見積合わせ方式などいくつかの価格決定方式があることを学習されていると思いますが，2次試験では，発注先を慣習的に1社に行っているような場合，いわゆるコンペによる競争入札方式をメインに解答を検討しましょう。

　調達コストを下げるため，いわば競争的な概念を発注に持ち込み，複数の企業の見積価格，品質，リードタイムを総合評価して発注先を決めることはコストダウン効果がある，という単純なことを理解し，解答に使えるようになれば十分だと思います。

　【解答に使える条件】

　・調達コストを下げる必要があること

　・従来，慣習上や付き合いなど非合理的理由で競争入札方式を採用していないこと

　・調達品が仕入先独占製品ではなく，他企業からも同品質の製品が調達可能であること

　・調達にかかわる人件費などの増加経費額より競争入札方式によるコスト削減効果が大きい調達品であること

（4）VA（VE）によるコストダウン

　VA（Value Analysis）も1次試験の段階で学習済みと思いますが，2次試験ではその考え

方を，①実際の事例企業に当てはめて考えることができること，②キーワードとして解答に使えるようになること，の2点を押さえるべきです。ちなみに，VA も VE（Value Engineering）も同じ意味との認識で問題ありません。

考え方

VA の式「製品の価値＝機能÷コスト」において，価値を上げるために4つの方法があることを押さえ，その考え方を実際の事例企業の製品に当てはめて改善を考えましょう。

- 機能向上 : 機能 UP／コスト EVEN
- コストダウン : 機能 EVEN／コスト DOWN
- コスト以上に機能向上 : 機能超 UP／コスト UP
- 機能向上とコストダウン : 機能 UP／コスト DOWN

これらは当たり前に思えますが，実際に設問で「商品面から C 社のさらなる成長発展のための提案をせよ」「高付加価値化せよ」と聞かれた際，考え方が整理でき，落ち着いて対応することができます。ポイントは，機能の劣化は基本的にないという点です。また，コストは廃棄まで考えたライフサイクルコストを考えるようにしましょう。

（5）設計（VE）

コストダウンを実現するためには，生産上だけでなく設計の面からのアプローチも有効です。設計に関するポイントを押さえ，設問対応力を盤石なものとしましょう。設計面からのコストダウンと機能向上の検討を VE とも呼びます。

① 設計面からのコストダウン

具体的には，以下のような考え方があります。

ⅰ）組立て容易性

設計段階から機械や製造作業者の加工の容易さ，組立てやすさを考慮して製品設計を行うことです。通常，製品設計では，顧客要望を反映する新しい機能や価値を提供するため，制約がなければ生産部門での加工や組立ての容易さは考慮されず，逆行する形になるのが一般的です。これを少しでもコストダウンにつなげるため，顧客ニーズとのバランスを図りながら設計段階で考慮していく考え方です。実現のため以下のような方策もとられることも考えます。ポイントは，設計部門の意識づけです。

- トップ主導による設計部門へのコスト意識醸成
- 設計部門と製造組立て部門の人事交流，定期派遣制度
- 設計部門と製造組立て部門の定期情報交流会

ⅱ）工程の共通化

製品設計において，既にある製品の製造工程を流用できるような製造設計とすることで，量産における製造ラインの活用，段取替えの回数低減，作業者の既存スキルの最大活用を狙うことです。

ⅲ）部品／治工具共通化

製品設計において，既にある標準部品や治工具活用を積極的に盛り込んで設計することで，量産効果による部品のコストダウンを図ることです。

②　設計方法

設計方法からのアプローチとして以下のものがあります。原価低減だけでなく，企画から納品までの納期短縮効果も得られます。コスト面だけではなく，開発業務の効率化という視点からも以下の2点は押さえておきましょう。

・CAD（Computer Aided Design）／CAM（Computer Aided Manufacturing）

　　設計データや製造データを電子化して過去の設計流用を容易にし，設計業務のスピードアップ，設計効率の向上でコストダウンを図ります。

・CE（コンカレントエンジニアリング）

　　CAD／CAM／PDM（Product Data Management）などのデータを，DBを活用して設計者間で情報を共有し，設計業務と製品開発・擬似試作を同期的に行い，最新情報を更新してリアルタイムで情報を共有することで，開発業務のスピードアップを図ることです。

（6）在庫

在庫削減はどこでもよく聞かれることですが，なぜ問題なのか，どうやって削減するのか，在庫にフォーカスして，ここでまとめて押さえておきましょう。

①　在庫の役割

・品切れ・材料不足を防止するため

・短納期実現のため

主にこの2点が在庫の役割です。安易に在庫を悪と思う前に，これらを満たすために必要なレベルの在庫量かどうかを見定めましょう。したがって，在庫が多いこと自体は問題ではなく，必要以上かどうかが焦点となります。

受注生産形態では品切れ防止は基本的に課題になりませんが，短納期という観点から，仕掛部品在庫の保有という点で在庫の課題が出てきます。見込み／連続生産形態などでは，品切れ防止が主な課題になるでしょう。

②　在庫が引き起こす問題

ⅰ）CF（キャッシュフロー）を悪化させる

　　在庫は，「企業が既に材料費や加工費を投資した物品＝CFマイナス」であり，さらに「まだ売れていない＝CF入っていない」状態です。したがって，必要以上の在庫，まだ何の利益ももたらしていない在庫は，企業のCFを悪化させる悪者となります。

ⅱ）市場対応力が落ちる

　　在庫が必要以上にあれば，顧客（市場）が望む新たな新製品の導入をする際に，モノは完成しているのに旧品の在庫処理が最優先となり，新製品を販売できないという状況になります。その結果，タイムリーな商品の市場導入ができなくなります。

ⅲ）在庫処理費用が増大する

　　ⅱ）と関連しますが，旧品在庫を処理する際，コスト以下の値段で販売する，多
　　大な販促費を投入するなど，時期を逸した商品在庫処理には多大なコストがかかり
　　ます。特に季節商品や需要の変動が激しい流行品などに多いです。

ⅳ）在庫管理費が増大する

　　在庫スペースや倉庫賃貸料，管理人員の人件費，金利など在庫にまつわるコスト
　　が発生します。上記のように金に関連する問題が多くあります。これらを財務リス
　　クとしてまとめることもできますが，これと市場対応力を押さえれば2次試験対策
　　上は十分かと思います。

③　発注方式：定期，定量，2棚法

　　ここで，在庫と密接な関係にある発注方式に関してまとめます。発注方式は主に定期発
注法方式，定量発注方式，2棚法（ダブルビン方式）の3つの特徴を押さえれば十分です。
どれも目的は，「**欠品と過剰在庫の防止**」です。

【発注方式の種類とメリット・デメリット】

	メリット	デメリット
定量発注方式	人と時間の手間が抑えられる	需要変動が激しいと欠品・過剰となり非効率
定期発注方式	需要変動が激しくても発注数量で調整でき，適正在庫維持がしやすい	毎回予測を行って見直すため，人と時間の手間がかかる
2棚法（ダブルビン方式）	人と時間の手間が非常に抑えられる	＝定量発注方式

　　2棚法は定量発注方式と同じですが，物理的に棚を2個ポンと置いておくだけでできて
しまうので，定量発注方式の中でもさらに省力化した方法であるとの認識を持ちましょう。

④　在庫削減方法

　　一般に以下の方法が考えられます。

ⅰ）完成品

　　【受注→納品までのリードタイムを削減する】

　　　受注生産以外では，結局，顧客が待たなければならない期間をカバーするために
　　在庫があるわけですから，この期間を短縮すれば在庫も減ります。具体的には以下
　　があげられます。

　　　・輸送期間の短縮（船→飛行機など）
　　　・情報伝達スピードアップ（モバイル活用による受注情報の早期製造反映など）

　　【流す量＝販売量にする】

　　　売れる数だけをつくれば在庫は発生しません。実際にはそれは受注生産以外では
　　困難ですが，見込生産でも売れる数だけをつくることを目指し，次のような試みが

考えられます。

　　　・販売情報をリアルタイムに得る：「売れない→製造中止」「売れた→つくる」を
　　　　　早期化

　　　・販売予測精度の向上：IT 活用による CPFR（Collaborative Planning Forecasting
　　　　　Replenishment），ロットサイズの適正化など

ⅱ）仕掛在庫削減

　　・部品共通化による部品点数削減：そもそも流す部品点数を減らす

　　・ラインバランシング：工程間在庫の削減

　　・JIT（Just in Time）：工場全体で仕掛を削減する革命的な運動を行う

ⅲ）調達部品

　　・EOQ（Economic Order Quantity）

　　EOQ（経済的発注量）は，定量発注方式をとっている場合に，在庫総コストを在庫保管費用と発注費用とに分け，計算により総費用を最も最小化する発注量のことです。EOQ で発注を行うことで，必要最低限の部品発注が可能になります。試験上は，キーワードレベルで「発注量を EOQ で行い～」と書ければ十分です。

　　また，定期発注方式をとっている場合に在庫量を減らす必要があるときは，発注間隔を短くすることが重要となります。発注間隔が長くなればなるほど，加味する必要のある安全在庫量が多くなり，結果的に在庫が増加するからです。たとえば，1 カ月ごとに発注していて在庫が増加傾向であるのであれば，安全在庫を少なくするために発注間隔を 1 週間に短縮することが考えられます。

ⅳ）ABC 管理

　　ABC 管理は基本知識ですが，2：8 の法則の考え方が基本にあります。昔のイギリスでは上位 20 ％の国民で国の 80 ％の資産を所有していた，という発見からできた考え方です。国の残り 20 ％しかない資産を 80 ％の国民が争奪合戦している光景は凄いですね。要は，上位 20 ％にフォーカスして対応をとると効率的だということです。

　　次図に示すとおり，10 種類の部品があったとして，その在庫金額が上位 2 種類の部品で 80 ％を占め，次の 50 ％で 15 ％を占め，残り部品で 5 ％の金額を占めている場合，前者から ABC とランクを振り，以下のような対策をとります。

　　A：定期発注方式をとり，人や時間の手間をたくさんかけて管理する

　　B：定量発注方式をとり，人や時間の手間を抑えて管理する

　　C：2 棚法をとり，人や時間の手間を極小化して効率化する

　　これにより，トータルで在庫が減少し，管理負荷も軽減できるという効果が得られる，というものです。2 次試験上はキーワードレベルで「在庫の ABC 管理を行い～」と書ければ十分です。

ⅴ）システム活用

　　IT を活用した在庫管理システムを活用し，以下のような取組みが検討できます。目

【事例Ⅲ】の知識

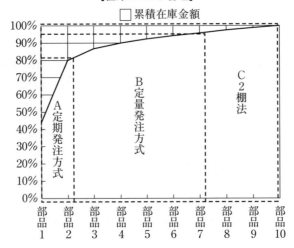

【在庫の ABC 管理】

□ 累積在庫金額

A 定期発注方式

B 定量発注方式

C 2棚法

的はやはり「欠品と過剰在庫の防止」です。

・リアルタイムな在庫情報の把握

・自動 ABC 分析

・自動 EOQ 発注

・全部品の不定期不定量発注の自動化

・各部品のリードタイムの自動計算

・デッドストックの自動警告

・自動発注システム

・需要予測精度の向上…過去の実績データ，コーザルデータなど膨大なデータをもとにデータマイニング分析を行い，精度の高い需要予測を行います。

8.　D（納期）

■概要

　生産管理3大ポイントの1つ，納期です。納期遅れが発生しないよう改善するには
どのような方策を知っておけばよいか，どのような考え方があればよいか，ここで紹
介します。

（1）多能工による多工程持ち

　C（コスト）の項目で既に説明したとおり，多能工を育成し，多工程持ちをすることで，
工程間の相互応援がしやすくなり，工程間負荷のバランスがとれるため，結果としてリー
ドタイム短縮に有効です。

（2）ラインバランシング

①　概要

　ラインバランシングとは，製造工程の各必要時間を均一化することです。ラインバラン
シングすることでリードタイム短縮が期待できます。それはなぜか？　1次試験で学習済
みとは思いますが，ここでは極端な例を使っておさらいしたいと思います。

　2工程しかないテレビの製造ラインを想定します。図aは各工程の所要時間が15分，図
bは前工程が5分で後工程が25分と，どちらも総所要時間は30分です。しかし，当然の

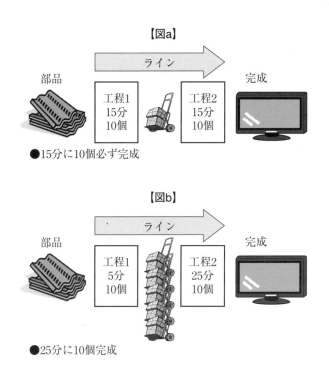

【図a】

部品　　ライン　　完成

工程1
15分
10個

工程2
15分
10個

●15分に10個必ず完成

【図b】

部品　　ライン　　完成

工程1
5分
10個

工程2
25分
10個

●25分に10個完成

ことながら図bのほうがリードタイムは約1.7倍遅いです。総所要時間は1回きりの生産を考えた場合ですが，工場では何度も生産を繰り返します。その際，図aは工程1と工程2の間に在庫が10個あれば15分毎に1回，必ず10台のテレビ製品が完成するのに対し，図bは同数のテレビを生産するのに，工程1と工程2の間に在庫がいくつあろうが必ず25分かかるからです。

　結局，複数の工程を通るとき，総所要時間ではなく，最も時間のかかる工程の所要時間がすべての所要時間を決めてしまいます。したがって，これを平準化してリードタイムを短縮するのです。これがラインバランシングをする理由の1つです。また当然，図bのほうは，工程1と工程2の間に無駄な在庫が増え，仮に工程3がある場合，そこに手待ちが発生することもラインバランシングをする大きな理由です。

② 用途

　以下のようなことが与件文から読み取れる場合，「ラインバランシングを行って，納期の改善を図る」といった解答を検討しましょう。解答のキーワードとして使うこと，そしてリードタイムを短縮する考え方としての2面での活用を検討しましょう。

・見込生産や連続生産を行っている
・各工程の所要時間に大きなバラツキがある
・作業員の負荷にバラツキがある
・サイクルタイム，ピッチタイムといったキーワードがある
・工程に手待ちが発生している
・工程間に仕掛り在庫が多くなっている

③ 本テーマに関する設問と解答の例

Q1．C社の第3工程では手待ちが発生し，工程間に仕掛りも多い。人の柔軟な配置を行っているが，なかなか解決しない。改善策を提案せよ

A1．各工程の機械と人の所要時間を分析し，これをもとにラインバランシングを行い，工程間負荷の均一化に取り組み，仕掛り・手待ちを減少させる。

④ 押さえておくべきキーワード

> サイクルタイム　　ラインバランシング　　仕掛り在庫　　バラツキ
> ライン編成効率

（3）段取り時間短縮

　「多能工による多工程持ち」「ラインバランシング」，そしてこの「段取り時間短縮」は，D（納期）改善における三種の神器といえるでしょう。2次試験では以下の段取り時間短縮の流れを押さえ，そのまま解答に書けるレベルに持っていくことで十分です。

　段取りとは事前準備作業のことで，付加価値に結びつかない事前準備作業時間をいかに減らすかが納期・コストに大きく影響します。最終目的は，**段取り時間をゼロに近づける**

ことです。

①　流れ

以下の流れをしっかり覚えましょう。

ⅰ）各工程所要時間データをとり，各段取り時間を調べる

ⅱ）段取りを内段取りと外段取りで分ける

　　内段取りとは，機械を止めて行わなければならない準備作業で，外段取りとは機械を止めないで行える準備作業です。機械を止めるか止めないかで判断できます。

ⅲ）内段取りの外段取り化を検討する

　　内段取りの方法を見直し，機械を止めなくてもできる外段取り化を検討します。極端な例をあげれば，パン工場で毎回パン生地をラインの中でこねるという作業があった場合，これをラインから外し，事前にパン生地をこねておいてラインに流せばラインが止まりません。このような検討が内段取りの外段取り化です。

ⅳ）内段取りのシングル段取り化を検討する

　　シングル段取りとは，10分以内に終わる段取りのことを意味します。要は，どうしてもラインの中に残ってしまった内段取り時間を短縮する試みです。具体的には，段取替え専任要員の配置，治具の改善，並行作業，作業標準化，機械化などがあげられます。

ⅴ）外段取りの段取り時間短縮を検討する

　　内段取り同様に，外段取りも同じ方法でシングル段取り化を検討します。外にやってしまったために放置し，結局ラインを止めてしまうほど外段取り時間がかかれば，解決にはなりません。

②　メリット

　・リードタイムの短縮

　・仕掛り在庫の削減

　・上記より結果として受注増，コスト削減

（4）ボトルネック重点管理（『ザ・ゴール』の考え方）

　2次試験対策の中で時間はないかもしれませんが，『ザ・ゴール─企業の究極の目的とは何か』（エリヤフ・ゴールドラット著，ダイヤモンド社）は面白い本です。シンプルな物語調で，工程改善の考え方が印象づけられる内容なので，一読されることをお勧めします。平成27年度では，与件文に「機械加工工程がネック工程となっていた」との記述があり，第2問の解答の主要な要素になっています。

　ここでは，D（納期）の管理において「ボトルネック管理」というシンプル，かつ重要なことを紹介します。基本的にラインバランシングの考え方と同じですが，特に重点管理の方法にフォーカスして説明します。

【事例Ⅲ】の知識

① 要は，一番遅い工程を重点管理して全体納期を早めること

なんでも団体行動は個人行動よりも時間がかかります。団体旅行を例にあげれば，皆でレストランで食事をするのでも，必ず全員が食べ終わらなければ次の観光地には行けません。その場合，団体の動くスピードはどのようにして決まるかというと，食べ終わるのが一番遅い人の動きです。常に最後に終わる人を待つため，「団体の行動スピード＝最も遅い人間のスピード」になってしまいます（当たり前ですね）。

したがって，団体全体のスピードを上げるには，この「最も食べ終わるのが遅い人」のスピードを速めればよいことになります。この「最も食べ終わるのが遅い人」をボトルネックと呼び，ボトルネックをスピードアップさせ遅延させないようにする取組みを「ボトルネック管理」と呼びます。

同じように製造工程で最も時間のかかる工程を見つけ出し，その工程を重点管理すれば製造工程全体のリードタイムを短縮できるという考え方です。

② ボトルネック管理方法

以下のような方策でボトルネックを管理しましょう。

ⅰ）遅延させないように
　　・専用人員をボトルネック工程に配置する
　　・問題が発生したらすぐに製造管理者に伝わる仕組みとする

ⅱ）早めるために
　　・ボトルネック工程設備を増設する
　　・ボトルネック工程のアウトソーシングを追加する

ⅲ）ムダを発生させないために
　　・ボトルネックのリードタイムを基準としてモノを流す
　　・ボトルネック工程前のムダな仕掛り在庫，後工程の手待ちをなくす

納期面でボトルネック重点管理を紹介していますが，ボトルネック重点管理は，実際には『ザ・ゴール』でいう「TOC理論」の一部ですが，2次試験対策上は，ここまでの理解と管理方法を押さえれば十分かと思います。

（5）川上の段階から生産計画に情報を反映させる仕組みづくり

ビジネス段階で上流にある企画，構想，受注段階での情報を生産部門と共有することは，全体のリードタイム短縮，より精度の高い生産計画策定を実施することができ，メーカーにとって非常に有益です。

事例企業がなにかしらの背景で受注時の顧客情報を工場とシェアしていない，また直販等をすることで既存以上の上流（今は完成品受注だけだが企画段階から介入するなど）の情報が手に入る可能性がある場合，その提案を出題者に求められていることを意識しましょう。

具体的には次の内容が考えられます。

①　提案型営業の実施

　顧客からオーダーが来るのを待つのではなく，顧客へ先に提案する姿勢の販売で，提案時点で既に部品手配や生産体制などの裏づけを持って，受注後の生産計画への構築がスピーディに，かつ円滑に情報が流れやすくなる効果が考えられます。特に多品種専門品の製造を行っている企業で有効です。

②　企画機能強化

　社内の企画部門を設置もしくは強化し，顧客と一緒に顧客の問題を共有することから顧客とのコミュニケーションを開始するスタンスの企画機能を強化し，情報の早期共有を図ります。組織的に企画を独立させ，提案型営業よりもより全社的な取組みを行う位置づけです。

③　Web 上の共有 DB によるリアルタイム情報シェア

　営業情報をリアルタイムに，スピーディに，全員が情報をシェア，閲覧だけでなく更新も可能，等のキーワードを組み合わせ，情報の効率的なシェアを提案します。また，営業からの発信だけでなく，生産部門からの情報発信も行い相互発信，相互共有することが望ましいといえます。

【事例Ⅲ】の知識

9. IT 活用

■概要

IT 活用の設問は定番です。業務効率化の視点だけではなく,「5. コミュニケーション」との関連も深く,あるべき姿をイメージし,どのような IT を活用するかを知識ベースで身につけておく必要があります。

（1）IT を活用した部品手配

MRP（Manufacturing Resource Planning）

必要部品特定,発注を自動化

（2）IT を活用した進捗管理

① POP（Point of Production：生産時点管理システム）

工程毎の生産数,良品数,不良品数などの情報を手書きの日報ではなく,実績があがる毎にバーコードやパソコンを使って全工程で記録し,リアルタイムで全生産工程の生産状況を把握するシステムです。

工程毎の全進捗が容易に把握できるため,不良品の原因究明,遅れのリカバリなどの対策を早期に打つことができます。主に進捗管理,工程管理として使えるシステムです。

また,各工程での生産実績が残るため,製品毎の正確なピッチタイムを把握することも可能になり,IE（Industrial Engineering）やラインバランシングへの活用も期待できます。

② 生産管理システム

主に以下の流れを一元的に管理できるシステムです。

「生産技術情報（各種マスタ）→生産計画→資材手配→工程管理→在庫管理」

その過程で下記の管理を行います。

・原価管理

・進捗管理

これらを1パッケージ化した ERP（Enterprise Resources Planning）ソフトの活用が中小企業では現実的です。

③ CIM（Computer Integrated Manufacturing）

開発・設計・調達・作業・販売まで,企業の全業務プロセスをコンピュータによって一元管理し,全部門でデータ共有を可能とするシステムです。システムとしては会社全体規模となるため,事例Ⅲの対策上は,あまりないと思ってもよいと思われます。

（3）ITを活用した特注品管理

①　特注部品管理DB

　市場ニーズの多様化に伴い，企業での特注品の取扱いが増加していますが，特注部品を使った特注品でもその手配業務の標準化（Standardization）をあきらめる必要はありません。**DB化により，ある程度の標準化が可能**です。

　具体的には，過去に手配した特注部品毎の単価や調達期間，仕様などを，部品管理DBを使って記録します。そして，これをもとに新規受注時に，過去の特注部品の流用推進，類似部品の手配期間やコスト，調達先を把握できることで手配業務効率化を図ります。

②　調達業務の自動化

　業務でも部品や商品に依存しないコアとなる業務があります。特注品の資材手配や製造工程においてこのコアとなる業務を定型化し，定型化した流れをパソコンやシステムにより自動化することで業務の省力化，効率化が可能になります。特に，部品手配が煩雑な特注品製造の調達業務において有効な方策となります。

（4）ITを活用した顧客対応

　事例Ⅱ（マーケティング・流通）とも内容がダブりますが，事例Ⅲ（生産・技術）でも頻出となりますので，しっかりとキーワードが出てくるように押さえましょう。どれも目的は，「顧客満足」です。

①　顧客DB

　一般コンシューマー向け商品やサービスと異なり，事例Ⅲで多い業務用製品の製造販売では，顧客との深い関係がより重視されます。そのうえで顧客管理DBの構築は必須の対策といえます。

　顧客DBでは主に以下の情報を管理します。

・顧客別発注情報（製品・数量・納期・価格・納入形態）
・顧客別購買履歴
・顧客別特殊事情や要望
・顧客別問い合わせ履歴
・顧客別クレーム
・製品別生産／出荷進捗情報

　特に最後の製品別生産／出荷進捗情報を顧客の注文毎に把握できれば，どの営業パーソンでもその顧客からの納期や進捗の問い合わせに回答することができ，顧客満足向上につながります。

　事例Ⅲでは，事例Ⅱのような顧客囲い込みというよりは，取引先に信頼感・安心感を与えられるような情報の提供と対応が重要視されるため，本システムは最も重要といえます。

②　SNS・チャット

　顧客からの問い合わせに対し，SNS・チャットでスピーディかつ双方向にコミュニケー

【事例Ⅲ】の知識

ションを行うことで，顧客満足度向上やニーズ収集力強化につなげます。また，自動会話を行うコンピュータプログラムであるチャットボット（chatbot）を組み合わせることで効率的に問い合わせ対応を行えます。

③ インターネット会議システム

取引先企業とインターネットを使ったオンライン会議を行い，利便性の高い顧客とのコミュニケーションを実現し，顧客満足につなげます。

④ SSL活用によるオンライン決済

クレジットカードを使ったオンライン決済を可能にし，顧客利便性の高い決済を行い，顧客満足につなげます。当然，セキュリティや確認作業は強化し，以下のような対策をとります。

- ・SSLの暗号化
- ・メールによる確認
- ・電話やFAXによるアナログ確認
- ・クラウドサービスなどのアウトソーシング活用

（5）店舗間システムの構築

① LAN（Local Area Network）

与件で，企業内で情報共有が進んでいない，社内では紙ベースでのやりとりが主体である，といったことが読み取れる場合，シンプルにLANの構築を検討しましょう。LAN自体は，もう当たり前すぎる知識ですが，中小企業ではLANを構築している企業はまだ少ないのが現状です。

LANを構築し，以下のメリットがあることを押さえましょう。当然 Local Area ですので，遠隔地同士を結ぶことはできません。

- ・ネットワーク内でファイルの共有ができる
- ・ネットワーク内で大容量データ交換ができる
- ・ネットワーク内でインターネットの共有ができる

これにより紙ベースでのやりとりを電子化し，情報共有の推進を提案しましょう。

② VPN（Virtual Private Network）

遠隔地同士を結ぶためには，インターネット上で，暗号化を利用して仮想専用線で遠隔地同士を結ぶことができるVPNが有効です。物理的な接続は専用線などを使わず，既存のインターネット接続だけで実施可能なため，コストが低く抑えられるメリットがあり，中小企業の店舗間，工場—営業所間などのネットワーク構築に非常に有効です。

（6）ITを活用した設計業務効率化

設問で「設計とIT」ときたらCAD/CAMです。その発展形がCE（コンカレントエンジニアリング）です。

・CAD/CAM

・CE（コンカレントエンジニアリング）

（7）IT を活用した在庫管理

・自動入出庫管理システム

・単品管理

（8）IT を活用した販売管理

　売込みから代金回収までの一連の活動を販売管理と呼びます。主なものを以下に紹介します。

・オンライン決済システム

　インターネット販売に限らず，決済をオンラインで行う仕組みを構築することで，顧客の支払いの利便性を高め，決済を確実かつスピーディなものにします。

・E コマース

・自動請求書発行システム

（9）IT を活用した営業

①　電子メニューカタログによる提案販売

　カスタマイズ商品などで顧客が選択できる項目をメニュー化し，それをパソコン上で操作しながら内容を確認できる営業ツールとして活用します。たとえば，住宅リフォームであればレイアウトや家具をパソコンのモニタ上で適宜変更させながら提案販売することがあげられます。

②　3D–CAD を営業ツールとして活用

　機能は，電子メニューカタログと同様ですが，より簡易的かつ有効な方法が，3D–CAD の活用です。設計業務で既に 3D–CAD を使っている場合，それをそのまま営業ツールとしてモバイルパソコンやタブレット端末にインストールし，顧客先でのプレゼンテーションとして活用します。

③　メールやチャットツール等を使った進捗報告

　営業パーソン管理の方法の1つとして，スマートフォンの活用があります。営業パーソンからの定期進捗報告や受注状況の報告をメールやチャットツールを使ってオンタイム，かつ簡易に行い，管理します。

④　スマートフォンで撮影した現場写真配信

　納入先の現場をビジュアル化していち早く状況を伝える際など，スマートフォンを使った画像転送なども有効です。

⑤　モバイル営業

　スマートフォン，タブレット端末，モバイルパソコンなどを営業パーソンに携帯させ，

客先での在庫状況や販売進捗，商談進捗などをリアルタイムで報告させたり，会社での生産状況や出荷状況などを端末に送り，顧客への早期回答を実現するなど，営業パーソンの販売活動を効率化，早期化します。

(10) IT を活用したナレッジマネジメント

社内での情報共有により，モチベーションの向上，社内コンフリクトの解消，新規アイデアの創出などが期待できます。情報共有といったらナレッジマネジメントと DB の 2 つです。

① 社内オンライン DB

イントラネット上に社内向け DB を立ち上げ，各部門での最新状況や技術情報，受注状況などを全社員で共有する仕組みをつくります。これまで情報への接触自体が少なかった製造部門でも，最新の受注状況を見ながら生産数を随時調整していくといった取組みも可能です。

② アイデア共有

客観的な情報だけでなく，アイデアといった主観的な情報まで共有すると，特に新たなアイデアや企画の創出に貢献します。

(11) IT を活用した自社競争力強化

これまでは機能補完，効率化に基づいた施策でしたが，ここでは企業の付加価値自体が向上する IT 活用の例を紹介します。

① 販売促進資材を自社製作

社員の IT 教育を行い，画像編集，イラスト作成などのスキルを自前で整備し，店頭POPや看板，のぼり，カタログなどの販売促進資材を自社製作することでコストを抑え，ノウハウを蓄積して自社付加価値を高めます。

② DTP を習得して企画・デザインの上流から内製

印刷業などで，DTP（出版物のデザイン・レイアウトをパソコンで行い，電子的なデータを印刷所に持ち込んで出版すること）を習得し，顧客に対しても企画・デザインの上流から提案販売を行うことで自社付加価値を高めます。

③ 自社全工程を Web 上で一括管理

自社内にある全工程の業務を Web 上で一括管理し，社員間での共有を徹底することで，社内の活性化を図り，自社付加価値を高めます。

④ 無人機械監視・遠隔制御システム

製造工程内にある機械に無人機械監視・遠隔制御システムを導入することで，コストダウンと生産性の向上を図ります。

⑤ 型を不要とする製造データシステム

CAD/CAM を活用し，抜き型を不要とするシステムを構築し，製造コストダウンを実現

します。
⑥　CAE（Computer Aided Engineering）による試作レス
⑦　ERP パッケージシステムソフトを導入して社内 IT 化
⑧　トレーサビリティシステムの構築
　DB とインターネットを活用して食品のトレーサビリティシステムを構築し，顧客へ安全を訴求することで，競争優位性を高めます。

（12）IT を活用した原価管理

原価管理システム

　工程別に発生した費用（人件費・電気代・部品費）を定期的に，社内ネットワークを使ってシステムで自動集計する仕組みをつくります。集計した費用を製品毎にカテゴリー分けすることで，製品毎の詳細な発生コストの内訳を把握し，原価管理を行います。同時に製品毎の損益分岐点分析を行い，製造工程の見直しや製品ミックスの改善などの戦略的分析が行えます。

　また，これらを B/S，P/L の会計システムと連動させることで，正確な財務諸表の作成も可能となります。

　事例企業が，工程毎／製品毎の正確な発生原価がわからず管理会計ができていない，コストのかかる製品と少ない製品との区別ができておらず損益を悪化させている，などの問題を抱えているような場合，本システムを導入することにより改善を提案することが考えられます。

（13）情報システム／ネットワーク

　事例Ⅲで想定できるネットワークやシステムは以下のとおりです。キーワードや切り口として押さえておきましょう。

【システムとネットワーク例】
  ・開発系：CAD → CAM → CAE，PDM
  ・生産系：NC（Numerical Control）→ MC（Machining Center）→ FMC（Flexible Manufacturing Cell）→ FMS（Flexible Manufacturing System）→ FA（Factory Automation）→ CIM，JIT
  ・発注系：オンライン受発注システム
  ・機能毎：生産・販売・会計・顧客・在庫管理システムと，その相互連動
  ・システム連携：同業者間／顧客と自社／協力会社と自社，を社外LANでネットワーク化，ポータル構築
  ・全部系：SCM，ERP

【事例Ⅲ】の知識

(14) グループウェア

グループウェアとは，共通の仕事を行うグループが，情報の共有化や迅速な情報共有を行うためのコンピュータネットワークを活用したソフトウェアです。ネットワークに接続されたグループ内のメンバーで，情報の交換や共有が行えます。主な機能として，文書の共同作成や管理，電子メール，電子掲示板，スケジュール管理，会議室・設備予約，ワークフローなどがあります。グループウェアを使うことで，受注状況や受注見通し，また生産進捗状況や在庫状況などの情報を共有でき，より精度の高い生産計画の策定や営業現場での迅速な対応が可能になります。

グループウェアは，パソコンだけでなく，スマートフォンやタブレット端末からもアクセスが可能なタイプが多くなってきました。

なお，営業支援システムとして営業向けのSFA（セールスフォースオートメーション）もあり，情報共有という目的と効果は同様です。SFAが営業向けのシステムでモバイルを中心として活用しますが，グループウェアは，より広範囲で全社の情報共有ルールとして活用されることが多くなっています。

【グループウェアの目的】

【製造現場】
精度の高い生産計画

 情報の共有化

【営業現場】
現場での迅速な判断＝顧客のサービスの向上

(15) クラウドコンピューティング

従来，企業が情報システムを導入する場合，ハードウェア・ソフトウェアを自社で購入するとともに，購入した情報資産を運用する要員を自社で確保する必要がありました。クラウドコンピューティングを活用することにより，企業は自社で情報資産を購入することなく，インターネットの向こう側にある情報システムを，自社からアクセスして活用することができます。

ハードウェア・ソフトウェアを自社で購入して運用する方法をオンプレミス（略して"オンプレ"と呼ぶこともあります）と呼び，クラウドコンピューティングと区別されます。また，クラウドコンピューティングは単に"クラウド"と呼ばれることも多くなっています。

オンプレミス型で情報システムを構築すると，すべての情報資産を購入する必要があるため初期費用が高くなり，その後の直接的な利用料金は安くなるものの保守・運用する要員確保のための間接的な費用が必要となります。一方で，クラウド型で情報システムを構築すると，情報資産の購入は必要ではないので初期費用は低くなり，その後の利用料金が高くなるものの保守・運用するための間接的な費用を低く抑えることができます。

クラウドに関する出題はまだありませんが，情報システム部門を自社に確保する余裕のない中小企業による活用が期待されている分野であるため，今後出題される可能性があります。

【クラウド型とオンプレミス型のメリット・デメリット】

	メリット	デメリット
クラウド	・初期費用が安い ・使った分だけ料金を払う ・保守・運用する要員が不要	・セキュリティレベルが不明確 ・毎年（毎月）発生する利用料金が大きい
オンプレミス	・セキュリティレベルを高くできる ・毎年（毎月）発生する利用料金が小さい	・初期費用が高い ・一度構築したシステムはすぐにはやめられない ・保守・運用する要員が必要

（16）IT活用方法の要点

最重要の切り口として，IT活用方法「DRINK」があります。

① D：DB（データベース）化

顧客や発注状況，在庫情報，各部門の状況をDB化することで，共有される情報の標準化を促すことが可能となり，暗黙知を形式知にすることができます。

② R：リアルタイム

DBを，たとえばイントラ上に立ち上げることで，最新の情報を全社員で共有する仕組みとなります。これにより，製造部門では最新の受注状況を見ながら資材の発注や生産計画を随時調整するといった取り組みが可能となり，生産効率を向上させることができます。他の例では，目標生産数に対する生産進捗をリアルタイムに工場内のモニターに表示することで，遅れが生じている工程やラインへの応援実施などの対応が可能となります。

③ I：一元管理

自社内の情報を一元管理し，社員間での共有を徹底することで，社内の活性化を図り，効率化や付加価値を高めることができます。

④ N：ネットワーク

（13）情報システム／ネットワークの項であげたようなものを活用することで，たとえば製造現場においては，より精度の高い生産計画の策定や，迅速な対応が可能となります。

⑤ K：共有化

DB化や，リアルタイムに把握したことを，共有化して活用しないと意味がありません。

共有化をすることにより，「5. コミュニケーション」に記載されている内容へとつなげて，効率化や付加価値を高めることができます。

10.　営業と工場の役割分担

■概要

近年，事例Ⅲでは，自社内の複数の工場間や営業拠点との受注から生産までの役割分担を再検討して提案する出題が見受けられ，ここで基本的な対応方法をまとめておきたいと思います。

（1）本社と工場が離れて運営されている場合

大抵の場合，本社で企画，営業，経理，総務などの機能が，工場で生産管理，製造，品質管理，技術，出荷などの機能が割り当てられていると思います。ポイントは工場に営業機能など顧客と接点を持つ機能がないことです。これにより問題になりそうなのが次のことです。

・受注品と納品のミスマッチ　　　⇒　Qの問題

・情報共有，確認に時間がかかる　⇒　Dの問題

対策として，以下の提案をできるようにしておきましょう。

① 工場に営業機能を一部移管し受注，製造の情報のミスマッチを解消する。

② 営業に工場の技術者を同行させ，営業の質向上，確実な受注情報の受け渡しを実現する。

③ ITを使って受注時の情報をスピーディ，かつ確実に製造部門へ伝わる仕組みをつくる。

（2）工場が複数ある場合

2つの工場がある場合，機能や役割が重複して不効率な運営になっていないか疑って与件文をチェックしましょう。重複が見受けられる場合，以下のような提案を準備しておきましょう。

① 第2工場へ××の機能を集約し，第1工場は○○の機能に特化した体制にする。

② 第1工場では機能別配置のフレキシブルな対応で個別受注品の製造，第2工場では製品別配置で汎用品製造など，それぞれ特化した体制に変更する。

11. 製造現場のチェックポイント

製造現場のチェックポイント

　製造工程には以下のような問題点が書かれていないか，を意識して与件文を読みましょう。

- 工程毎の製造時間バラツキの有無
- 遅延の有無
- 不良の有無
- モチベーションダウンの有無
- 段取り時間の長時間の有無
- 作業員能力差の有無
- 滞留在庫の有無
- 特急品に対応するための生産遊びの有無
- きめ細かな生産計画変更の有無
- 生産計画遵守の有無
- 標準品→連続生産，特注品→ロット／個別生産，の基本に準じた生産方式の有無
- 生産方式に準じた生産体制の有無
- 5S 活動徹底の有無
- 設備低稼働率の有無

12.　工場設置の SLP

■概要

　工場立地とレイアウトを決める基本は，「立地→基本レイアウト→詳細→設置」です。その内容を簡単に押さえておきましょう。

（1）SLP（Systematic Layout Planning）

　体系的な工場レイアウトの進め方を提示したものですが，4段階に分けて進めるということだけを押さえれば十分です。レイアウトに関する設問がある場合，この流れでの解答を検討しましょう。内容は非常に単純です。

① 工場立地：人やエネルギーのインフラリソースや物流費，本社位置などを総合的に検討する

② 概要レイアウト：アクティビティ相互関連分析などでおおよそのレイアウトを決める

③ 詳細レイアウト：さらに面積情報を加え，詳細レイアウトを決める

④ 配置

（2）設備配置の原則

　設備配置の原則もいくつかありますが，2次試験対策上は以下のチェックポイントを押さえましょう。

・総合の原則　　　：全体最適視点で配置する

・最短移動の原則：無駄な移動や工程間スペースはつくらない

・流れの原則　　　：工程間の停滞を抑える

・空間活用の原則：左右上下 3D での配置を考える

・作業者の安全と満足の原則：安全とモチベーションも考える

・柔軟性の原則　　：変更がしやすい

13. IE

■概要

　IE（Industrial Engineering）も 1 次試験で学習したと思いますが，2 次試験では，IE という概念が出てくるのはそもそも何のためなのか，だけを押さえ，設問でその目的と合致すると思われる場合にキーワードレベルで使えば十分です。

　ここではその目的と方法だけを押さえましょう。

（1）IE の目的

① 低コスト化

② リードタイム短縮

（2）IE の方法

① **標準作業・時間の設定**：標準があるから作業が安定する，慣れる，早くなる

　・動作分析

　・時間分析

② **工程での QCD 改善**

　・仕掛在庫削減：在庫費削減

　・運搬方法改善（マテハン）：リードタイム短縮

　・ボトルネック対策：リードタイム短縮＆在庫費削減

　・稼働率向上対策：マンマシンチャート

14.　設備保全

■概要

　設備保全に関しては，その対応レベルを理解し，事例企業の設備保全レベルがどこにあり，問題がある場合，より上位の保全を提案できるようになりましょう。

設備保全のレベル

　設備保全では，⑤のレベルを行えるようになることが理想と考えてよいです。

① 　事後保全：故障してから直すこと

② 　予防保全：故障しないように定期的にメンテナンスすること

③ 　生産保全：故障しない，よい設備を買い，改良すること……設備一生涯のコストを考慮

④ 　自主保全：生産保全を保全専門部門以外の全従業員で行うこと……QC サークル

⑤ 　予知保全：設備の定期診断に基づき保全を行う……②との違いは診断の有無

15. 製品開発

■概要

> 製造業にとって，自社で製品企画開発できる点は大きな強みとなります。
> ここでは製品開発の進め方を中心に押さえるべき知識を紹介します。

製品開発の進め方

① 企画開発の流れ

製品開発は，基本的には以下のステップを踏んで進められるべきです。

ⅰ）企画：以下の点を考慮して製品企画を行います

- ・自社のドメイン　　・マーケティング戦略
- ・過去のクレーム　　・市場調査
- ・競合他社

ⅱ）試作

ⅲ）開発

ⅳ）販売テスト：一部の市場を選んで販売し，市場性を確認します

ⅴ）販売

② 開発方法

自力ですべてを開発することは，中小企業にとって現実的ではありません。外部組織と連携をすることで，QCD を満たした競争力のある製品開発を積極的に検討しましょう。

（参考：事例Ⅱ　「6. Product ②　共同開発」）

【自力開発をする場合の留意点】

- ・製品開発を担う専門部門によって開発する（片手間でやらない）
- ・全社にまたがるプロジェクト組織を構築することも検討する
- ・展示会に出展するなどして，十分に市場性を確認しながら開発する
- ・日程計画，マイルストーンを設け，体系的な進捗管理を行う
- ・顧客志向の姿勢を貫く
- ・定期的に開発部門と営業部門とのコミュニケーションを行う
- ・開発進捗情報を製品 DB に集約して一元管理を行うなど IT 活用を検討する

【外部機関との協力】

- ・販売先　　　　　　・仕入先
- ・地元大学　　　　　・NPO 研究機関
- ・インキュベーション施設での異業種交流からの企業　　・同業者
- ・TLO（Technology Licensing Organization）
- ・公設試など政府系研究機関

16.　アウトソーシング

■概要

全リソースを完備しきれない中小企業にとってアウトソーシングは不可欠であり，2次試験でも頻出テーマといえます。以下に出題されそうな要点を押さえます。（【事例Ⅰ】の知識 19 および【事例Ⅱ】の知識 13 も参照。）

（1）内外製区分の考え方

何をアウトソーシングするかの判断の仕方を押さえましょう。これを内外製区分と呼びます。まずは，ある工程を内製するか外注するかは QCD で考えます。

【内外製決定のポイント】
- ・品質面（Q）：現在の品質を確保できるか，さらに品質を向上できるか。
　　　　　　　　　自社内での技術蓄積に支障を与えないか。
　　　　　　　　　外注で技術流出しないか。
- ・価格面（C）：外注によりコストダウンができるか。
- ・納期面（D）：外注先の納期管理が可能か。
- ・数　量（D）：需要に見合う生産量を確保できるか。

（2）アウトソーシングを選択する理由（外注化のメリット）

アウトソーシングを選択する理由としては，以下のものがあります。
- ・コストが安いから
- ・品質がよいから（外部専門性の活用）
- ・納期が早いから
- ・多額の初期投資が不要で，財務リスクを低減できるから
- ・自社のコアコンピタンスにリソースを集中化できるから

しかし，これだけで判断をしてはいけません。なぜなら，QCD が不利でも自社で製造することには次のようなメリットがあり，アウトソーシングにはデメリットもあるからです。

① **自社製造のメリット**
- ・製造ノウハウが蓄積できる
- ・機密情報が漏れない
- ・製造原価削減の試みができる

② **アウトソーシングのデメリット（外注化のデメリット）**
- ・製造ノウハウが蓄積できない
- ・機密情報が漏れる可能性がある
- ・外注を管理する負荷がかかる

【事例Ⅲ】の知識

・コア部品などの外注化の場合，相手先経営の影響を受け，経営リスクが高まる

アウトソーシングを検討する際，上記のようなフィルターを通して考えましょう。当然，それはそのまま解答に使えます。最大のポイントは，「**アウトソーシングする工程が自社のコアコンピタンスであるかどうか**」を考えることです。そうでない場合は外注化のメリットを思い浮かべ，そうである場合は，自社製造のメリット，外注化のデメリットを思い浮かべて解答しましょう。

（3）アウトソーシング先の選定方法

以下のような点に注意してアウトソーシング先を検討しましょう。

【選定条件】

- 製品の QCD が優れている
- 財務状態が良好である
- 経営管理体制が整っている
- 顧客志向の考え方が浸透している

（4）外注管理

外注管理というと堅苦しいですが，要は，外注先とどんなコミュニケーションを行うべきかに関するテーマです。外注先に委託すればそれですべてが終わるというわけではありません。

具体的には，以下のような管理（コミュニケーション）を行うべきです。

① 品質管理

外注先と製品や部品について明確な品質基準を設け，納品品質が安定してこれをクリアするように，納品の際に抜き出しや全数検査を行うなどの品質をチェックする仕組みを設けます。問題がある場合は，その原因究明と対策を，外注先と自社が協力して行う取組みがあるべきです。

② 納期管理

約束した納期が常に必ず守られれば問題はありませんが，不測事態の発生や環境変化により，そうとは限らないのが通常です。納期管理では，外注先と定期的なコミュニケーションを保ち，製造進捗の確認や遅延している場合のリカバリ協議，最新納期の確認などを行い，綿密なコミュニケーションを持つことで，自社への納期遅延や損害発生を防ぎます。

③ 製造ノウハウ教育

外注先を特にコスト面で選んだ場合，品質面で自社のレベルに追いついていないことがあります。その場合，自社のコアとなる機密情報が盗まれないよう，秘密保持契約や情報のブラックボックス化を行うことに留意します。そして製造に関する外注教育を人の派遣による現場指導や使用設備の提案，勉強会などによって行い，品質レベル向上のための教育を行うべきです。

④　カムアップ

カムアップとは外注先に納期までの工程管理をすべて任せるのではなく，発注企業が外注先の工程管理を積極的にバックアップし，指定納期を守ることです。

カムアップの手順は以下のとおりです。

ⅰ）カムアップ対象の決定：外注先，部品・材料別，主要工程別など対象を決める

ⅱ）カムアップ計画の策定：納期日から逆算し，カムアップ計画を立てる

ⅲ）カムアップ担当の決定：外注部門の購買担当者などが行う

ⅳ）カムアップの実施：外注先から工程進捗状況を定期的に報告させ，チェックする

ⅴ）納期管理の反省：納期管理の反省を行い，今後のカムアップ計画改善に役立てる

【事例Ⅲ】の知識

17. 販売に関する事項

■概要

> 事例Ⅲにおいても，マーケティング要素の「売れる仕組み」の提案が求められます。ここでは特に製造業で問われそうなポイントを整理します。

（1）直販

　製造業の販売における付加価値向上策として「直販体制の構築」があげられます。直販には，自社営業力を強化する直販とインターネット販売の直販が主に考えられます。直販に関するポイントを押さえておきましょう。

① 直販のメリット

　金：利益率が向上する……中間マージンを取られない

　物：製品開発の市場対応がしやすい（環境対応）……市場の声をダイレクトに聞けるため

　人：自社の営業力が強化される……自分で営業活動を行うため

　ブランド：自社ブランドが育成できる……直接市場にアクセスできるため

　リスク：経営の独立性が高まる（経営リスク低減）……他社経営に影響を受けないため

② 留意点

（a）顧客（販売）管理負荷増大への対応

　　以前は中間業者が多くの顧客との受注，出荷，納金などの販売・顧客管理を担っていましたが，直販にすればそれをすべて自社で行う必要があります。販売管理パッケージシステムなどのITを活用して対応力を高めるなどの対策をとらなければ顧客クレームとなり，受注は激減します。

（b）市場志向の浸透

　　直販となり，市場の声が社内にダイレクトに入っても，社内でそれを汲み取って対応する思想がなければ，対応はできません。長年生産志向で，いわれたものをつくることに慣れた企業では，急に柔軟な市場対応はとれません。直販体制とともに，社長主導で顧客志向を社内に徹底し，社内コミュニケーションを活性化させるなどの対策をとる必要があることに留意します。

（c）営業パーソンの教育

　　直販を行うということは，自社の営業パーソンが市場開拓をすることも必要です。これまで営業ノウハウが蓄積できていなかった企業において，急な直販体制は困難です。営業パーソンの社外研修，ロールプレイング，セールスマニュアルの作成，勉強会の開催などによって教育する必要があることに留意しましょう。

（d） よいブランドイメージ

　　直接市場にアクセスできることは，自社ブランドにとってよいとは限りません。仮に自社製品の品質に問題が発生すれば，顧客間に自社の悪いブランドイメージが容易に浸透してしまうからです。「直販＝よい，悪いの市場評価がすぐに反映される」と意識して，顧客サポート，アフターサービスの充実，自社品質の徹底強化などを行う必要があることに留意しましょう。

（e） 旧中間取引先との関係

　　直販により，これまでの取引先との関係が悪化し，協力体制が得られなくなり，敵対してしまう可能性があります。これは自社にとっても有益ではありません。直販体制に移行する前に密接なコミュニケーションをとり，十分な理解を得るように努め，直販商品を限定するなど段階的な移行を図ることで調整を行う必要があることに留意しましょう。

（f） 物流機能の補完

　　以前は中間業者が物流機能も担っていたはずです。サードパーティロジスティクスの活用，物流システムの構築など，物流機能の補完に留意しましょう。

（g） インターネット販売

　　直販としてインターネット販売を行う際は，IT人材（人）・システムコスト（金）・パソコンやサーバなどの構築（物）・セキュリティ面に留意しましょう。対策としてECポータルサイトの活用，アウトソーシング，レンタルリースの活用があげられます。

③　提案する条件

与件文から以下のようなことが読み取れる場合，直販の提案を意識しましょう。

・販売面で主要取引先への依存度が高い
・主要取引先の経営状況に影響を受けやすい
・収益率の改善が求められている
・自社ブランドの育成が求められている
・市場ニーズが多様化しており，環境変化への対応が求められている
・小口でも直販の実績がある
・自社製品の品質が高く，独自性がある（真似されにくい）
・インターネットを通した遠方からの引き合いがある

（2）自社ブランド

① 自社ブランドの育成

中小企業の高付加価値化の伝家の宝刀「自社ブランド」ですが，そのメリット，育成方法については第2章【事例Ⅱ】「Ⅲ　項目別パッケージ　23．ブランド」をご覧ください。ここでは，事例Ⅲで自社ブランド育成を提案できる与件の条件をまとめます。

【事例Ⅲ】の知識

マーケティング事例では主にその普及対象は一般消費者（Consumer）ですが，生産事例ではそれに限らず，納入先製造業者間や卸売業者，小売店など（Business）へ自社ブランドを訴求するという点に広がりがあります。基本的なブランド戦略は大きく変わらないため，自社ブランドのメリットを念頭に置いて，ポジティブに自社ブランド育成を提案すべきです。

② 提案する条件
・まだ浸透はしていないが，既に自社ブランドが存在する
・競合との価格競争に巻き込まれ収益が悪化している
・大手納入先からの価格引下げ要請に苦しんでいる
・自社製品に一貫したこだわりがみられる
・自社製品の仕様・機能・品質に強い競合優位性がある
・自社製品に競合優位性があるのに浸透していない
・卸業者や大手納入先を飛び越えた直販戦略が提案できそうである
・広告宣伝が単発的で効果が長期的に浸透しない

（3）営業力

ここでは営業体制の強化という観点でまとめます。具体的には，営業パーソンや受注獲得活動の改善／強化に関する出題がある場合，以下の内容を頭に浮かべて解答を構築しましょう。

① モバイル営業

営業パーソンの情報武装化です。具体的にはIT活用の営業で紹介しているとおりです。

② 技術営業

顧客との商談において，質の高い，かつスピーディな技術情報の提供に力を入れることです。これには，営業パーソン自身が技術情報を武装する方法と，営業パーソンと技術者の協力体制で行う方法の2つがあります。現実的には，必要に応じて技術者と営業パーソンが協力して商談にあたれる後者が有効です。

特に機能別組織を敷いている場合，社内の横の連携がとりにくく，円滑に技術営業を行うことができない場合があります。顧客毎のプロジェクト型の導入や，技術者／営業パーソンの業務ルーチンフローとして協力することを規定するなどで対応を図ります。

③ 提案型営業（コンサルティングセールス）

営業パーソンの役割を従来の「自社の製品を売ること」ではなく，「顧客の問題を解決すること」との認識に変え，顧客との課題共有，そして自社の製品を手段とした解決を提案できるように営業パーソンを教育します。

この実現のためには，外注先や社内のより柔軟な協力体制を活用して顧客対応を図り，結果として顧客当たりの売上／利益の増大を狙います。

④　セールスマニュアル

　営業パーソンのセールストークをより効率的，効果的に行うため，セールスマニュアルの作成とその活用を推進しましょう。内容は，主に自社の独自性，競合優位性，セールストークの進め方など受注に直結するものとします。

⑤　研修・教育

　社外研修，ロールプレイングなどOJT以外の営業員教育を実施して営業力を高めます。

⑥　チーム営業

　個々の営業パーソンで活動するのではなく，チームとして営業活動を行うことです。特に顧客がよりスピーディな対応を求め，多くの要求がある場合などにはチーム営業が有効です。

　メリットとしては，顧客対応が個人に依存せず確実な対応がとれる，社内の柔軟な協力体制が得られ顧客対応力が増す，などです。なお，個人単位だけでなくチームとしての人事評価を行うことに留意しましょう。

⑦　営業企画部門設置

　営業パーソンを全体で管理し，サポートする部門を設けることで営業力を強化します。大企業向けの内容にもみえますが，中小企業の場合も，部門ではなく担当者を設けるだけでも有効と考えられます。

　部門の役割として，各営業パーソンの営業活動のエリアや人員配置体制などを考える営業戦略立案とその推進，上述のセールスマニュアル作成や販売分析などの営業サポートを行います。

【事例Ⅲ】の知識

（4）クレームマーケティング

　市場クレームを自社の最重要情報の1つとしてとらえ，企画，開発，生産，営業，サポートなど全部門でその対応を図ることを徹底して，販売力を高めます。社長主導でクレームマーケティングを推進する，クレームからの商品企画を標準化する，クレーム情報をデータベース化しITを駆使してマーケティングに活用する，などで実行します。

（5）販売力強化の代表的方策

　製品面で販売力を強化する際の代表的な方策として，以下の取組みを検討します。

・短納期品の対応

・特注品の対応

・小規模受注シフト

・分野特化型製品ラインナップ

（6）業務用→家庭用販売の提案

　事例Ⅲで紹介される中小企業のほとんどがBtoBの企業ですが，この業務用製品を家庭

用市場に広げて販売市場を拡大することも，販売力強化に有効です。

　以下に具体例の一部を紹介します。

　　・業務用の特殊クリーニング　→　家庭用の染み抜き対応
　　・業務用大量印刷　　　　　　→　個人向けに単価の高い高付加価値印刷
　　・業務用加工食品　　　　　　→　家庭用中食
　　・業務用高品質部品　　　　　→　家庭用カスタマイズ DIY 部品
　　・業務用素材　　　　　　　　→　家庭用スポーツ用品，アウトドア用品

18.　出荷・配送

■概要

> 製品を生産するだけでなく，生産した製品を客先に納入するまでが製造業に求められる役割です。近年，多頻度小口配送や納入時間指定配送など，出荷・配送に関する顧客ニーズは厳しさを増しています。製品の出荷・配送に関するポイントを押さえましょう。

（1）多頻度小口配送

　顧客に対して，より細かく，より頻繁に製品を配送する体制のことです。

　顧客から見た多頻度小口配送のメリットは，必要なものを，必要なときに，必要な量だけ仕入れることができ，在庫リスクを低減できることです。今後ますます多頻度小口配送が求められることになるでしょう。

　製造業者が多頻度小口配送に対応するためには，小ロット化，製品在庫や出荷情報の管理強化などの対応が必要となります。

（2）納入時間指定配送

　顧客が指定した時間ちょうどに製品を配送する体制のことです。指定時間に遅れることはもちろん，指定時間より早くても，納入時間指定配送にはなりません。

　顧客から見た納入時間指定配送のメリットは，仕入から販売までの時間を圧縮できるようになり，商品の回転がよくなることです。

　近年，多くの物流業者が納入時間指定配送サービスを提供するようになっています。

（3）共同配送

　配送先の近い2社以上の荷主が特定の輸送業者に対して共同で製品の配送を委託することです。

　共同配送のメリットは，トラックなどの利用効率が向上し，物流コストが低減されることです。

　多頻度小口配送や納入時間指定配送の導入により配送の効率は低下する傾向にありますので，共同配送の活用により配送効率の向上を図ります。

19. CAD/CAM

■概要

中小企業にとって顧客の細かい要望に都度対応していくことは重要です。CAD/CAMは，設計後すぐに生産に移行できるため有効な対策となります。簡単な内容とメリットについて押さえておきましょう。

（1）CAD（Computer-Aided Design：コンピュータ支援による設計）

コンピュータを使用して設計することです。

設計において図形のコピーや過去のデータ活用，細部まで正確な設計が可能となります。そのため，設計にかかわる費用の低減，設計期間の短縮とそれによるリードタイムの短縮，製品性能および製品品質の向上が期待できます。

① 2D（2次元)-CAD

2D-CADは，2次元データの製図を行えるCADです。手書きで行っていた製図をそのままコンピュータで作成できます。手書きの製図に近い感覚で使用できるため，導入が比較的容易にできます。

② 3D-CAD

3D-CADは，3次元データの製図が行えるCADです。3D空間に立体を描くことができます。2次元CADで描いたものを立体にでき，製図の知識がなくても，2次元ではわかりにくい複雑な立体を認識・把握しやすくなります。

（2）CAM（Computer-Aided Manufacturing：コンピュータ支援による製造）

コンピュータを使用して生産に関する支援を行うものです。

CADデータをもとにNC加工プログラムの自動作成などが可能となります。そのため，製造にかかわる費用の低減，製造期間の短縮とそれによるリードタイムの短縮，製品性能および製品品質の安定化・均一化が期待できます。

（3）CAD/CAM

コンピュータの支援をもとに設計を行い，そのデータから自動でNC工作機械を稼働するデータとなるNCプログラムを生成するものです。

（4）3Dプリンター

3Dプリンターとは，3D-CADの設計データをもとにして立体モデルを製作する機械のことです。扱える材料もプラスチック（樹脂），金属，カーボン等，さまざまな材料を使って造形することができます。

20.　CE（コンカレントエンジニアリング）

■概要

> CE は，かつて日本の自動車業界を中心に行われていた方式が国内外に普及し，アメリカで体系化，システム化され，標準方式として確立したものです。バブル崩壊後の産業力を回復させる手法として期待が集まっています。

（1）CE（コンカレントエンジニアリング）とは

　製品設計と製造，販売などの統合化，同時進行化を行うための方法です。つまり，最終製品の品質，コスト，生産スケジュール，ユーザー要求などを含む，概念設計から廃棄に至るまでの製品ライフサイクルの全要素を開発者に開発初期段階から考慮させることです。

（2）通常の開発との違い

　通常の製品開発で構築される製品のライフサイクルはウォーターフォール型のプロセスとなります。つまり，概念設計が終了した後に，製品設計を行い，工程設計を行うといった順番に工程を踏む形態です。この手法の場合，設計完了後に不具合が発見され，手戻りのロスが生じることなどが問題となります。

　そのため，CE ではこれを改善し，上流工程である概念設計や製品設計，工程設計などを同時並行的に実施するようにしたものです。

（3）技術的背景

　CE 実現の背景として，CAD や CAM，CAPP（Computer Aided Process Planning）などの技術データベースの進展があげられます。CE はそれらのコンピューター技術の活用によって，DFA（design for assembly：組立を考慮した設計）や DFM（design for manufacturing：製造を考慮した設計），DFD（design for disassembly：分解を考慮した設計）などを行っていきます。

（4）必要スキル

　下流工程を考慮して設計情報をつくり込むということは，作業が設計現場に集約されるようになります。製品設計を進めながら，金型要件や生産要件を考慮したり，強度解析や組立の適性を検証したりするには，設計者に多方面のスキルや知識が求められます。

（5）部門間連携

　CE では設計部門と製造部門，販売部門などの各部門間の連携が重要となります。いかに円滑に部門間のコミュニケーションを図るかが重要なポイントとなります。

　　※参考：『生産管理用語辞典』（（公社）日本経営工学会編／（一財）日本規格協会発行）

【事例Ⅲ】の知識

21. 技術継承

■概要

> 中小企業では後継者問題が課題となっています。『2022年版中小企業白書』によれば，2021年の後継者不在率（後継者不在企業の割合）は61.5％となっています。そのため，熟練工の技術を若手従業員に継承することが求められており，今後も出題の可能性が高いところです。
>
> 以下，技術継承（承継ともいう）の主な方策を押さえましょう。

技術継承の方法

① 業務マニュアル作成

まずは，業務のマニュアル化があげられます。熟練工を中心に詳細な業務ノウハウや技術のマニュアル作成にあたらせ，社内の業務マニュアルとして記録します。これをもとに若手従業員の教育に活用することで技術継承を行います。

② Eラーニング

マニュアル化だけでは，読み手の理解力のバラツキにより正確にノウハウが伝わらない場合もあります。そこで，Eラーニングを活用します。

Eラーニングは，インターネットを使った教育システムで，業務に関するノウハウや知識講座をレクチャー形式で，インターネット環境があればいつでもどこでも受講可能にするものです。この仕組みを活用して熟練工による技術講座を開催し，営業所や離れた工場などにおける従業員の技術継承を促進します。

③ チーム組織

熟練工と若手従業員の小チームを結成し，チーム毎に業務を行う組織とします。チーム内での熟練工の役割として若手育成を設定し，チーム毎の業務遂行で技術継承を促します。

④ 評価の工夫

熟練工の大きな評価項目の1つとして，若手育成を設けます。後輩／若手教育の行為自体を高く評価することで，技術継承を促します。

⑤ 再雇用者の活用

60歳を超えた従業員を再雇用し，主要業務として若手への技術継承にあたらせます。再雇用者の活用は，再雇用者にやりがいを与え，低コストで効果的な若手従業員の技術継承を可能にする利点があります。

一方，再雇用者は賃金が大幅に減少することから，本人のモチベーション低下につながる可能性があり，また企業が新規事業へ取り組む際に，かつての価値観にとらわれることにより，新規事業推進の鈍化が懸念されます。再雇用の際に責任と役割について十分に同意を得る必要があります。

⑥　定年延長

定年延長は再雇用と異なり，賃金レベルを維持できることから，本人のモチベーション低下につながりにくい傾向にあります。しかしながら，総賃金の増加による損益への影響や，ポストが埋まっていることに対する若手社員のモチベーション低下につながることが懸念されます。

⑦　社内マイスター制度

社内に技術レベル毎に等級を設け，最上位をマイスターとして認定し，等級に応じた処遇を与える仕組みを導入します。

ポイントは，より上位の等級を得る条件として後輩／若手の育成を項目に加えて，等級が上がれば上がるほどその割合を増やす仕組みにします。熟練工に積極的に技術指導を行うモチベーションと責任感を与える制度で，技術継承を促します。

⑧　勉強会

定期的に熟練工主催の技術勉強会を開催させ，若手従業員がこれに参加し，会社もこれを奨励することで，自主的な技術継承を促します。

⑨　熟練技能者の負荷軽減

技能継承のために，熟練技能者がOJTを通じて若手従業員に教育を行うことが取り組みとして考えられます。一方で，熟練技能者は，難しい工程を複数担当するなど高負荷になっているケースが多いです。熟練技能者が技能継承に取り組むことができる状態にあるか，また，高負荷の状態であればそれを軽減するための取り組みを併せて検討することが必要です。

たとえば，熟練技能者が担当している比較的付加価値の低い作業は分担する，段取り作業を複数人で行う，などの取り組みになります。

【事例Ⅲ】の知識

22. 工作機械

■概要

　事例Ⅲにおいては，工作機械のイメージをつけておくことが重要です。ここでは，特に製造業で問われそうな工作機械を整理します。

（1）汎用工作機械

　職人が実際にハンドルを操作することで加工を行う工作機です。さまざまな加工が実現可能ですが，加工精度が職人の技量に依存します。

　具体例としては，①旋盤，②フライス盤，③研削盤，などが挙げられます。

① 旋盤

　旋盤は，加工物に回転運動を与え，切削工具に直線運動を与えて切削する機械です。

② フライス盤

　フライス盤は，多くの刃を持つ切削工具（フライス）に回転運動を与え，加工物を送りながら切削する機械です。

③ 研削盤

　研削盤は，加工物を固定し，砥石に回転運動を与えて加工物を研磨する機械です。

（2）マシニングセンタ

　マシニングセンタは複数の切削加工が可能な NC 工作機械を指します。フライス削り，中ぐり，穴あけ等，複数の加工工具を自動で交換可能です。また，数値制御で操作を行うことができ，職人の技量に依存することなく精度の高い加工が可能となります。

23.　海外進出／国内回帰

■概要

　　国内の完成品メーカーによる生産拠点の海外移転や，国内の消費や設備投資といった内需が減少しつつあるなか，アジア経済は成長を続けていることから，海外市場への進出が，中小企業の継続的発展には重要です。海外進出にはメリット，デメリットがあるので，重要な論点を押さえておきましょう。

　　また近年，海外進出から国内回帰する事例が散見されます。令和 4 年度の事例Ⅲでは，ホームセンター X 社が海外に委託していた PB を，国内の C 社に変更，平成 30 年度の事例Ⅲでは，国内需要分の家電製品の生産が国内に戻る動きのなかで，C 社としてその機会をいかに勝ち取るか，という出題がありました。

（1）海外進出のメリット

①　販売面

・海外へ進出している日本の企業との関係性を強化できる。

　平成 22 年度の事例Ⅲでは，C 社は X 社から中国進出の要請を受けていました。このように取引先からの要請や自主的な追随により，海外進出を展開することで，取引先との関係性の強化・維持を期待できます。

・海外市場で新規販路を開拓・拡大できる。

　近年，中小製造業の海外進出の動機・目的について，上記の「取引先の要請や自主的な追随」よりも「海外市場の開拓・拡大」が上回ったことから，今後の事例企業では自主的な海外進出に関して出題される可能性があるでしょう。

②　費用面

・安価な人件費等の活用により製造コストを低減できる。

　平均的な人件費が日本よりも安価であることから，製造コストの相当な低減を期待できます。中小製造業の海外進出の代表的な動機・目的です。

・現地で部品・原材料を調達することにより製造コストを低減できる。

　部品・原材料も安価であること，また，稀少なレアメタル等の資源を使用する場合，同国で調達できるならば，輸送コストも低減できます。

（2）海外進出のデメリット

①　品質面

・現地人材の成熟度によって製造品質が左右される。

　品質に対する意識が異なる場合があります。対策として，現地人材に対して品質に関する教育を実施すること，品質管理体制を強化すること，日本工場への留学経験者

の採用などにより品質の向上と安定化を図ります。また，小集団活動の実施や優秀な作業者を表彰するなどによりモラールを高める工夫も必要となります。

② リスク面

・政治的リスク

カントリーリスクともいいます。海外現地の法規制の変更，優遇施策の撤廃，政情不安等により，事業を撤退せざるを得ないリスクがあります。

・為替変動リスク

為替市場の変動の影響による差損のリスクです。事例Ⅲではなく事例Ⅳで平成21年度と平成26年度に為替予約が出題されています。また，令和4年度には為替リスクに対して為替予約やオプション取引が解答の方向性となる問題が出題されました。

・社外秘の機密技術が盗用されるリスク

機密技術が流れ模倣品が流通すると，相対的に製造コストが安価である模倣品に価格面で不利になります。技術流出防止の対策としては，図面等の情報に関する取扱い管理の徹底や機密技術に携わる人員を限定すること，秘密保持契約の締結などがあります。また，生産面の工夫としては，低コスト量産型の部品を海外で製造および輸入し，日本で製造した機密技術を伴う部品を組み合わせて製品化するなどの試みも行われています。

③ 取引面

・商習慣の違い

注文書や契約書がない取引などにより売上金回収が困難になるリスクがあります。

・国民性の違い

品質の安定，納期の遵守などに対する意識の違いがあります。厳守すべき製造品質の基準を明確にして，取引において相手方と同意しておく必要があります。

（3）国内回帰

QCD のうち，C は一般的に海外のほうが優位です。その中でも，国内回帰する目的を与件文から読み取り，その機会を捉えていくことが重要です。

中小企業として，以下の強みを活かし，機会を捉えることが考えられます。

① Q

・安定した高品質の製品を，安定的に供給する。

・高い技術力，熟練技能の強みを活かし，高付加価値製品や提案型のサービスを提供する。

② C

・IT 活用により生産性を向上させ，海外並みのコストを実現する。

・ECRS 徹底や，段取り改善により生産性を向上させ，コスト競争力を高める。

③ D

・現品管理，余力管理，進捗管理を強化し，生産管理レベルを向上させる。

・短納期，小ロット化に対応する。

24. OEM, PB

■概要

> OEM（Original Equipment Manufacturing）とは，委託を受けた相手先のブランドで販売される製品を製造することです。PB（Private Brand）とは，ある規模以上のチェーンストアが企画した製品をメーカーに委託して製造させ，販売業者のオリジナルブランドを付して販売する形態をいいます。
>
> 「【事例Ⅱ】の知識 10. Place ② OEM」と重複するテーマですが，ここでは事例Ⅲの視点でメリット，デメリットなどを整理します。

（1）メリット

① 販売面

・一定量の仕事量の売上が確保でき，経営が安定化する。

　OEM，PB ともに，取引先から一定量の仕事量を継続的に受けるため，経営の安定化が見込まれます。

・販売チャネル構築，流通網の整備が不要である。

　販売チャネルや流通網は委託先のものを用いることとなるため，自社で整備する必要がなく，経営資源を製造分野に特化させることができます。

・委託先のブランドを利用できる。

　委託先のブランドで販売がされるため，自社でブランド構築する必要がありません。

② 生産面

・生産効率向上につながる。

　一定量の仕事量を確保できるため，稼働率が向上するなど規模の経済性のメリットを享受することができます。

・ノウハウ蓄積につながる。

　一定量の仕事量を継続的に行うことにより，ノウハウの蓄積につながる可能性があります。

（2）デメリット

① 販売面

・製造委託先依存が高まることで経営リスクが高くなり，交渉力が弱くなる。

　製造委託先から OEM，PB の打ち切りがされた場合に会社の経営が立ち行かなくなるため，製造委託先に対して弱い立場となり，交渉力が弱くなり，悪い条件で仕事を受け，業績が悪化するリスクがある。

・自社営業力が弱くなる。

販売チャネルや流通網は委託先のものを用いることとなるため，営業力が弱くなり，新市場開拓や多角化が難しくなります。

・自社ブランドの訴求ができない。

自社のこだわりや技術優位性などを消費者に直接訴求できません。

② **生産面**

・製品開発の余力がなくなる。

一定量の業務が確保できる一方で，稼働率が高まることで余力がなくなり，自社の製品開発を行う余力がなくなってしまうリスクがあります。

（3）対策

① **脱下請＝自社ブランド製品の製造・販売**

事例Ⅱ「Ⅲ　項目別パッケージ　10．Place②　OEM」参照（P. 119）

② **取引先の分散（拡下請）**

委託先企業の数を増やし，1社依存をなくし，委託先企業に対する交渉力を維持します。

③ **提案型企業（超下請）**

技術力を高めて，親会社に対して技術提案を積極的に行うことで，下請けではなくパートナーとしての地位を確立します。

Ⅳ ▶▶▶ 使える解法テクニック

■テクニック1

QCD で Q はあまり問題にならず，**短納期が最重要課題となることが多いので知識を増**やしておく

C：大ロットから小ロットへ…段取り替えをいかに効率的に行い，コストを抑えるか？

D：生産計画は月次から週次へ

D：納品は多量低頻度から少量高頻度へ

D：在庫は適切な量は維持しつつ，増加させない，オペレーションのレベルを高めてなるべく少なくする

■テクニック2

組織構成は，営業・生産・総務のバランスをチェックしろ

■テクニック3

生産の流れは簡単に**図式化**しろ

■テクニック4

特注品で多工程でも**データ蓄積である程度パターン化できる**と考えろ。そして計画を立てて統制すると非常によい

■テクニック5

滞留在庫は**必ず消す**提案を考えろ

■テクニック6

顧客の要望は**必ずちゃんと記録**する提案をしろ

■テクニック7

クレームは**絶対答案に使える**超大ヒント

■テクニック8

カスタマイズする際は，最初の要望確認，中間確認，最後の確認とトリプル確認を提案しろ！

■テクニック9

事例企業の取り組んできたことは，計画はあるのか？　統制はあるのか？　を常に疑ってチェックしろ。なければ，そこは提案しろ

【事例Ⅲ】の知識

235

設問レイヤーを意識し，解答の一貫性を重視しろ！

最初にSWOT分析して，そのSWOTと紐づけながら生産性向上，生産管理の問題を解決し，最後の設問で将来に向かった戦略を描くパターンが定石。

■テクニック11

「～できていない」は，できるようにする方向で考えろ

事例企業のダメなところをひっくり返せ

■テクニック12

何がボトルネックか考えろ

V ▶▶▶ 知っておきたい考え方のトレンド

■トレンド 1

強みを生かして**高付加価値化**することが基本戦略

■トレンド 2

マスカスタマイゼーションはかなり有効

■トレンド 3

小ロットの特注品を拾っていくことは最重要が多い

■トレンド 4

品質は，納入するまででなく，納入先が満足するまでと考える

■トレンド 5

技術継承が重要

■トレンド 6

提案型営業，技術営業など付加価値の高い営業スタイルが大切

■トレンド 7

工場は特に PDCA サイクルを重視して考えることが大切

■トレンド 8

No. 1 より Only 1

■トレンド 9

改革も改善も，工場だけでなく全社全体の視点で行うことが大切

■トレンド 10

QCD で D を改善することが製造業生き残りのカギ

■トレンド 11

DB＋インターネットの組み合わせで顧客対応，は流行中の流行

■トレンド 12

短納期対応，顧客ニーズ対応は中小企業の強み

■トレンド13

多能工化，兼任化は人手不足への有効な対策

■トレンド14

OEM生産で販売先1社の依存度が高い場合は，以下の3つを考える

・脱下請＝自社ブランド

・取引先を分散（拡下請）

・提案型企業へ（超下請）

■トレンド15

さらなる発展には，強みを活かし，弱みを克服することが大切

■トレンド16

他社が出てきた場合は，協業による強みの掛け算でできることを考えてみる

事 例 別 対 策

事
例

■事例Ⅳの概要

＜事例Ⅳで問われていること＞
基本的な財務分析（B／S，P／L)ができ，
キャッシュフロー計算書作成やCVP分析による会計面，プロジェクトや
事業採算性評価における財務的な助言ができるかどうか?

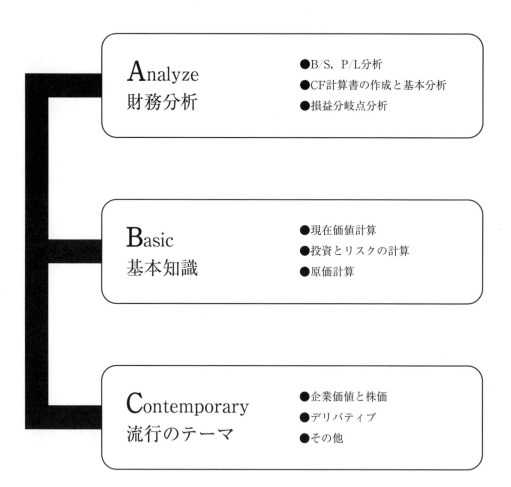

Analyze
財務分析

●B/S，P/L分析
●CF計算書の作成と基本分析
●損益分岐点分析

Basic
基本知識

●現在価値計算
●投資とリスクの計算
●原価計算

Contemporary
流行のテーマ

●企業価値と株価
●デリバティブ
●その他

Ⅰ ▶▶▶ 出題のポイント

　事例Ⅳ（財務・会計）は，他の事例と異なり，出題範囲がかなり限定されます。よって，基本事項をしっかり反復練習し準備を行えば，一定以上の高得点が期待できます。逆に，一歩間違えば連鎖的に誤答してしまい，設問をまるまる取りこぼす恐れまであるというところに事例Ⅳの特異性があります。

　また，ほとんどの受験者が対応できないような出題が10～20％ほど占める可能性もあり，そのような問題には早々に見切りをつける冷静な判断力と勇気も必要となります。出題される範囲は以下のとおりです。

■最重要テーマ
1. B/S，P/L 分析
2. CF 計算書の作成と基本分析
3. 投資（プロジェクト）の評価とリスクの計算
4. 損益分岐点分析（セールスミックス）
5. 企業価値と株価
6. 原価計算
7. 連結会計
8. 他の科目の関連知識

■今後出題される可能性の高いもの
1. デリバティブ　　2. 資金調達
3. 資本と配当　　　4. 資本コスト
5. コーポレートガバナンス

　なお，本書の構成上，事例Ⅰ～Ⅲの第一項は「代表的 SWOT 項目」でしたが，事例Ⅳではこれまで学んだ代表的 SWOT で十分対応できるため，「出題のポイント」を紹介しています。当然ですが，他の事例と同じように与件文から SWOT はしっかりと押さえ，それを常に意識しながら解答してください。ただ，事例Ⅳでは非常に明快に SWOT が表現されている場合が多く，要点を押さえることは容易と思われます。その分，設問対応にしっかりと時間をかけましょう。

　また，姉妹編の『全ノウハウ』で述べていますが，事例Ⅳは 1 冊の網羅的問題集を繰り返し解き，解法を完璧にマスターしておくことが有効です。ノウハウの習熟よりも計算方法や計算作業に慣れることが大切であるため，必要最低限の内容に留めてあります。

　事例Ⅳに関しては，本書は早々に読み潰し，速やかに問題集に取り組みましょう。

【事例Ⅳ】の知識

II ▶▶▶ 最重要の切り口

■切り口1

財務分析の基本切り口

収益性，安全性，効率性，成長性，労働生産性

■切り口2

貸借対照表B/Sの切り口

資産，負債，純資産

■切り口3

損益計算書P/Lの切り口

収益，費用，利益

■切り口4

コストをみるといえば

製造原価，販売管理費，営業外費用

■切り口5

製造原価といえば

材料費，労務費，経費

■切り口6

コストダウンを考える切り口

変動費，固定費，変動費率

Ⅲ ▶▶▶ 項目別パッケージ

1. B/S，P/L 分析

■概要

> 定番となっている事例Ⅳ第 1 問の経営分析の問題対策です。例年 B/S，P/L に加え，製造原価報告書などをもとに，最も重要な問題点を示す経営指標とその内容，相互関連性を問われます。
>
> 定番のわりには各受験予備校の模範解答例がそれぞれ違っていたりして，容易とはいえません。しかし，与件文に書かれている問題点に沿って収益性，安全性，効率性にかかわる指標を追えば，ほとんど外さない解答が構築できます。

（1）B/S，P/L の見方

分析に入る前に B/S，P/L の基本的な見方を押さえましょう。以下，仮の財務諸表をもとに説明します。

【見る順番と目のつけどころ】

通常 B/S，P/L がメインで，それに付随する情報が与件文にはあるはずです。その場合でも，**何はともあれ，まずは P/L から見る**ようにします。

〈資料〉

損益計算書
（単位：百万円）

	令和 4 年度	令和 5 年度
売上高	1,100	1,000
売上原価	880	800
売上総利益	220	200
販売費・一般管理費	170	160
営業利益	50	40
営業外収益	0	5
営業外費用	40	55
経常利益	10	−10
特別利益	0	0
特別損失	0	0
税引前当期純利益	10	−10
法人税等	0	0
当期純利益	10	−10

製造原価報告書
（単位：百万円）

	令和 4 年度	令和 5 年度
材料費	440	400
労務費	160	150
経費	280	250
（うち，水道光熱費）	70	60
（うち，減価償却費）	50	50
（うち，運搬費）	50	40
当期製造費用	880	800
期首仕掛品棚卸高	100	100
期末仕掛品棚卸高	100	100
当期製品製造原価	880	800

従業員数
（単位：人）

	令和 4 年度	令和 5 年度
人数	50	60

販売費・一般管理費の内訳
（単位：百万円）

	令和 4 年度	令和 5 年度
販売員給料	50	60
商品廃棄損	5	20
広告宣伝費	65	50
その他	50	30
合計	170	160

① **売上総利益→営業利益→経常利益→税引前当期純利益　の順に注目**

この順番でまずは利益をチェックし，利益が黒字かどうかを見ます。赤字もしくは前年より減少している場合は，次にその原因を探ります。事例問題にするくらいですから，大抵は赤字もしくは前年より減少している状態で出題されることが多いでしょう。

●見るべき指標

売上高総利益率，営業利益率，経常利益率（すべて対前年比較を行う）

② **売上原価→販売費・一般管理費→営業外費用　の順に注目**

利益が悪い原因はこれらのどこかにあるはずです。特に赤字となる直前の項目が怪しいので，利益額に対し著しく大きな額が引かれていないかチェックしましょう。資料のP/Lでは，まず営業外費用が大きく見え，販売管理費も問題がありそうと疑えます。特に営業外費用はイコール借入金の利子だと考え，ここが大きい場合，すぐに借入金が大きいことを疑うようにしましょう。

前ページの資料の令和5年度P/L上の営業外費用55はまさにその例です。

●見るべき指標

売上高販売費・一般管理費比率

③ **P/L補足の製造原価報告書および販売費・一般管理費内訳　に注目**

そもそも，このような補足の説明表がついていることには必ず理由があります。製造原価報告書は試験上CF計算にも必要なため，一般的についていることは多いですが，販売費・一般管理費内訳はわざわざとってつけたような情報であり，この中に解答のヒントがあると断定できます。

この中から金額の大きいもの，前年に対し増加しているもの，明らかに問題を感じさせる項目を探します。資料のP/Lでは商品廃棄損は後者にあたるでしょう。

また，わざわざ人件費と従業員数が書いてある場合は，労務単価増加もしくは従業員数増加と売上の関係を必ずチェックするようにしましょう。大抵は売上減少，人件費増大の構図が問われる可能性が高いでしょう。

●見るべき指標

従業員1人当たり売上高，1人当たり人件費，材料費率，経費率（すべて対前年比較を行う）

P/Lに関してはここまででOKです。既にいくつかの問題点と疑わしい原因が発見できているはずです。資料のP/Lでいえば，以下となります。

・営業外費用が大きく赤字の要因となっており，借入金が大きいことを疑う

・販売費・一般管理費の商品廃棄損も赤字の要因となっている

次にB/Sをチェックしていきましょう。

244

〈資料〉

貸借対照表

（単位：百万円）

	令和 4 年度	令和 5 年度		令和 4 年度	令和 5 年度
資産の部			負債の部		
流動資産	250	340	流動負債	260	290
現金預金	60	20	支払手形	50	30
売掛金	50	70	買掛金	50	30
受取手形	50	60	短期借入金	130	200
商品	50	150	その他流動負債	30	30
その他流動資産	40	40	固定負債	250	280
固定資産	430	390	長期借入金	200	230
土地・建物	300	250	その他固定負債	50	50
備品	50	60	負債合計	510	570
その他固定資産	80	80	純資産の部		
			株主資本	170	160
			資本金	150	150
			利益剰余金	20	10
			利益準備金	5	5
			その他利益剰余金	15	5
			別途積立金	5	5
			繰越利益剰余金	10	0
			純資産合計	170	160
資産合計	680	730	負債・純資産合計	680	730

注：土地・建物の売却はない

④ 資産合計の増減 に注目

"木を見て森を見ず"とならないように，借入金など各項目を見る前に，まずは，全体として企業の資産の増減をチェックして，売上が減っているのに資産が増えているなどの矛盾がないか確認しましょう。試験上は大きく前年と変化はないところですが，総資本回転率はオールマイティな指標なので，これをまず押さえておくと大枠を外さない解答になると思われます。

●見るべき指標

> 総資本回転率

⑤ 注釈 に注目

注釈部分に何か書いてあったら，まずほぼ確実に解答に反映させるなんらかの意味を持っています。B/S の詳細分析に入ったらここを絶対に見落とさないよう，④で大枠の増減を見るのと同時に注釈に目を向けましょう。

⑥ **流動資産総額→流動資産各項目増減　の順に注目**

すべて単年度の数値にはあまり意味がありません。増減の大きなポイントを中心にチェックします。また，**流動資産項目は最も解答に使われる可能性が高いところでもあります。**売上債権，在庫，短期資金調達力，しっかりチェックしましょう。

●見るべき指標

棚卸資産回転率，売上債権回転率，CF 増減

⑦ **流動負債総額→流動負債各項目増減　の順に注目**

視覚的には固定資産をチェックしたくなりますが，「流→流」の流れを意識づけ，流動資産の後はすぐにそのまま流動負債に目を向けましょう。そして，流動比率，当座比率に注目します。この2つの指標は絶対評価できますので，100 ％を基準に確実にチェックします。

また，今回の資料の分析上では，②で出た借入金の多さを疑うことを思い出し，短期借入金の増減をチェックします。

●見るべき指標

流動比率，当座比率，短期借入金増減

⑧ **長期借入金　に注目**

試験上，大抵の場合，資本の部やその他固定負債に変動があることはありませんので，⑦で短期借入金をチェックしたらすぐにそのまま長期借入金の増減をセットでチェックし，総合的に借入金が増えていないか確認しましょう。資料の B/S では明らかに借入金が増大し，その利子負担が企業収益を著しく悪化させています。

●見るべき指標

負債比率

⑨ **固定資産　に注目**

固定資産は，土地・建物の減価償却による減少以外は大きな増減はないのが通常です。逆に，減価償却額と B/S 上の固定資産増減の数値が異なる場合は要チェックです。ここの項目は試験上最も失点しやすく，混乱しやすいゾーンです。なぜなら，投資 CF 計算の問題として固定資産売買関連の問題につながる可能性があるためです。

本テーマは大変重要ですので，次の投資 CF の項目で再度解説します。

⑩ **純資産の部　に注目**

最後に自己資本を見て，自己資本比率をチェックします。

●見るべき指標

自己資本比率

　ここまで分析すれば，ほとんどの問題が浮き彫りになるはずです。後はその深刻度の優先順位をつければ，第 1 問の対応としては十分なはずです。資料の財務諸表では，次のような主な問題ポイントがすぐにわかるようになりましょう。

- ・売上債権が増えており CF を圧迫している
- ・買掛債務が減っており CF を圧迫している
- ・CF 減を長短借入金によってカバーしている
- ・借入金増大が大きく赤字の要因となっている
- ・販売費・一般管理費の商品廃棄損も赤字の要因となっている
- ・棚卸資産回転率が低く，在庫増が問題となっている
- ・当座比率が 100 ％どころか 50 ％近くとなっており，深刻な資金不足となっている
- ・主に在庫増による資産肥大化で総資本回転率も悪化している
- ・借入金増大により自己資本比率も悪化している
- ・売上は下がっているのに従業員は増え，従業員 1 人当たり売上高も悪化している

（2）指標の選び方

　B/S，P/L 分析では，ほとんどの問題が収益性，安全性，効率性に集約しています。それは，それらが中小企業の存続と生き残りにおいてまずは最重要であるからです。

　中小企業にとってまず大切なのは，「もうかっているのか？」「お金はあるのか？」「効率よくやっているか？」の 3 点です。

【収益性（もうかっているのか？）】

　収益性での基本指標は以下の 3 つです。収益性指標の選び方は，経費が問題か？　借金が問題か？　そもそもの粗利（売上総利益）が問題か？　を根拠に選びましょう。

- ・収益性が悪い：YES → 3 指標（①〜③）検討　NO →安全性の指標検討
- ・経費が問題　　　　　　　　　　　　→　売上高営業利益率
- ・借金が問題　　　　　　　　　　　　→　売上高経常利益率
- ・そもそもの粗利が問題　　　　　　　→　売上高総利益率

①　売上高総利益率

〈計算式〉P/L の売上総利益÷売上高×100（％）

　収益性の指標の中で，最優先で解答を検討すべき指標です。理由は，下記のとおりです。

(1) D 社のすべての利益の根源は売上高総利益に基づいており，売上高総利益段階での利益確保が最重要であるから。この指標の分母分子の扱う絶対額が最も大きく，D 社にとっての改善効果が最も大きくなりやすいためです。

(2) 事例Ⅳにおける D 社は，与件文や問題文から「有形固定資産の活用や刷新」，「店舗の採算性向上」，「製品ラインの見直し」等が最重要な経営課題として読み取れることが多く，それらを改善することは，**売上高の伸長や売上原価の適正化**につながるためです。

　つまり，D 社の経営課題の解決が**売上高総利益率の改善に直結**することが多いのです。

【事例Ⅳ】の知識

ですから，第1問の経営分析では，本指標を課題となる指標として指摘し，また与件文を用いて具体的な指摘箇所を記述することで，出題者にD社の最重要な経営課題が何なのかを自分は理解している，ということをアピールするべきなのです。

本業自体に付随する売上原価（商品や製造に必要な設備関連など）に特に問題がなく，本指標の改善効果が他の収益性の指標よりも少ない場合は，他の指標を解答することを検討しましょう。

② 売上高営業利益率

〈計算式〉P/L の営業利益（※売上総利益−販売管理費）÷売上高×100（%）

売上原価に問題がなく，販売費及び一般管理費に課題がある場合に使います。売上規模に対して広告費や諸経費などの販売管理費が課題であり総利益を大きく食い潰してしまっている場合や，従業員給料が過大であることを強調したい場合に用いられます。たとえば，「粗利率は40％以上あるのに最終利益がマイナスであるのは，売上の35％も占める販売管理費が原因である」といった場合に使えるでしょう。

③ 売上高経常利益率

〈計算式〉P/L の経常利益（※売上総利益−販売管理費±営業外損益）÷売上高×100（%）

営業外損益とは主に借金の利子と考えてよいと思います。「経常＝経営しているうえで常に得られる」という意味の利益ですので，やはり企業にとって重要な指標です。借入金が増大しており，それが企業収益を圧迫しているような場合，特にその点を強調して指摘する指標としても使えます。

ただし，借入金が大きいからという理由だけで本指標を選ぶのは早計です。経営分析の問題では「課題の原因」を明確に指摘することが求められます。「そもそも借入金が増大した理由はどこにあるのか？」「借入金に依存しなくて済む対策は何なのか？」まで考えるのが中小企業診断士の務めだといえるでしょう。

たとえば，製造設備の更新により売上原価の改善が利益の増大をもたらし，借入金依存を軽減できるのであれば，解答にはこの売上高経常利益率を使うのではなく，売上高総利益率を使うのが適切な指摘であるといえます。

売上高経常利益率を改善しようとするなら，それはつまり営業外収益か営業外費用を改善するということですので，それらに対しての効果的な改善施策が多くは存在しません。たとえば極端にいえば，支払利息を抑えるために銀行に利率を下げてもらうようなことしかできません。しかし，製造設備を更新して売上高総利益の額を大きくするほうが，D社にとって改善効果ははるかに大きいでしょう。常にD社にとって改善効果が最大となる指標を選ぶことを意識しましょう。

【安全性（お金はあるのか？）】

ここでいう安全であるとは，極端にいえば「自分のお金をたくさん持っています」ということです。自分のお金がちゃんとあるかどうかをみるには，次のような指標を使います。

①　自己資本比率

〈計算式〉B/S の自己資本÷総資本×100（%）

　自己資本比率は中小企業にとってそれほど重要ではないという認識でよいです。自己資本とは過去の利益の積立額や株主からの出資金で，返済義務のないお金ですが，中小企業は株主からの出資金部分がないか少ない企業がほとんどですので，当然に一般的な平均値よりは低くなります。だからといって，すぐに問題となればほとんどの中小企業は問題児になりますが，実際にはそんなことはありません。

　そもそも自己資本比率は，企業が赤字になったりしてもそれを賄えるお金の余裕があるかをみる指標で，大きければ大きいほど，財務基盤が盤石であると判断できます。ただし，大きければよいというわけではありません。小規模企業であればあまり機会がないかもしれませんが，ある程度の規模の企業へ成長すれば，株主への配当金増大を要請されるため，適正な大きさを維持することが必要です。

　自己資本比率が高いことは，裏を返せば借金が少ないことを意味し，悪くいえば借金せずに投資を抑えて，少しの利益をせっせと銀行に貯め，保守的な経営をしているともいえます。低金利で借金をしてそれ以上の利益をあげられるならば，借金は多いほうがよいともいえるからです。

　よって，自己資本比率はそのバランス（多すぎず少なすぎず）が重要，とよくいわれます。さらに，一般に自己資本比率自体は業界平均や同業者などと比較をして初めて優劣が判断できる指標です。そのため，試験上はかなり微妙な指標であり，使いにくい指標ともいえます。

　そこで，本指標は，同業他社との比較数字がある場合や，資本増資による解決の可能性が与件文に記載されている場合などに使うものと意識しましょう。

②　負債比率

〈計算式〉B/S の負債÷自己資本×100（%）

　自己資本比率と同じような指標です。こちらは借金と自己資本のバランスにフォーカスした指標です。借入金や買掛金などの他人資本が自己資本に比べて多すぎることを強調したい場合に使われます。

　中小企業は景気の動向や大企業との競争などの脅威にさらされ，利益剰余金など十分な自己資本を蓄えられないなか，借入金が多く負債比率が高くなる傾向があります。同業他社との比較の数字がある場合において，借入金依存を課題として指摘したい場合は負債比率を使うとよいでしょう。また，第 2 問以降で資本コストや最適資本構成，負債の節税効果など，負債の利用に関する問題が出題されているようであれば，負債比率を指摘してもよいでしょう。

③　流動比率

〈計算式〉B/S の流動資産÷流動負債×100（%）

　短期的な視点でお金があるか？　をみる使用頻度の高い指標です。本指標は，短期でお

金になる資産（流動資産）に対し，短期の支払うべき負債項目（流動負債）を比べ足りているかどうかを示します。

本指標は他と比較することなく優劣が判断できる絶対指数で，最低100％以上でないと危ないと判断できます。

他の指標も含め絶対指標は，他社や前年などと比較する必要がないので，試験上使いやすい指標といえます。流動資産にはすぐにお金にはならない項目（＝棚卸資産）が入っていますので，次の当座比率とセットでどちらを使うべきか常に検討しましょう。

④　当座比率

〈計算式〉B/S の当座資産（現金預金＋受取手形＋売掛金＋有価証券－貸倒引当金）÷流動負債×100（％）

流動資産から，流動とはいいながらもすぐにお金にはならない棚卸資産（在庫）を差し引いて真の短期支払能力をみる指標です。「真の」というくらいですので，本来，短期支払能力は当座比率でみるべきですが，在庫が問題ない場合（少ない）は流動比率を使うのが一般的です。

本指標も絶対指標であり，100％以上が望ましく，50％未満の場合は可及的速やかに対応すべき最重要指標となります。

⑤　固定比率

〈計算式〉B/S の固定資産÷自己資本×100（％）

長期的に資本が使われてしまう固定資産を，返済義務のない自己資本でどの程度賄われているかを示す指標で，自己資本に長い期間借りていられる固定負債を足した固定長期適合率とともに長期的な視点で安全性をみる指標です。

本指標も絶対指標であり，一般に100％以下が望ましいです。企業が設備投資を検討している場合など，企業の長期的安全性を指摘する際に使えるでしょう。

⑥　固定長期適合率

〈計算式〉B/S の固定資産÷（自己資本＋固定負債）×100（％）

固定比率を補足する位置づけの指標で，固定比率が100％を超えていても本指標が100％以下ならまだ大丈夫ということも判断できます。使用頻度は低いですが，長期的な安全性を考える際に，固定比率とセットで頭に浮かぶようにしておきましょう。

⑦　インタレストカバレッジレシオ

〈計算式〉（営業利益＋金融収益（受取利息・配当金など））÷金融費用（支払利息など）（倍）

意訳すると「借入金の利子をちゃんと払える割合」です。企業として本業から得られる利益（営業利益＋金融収益）が，金融費用（借入金の利子など）をどの程度カバーできるかを示す指標です。与件から借入金が多く，企業収益を圧迫している場合に本指標が検討できます。

ただし，1倍以下の場合以外は明確な絶対指標ではないため，使いにくいといえます。借入金の多さを指摘する場合，多くの指標が検討できるため悩むところだと思います。

【効率性（効率よくやっているか？）】

　効率性はその名のとおり，効率よく資産や資本を使っているかを示しますが，効率性は絶対的な優劣を 1 つの指標だけで判断することは困難であり，自社期間比較や他社比較などを行って初めて判断できる指標が多いことが特徴的です。特に，棚卸資産（在庫）と，有形固定資産（土地・建物）が売上にどれだけ直結しているかを問われる問題が頻出です。

①　総資本回転率

〈計算式〉売上高÷総資本（回）

　この指標が高ければ高いほど，少ない資本で多くの売上を獲得しているという高い効率性を示します。効率性はこのように売上高を分子にした回転率を使うことが多く，本指標も他社比較などでもよく使われる指標です。

②　売上債権回転率

〈計算式〉売上高÷（受取手形＋売掛金）（回）

　受取手形＋売掛金は，商品を売ったのにまだその販売代金をキャッシュで回収できていないお金ですので，これが少なければ少ないほど代金の回収は早く効率がよいといえます。

　関連して，回収期間を示す指標の売上債権回転期間（日数）は，365 日÷売上債権回転率で算出できますので覚えておきましょう。また，売上債権から貸倒引当金は控除しないことに注意します。控除してしまうと売上債権が小さくなり実態より指標がよく表れてしまうため，保守主義の原則から控除前の数値を使うことを覚えておきましょう。

③　買入債務回転率

〈計算式〉仕入高÷（支払手形＋買掛金）（回）

　仕入れた商品や部品の支払いをどのくらい早く行っているかを示す指標です。分子は売上高ではなく仕入高であることに注意します。

　一般にキャッシュフローの観点からは，支払いは先送りしたほうがよいといえるため，本数値も低ければ低いほどよいといえます。しかし，自社の資金繰りが悪く支払能力が低下していることを示している場合もあり，また，支払延期は取引先の信頼を低下させること，総資本が大きくなる→総資本回転率の悪化→総資本経常利益率の悪化をもたらすため，一概に低いことがよいともいい切れません。

　2 次試験上も，その意味ではあまり使用頻度は高くないといえます。買入債務が著しく多い／少ないという特徴がある場合，与件との関連を重視しながらよい面，悪い面を慎重に意識して解答に使いましょう。買入債務回転期間（日数）も 365 日÷買入債務回転率で算出できます。

④　棚卸資産回転率

〈計算式〉売上高÷棚卸資産（回）

　事例Ⅳ第 1 問で頻出度 No. 1 といえるのが，「**棚卸資産回転率**」です。**試験対策上，最上級の重要度**といえます。また算出式も非常にシンプルで簡単です。

　棚卸資産は，まだ売れておらず資金が固定化してしまっている在庫ですので，本指標が

高ければ高いほど効率よく在庫を回しているといえます。与件文で在庫の増大に関する記述があれば，まずこの指標を解答に使うことを頭に浮かべましょう。

⑤　有形固定資産回転率

〈計算式〉売上高÷有形固定資産（回）

　設備の老朽化や製造原価の増大などのキーワードが出てきたら「有形固定資産回転率」を検討しましょう。最近の社会全体の流れとして，固から変への流れがあります。企業では，正社員ではなく派遣社員を活用する，リースで固定資産を調達する，車も購入ではなくレンタカーを活用するなどです。また，生活面においてもたとえば，育児用品もレンタルが一般化し，廃棄コストの高まりを含め，いつでもキャンセルできるというメリットが重視されています。

　有形固定資産も極力コンパクト化し，大きな売上を生み出すことも重視されます。有形固定資産回転率はその代表的な指標といえます。

　企業が設備投資もしくは売却を検討しているような場合，本指標が頭に浮かぶようにしましょう。コンパクトな資産で効率よく売上をつくることが時代のトレンドといえます。有形固定資産の中に建設仮勘定があるときはそれを差し引くこと，有形固定資産の数値は減価償却後の数値を使用することに注意しましょう。

【成長性】

　成長性をみるかどうかは，非常に簡単です。成長を確認できる2期以上の財務諸表があるか，その成長率を比較できる指標があるか，の2つがなければ判断できないからです。その2点がある場合に以下のような指標の選択を検討しましょう。もっとも，安全性や収益性に問題がないか，あるいは既に指摘している場合に成長性を考えるべきです。

①　売上高成長率

②　売上総利益／営業利益／経常利益成長率

③　自己資本成長率

④　総資本成長率

【問題別指標】

　事例Ⅳの第1問は非常に特徴的な問題です。そこで，以下に代表的な問題／課題と指摘すべき主な指標をまとめましたので，頭の整理をしておきましょう。

製品販売単価の低下	→	売上高総利益率，売上高営業利益率
人・材料など製造コストの上昇	→	売上高総利益率，売上原価率
資金繰りが厳しい	→	流動比率，当座比率，自己資本比率
在庫管理ができていない	→	棚卸資産回転率，当座比率
債権管理が不徹底	→	売上債権回転率
設備投資を検討	→	有形固定資産回転率，総資産回転率，固定比率，固定長期適合率
借入金に頼っている	→	負債比率，自己資本比率，売上高経常利益率

（3）主要指標の絶対評価

　主要指標が絶対評価できるかどうかを次表にまとめました。絶対評価できるものは当然相対評価もできますが，絶対評価できないものは相対評価しかできませんので，注意して指標を選んでください。

　たとえば，棚卸資産回転率は10.5回と低いため問題である，とつい書いてしまいがちですが，10.5回が何と比較して低いのか？　その指標が今後どのように変化するから問題なのか？　など，変化や比較対象が明確でない限り優劣をコメントできないことに注意しましょう。

主な指標	絶対評価	基準	備考
総資本経常利益率	△	マイナスである	マイナスであれば絶対評価が可能
売上高総利益率	×		
売上高営業利益率	△	マイナスである	マイナスであれば絶対評価が可能
売上高経常利益率	△	マイナスである	マイナスであれば絶対評価が可能
自己資本比率	△	俗に理想は30％以上	業種や規模によって基準は異なる
流動比率	○	最低100％以上，理想200％	
当座比率	○	100％以上が望ましい	
固定比率	△	理想は100％以下	一般的に明確な数値基準はない
固定長期適合率	○	100％以下が望ましい	
インタレストカバレッジレシオ	○	最低1倍以上	
総資本回転率	×		
売上債権回転率	×		
棚卸資産回転率	×		
買入債務回転率	×		
有形固定資産回転率	×		

※絶対評価：その指標数値単独で優劣が判断できるもの

誤解しないでいただきたいのは，絶対評価できない指標で比較対象がない場合は使ってはいけないという意味ではありません。その場合は，解答の中で悪化する変化の記述説明を入れることでその指標が悪化することが理解できるようにすれば十分に使えます。ポイントは，絶対評価できる指標はそのような説明なしでダイレクトに優劣が記載できるということです。

（4）製造原価報告書の活用

2次試験の中で，これまでさほど直接的に取り扱われなかった製造原価報告書ですが，念のため以下のようなポイントがあることは押さえておきましょう。

- ・材料費率が期間／他社比較で高低がないか
- ・労務費率が期間／他社比較で高低がないか
- ・経費の内訳には，括弧付きで（うち，～）と紹介されている項目以外に，そこに記載されていない経費も加算されていることに注意する
- ・人件費は，従業員1人当たり人件費や労働分配率（＝人件費÷付加価値額）などの分析に使われる可能性がある
- ・経費の中の減価償却費は，CF計算上CFプラスに計算することを忘れない

（5）まとめ

出題可能性が高い14の指標を表（次ページ）にまとめました。与件文に表に示すキーワードがあったら，その指標が解答の候補になる可能性が高いと考えてください。この表を理解することで，頻出テーマである，経営分析を早く正確に解くことが可能となります。

【出題可能性が高い14の経営指標】

	経営指標	公式	指標の意味	与件文のキーワード
収益性	売上高総利益率	$\dfrac{売上総利益}{売上高}\times100（\%）$	商品の収益性	商品力，高付加価値，ブランド力，販売単価
	売上高営業利益率	$\dfrac{営業利益}{売上高}\times100（\%）$	本業の収益性	人件費，家賃，製造コスト，固定費
	売上高経常利益率	$\dfrac{経常利益}{売上高}\times100（\%）$	支払利息等の営業外損益を含めた収益性	支払利息，営業外収益，借入金
効率性	棚卸資産回転率	$\dfrac{売上高}{棚卸資産}（回）$	在庫の効率性	在庫，仕掛品，在庫管理，不良品
	有形固定資産回転率	$\dfrac{売上高}{有形固定資産}（回）$	工場等の有形固定資産の効率性	建物，工場，土地，設備投資
	売上債権回転率	$\dfrac{売上高}{売上債権}（回）$	売掛金の効率性	売掛金，決済条件，販売先，債権管理
	総資本回転率	$\dfrac{売上高}{総資本}（回）$	総資本の効率性	上記のすべて

安全性	短期	当座比率	$\dfrac{当座資産}{流動負債}\times100(\%)$	真の短期の安全性	現金，売掛金，短期借入金
		流動比率	$\dfrac{流動資産}{流動負債}\times100(\%)$	短期の安全性	在庫，仕掛品，棚卸資産，短期借入金
	長期	固定長期適合率	$\dfrac{固定資産}{固定負債+自己資本}\times100(\%)$	固定負債+自己資本で固定資産をカバー	固定資産，長期借入金，自己資本
		固定比率	$\dfrac{固定資産}{自己資本}\times100(\%)$	返済不要な自己資本で固定資産をカバー	設備投資，有形資産，資本
	資金調達	負債比率	$\dfrac{負債}{自己資本}\times100(\%)$	借入金の依存度	借入金，設備投資，累積赤字，自己資本
		自己資本比率	$\dfrac{自己資本}{総資産}\times100(\%)$		
生産性		労働生産性	$\dfrac{付加価値額(※)}{従業員数}$	従業員1名当たりの付加価値額	生産性，従業員数，付加価値

※付加価値額＝営業利益＋人件費＋減価償却費＋地代家賃＋租税公課

～財務分析問題の 3 原則～

1．数値より与件文を優先

　与件文から読み取れる指標と，財務諸表から読み取れる指標で迷ったら，与件文を優先すること。

2．解答フレームは「（分子について）と（分母について）なので，○○性が高い or 低い」

　たとえば，「D 社は工場設備の過剰投資により有形固定資産が多く（分母），競争激化により売上が減少している（分子）ため，効率性が低い。」と書くと多面的な解答となる。

3．出題可能性が高い 14 の経営指標を最優先

　この指標以外にもさまざまな指標があるが，これ以外の指標がでても他の受験生も答えられないので，この 14 の指標を最優先で解答に書く。

2. CF 計算書の作成と基本分析

■概要

> CF 計算に関しては，ただひたすらに CF 計算作業に慣れることが大切です。市販の問題集を利用して，少しの時間でもいいので毎日 1 回，計算作業を続けましょう。
>
> ここでは，CF 計算に関するポイントだけ紹介します。基本中の基本ですが，すべての勘定項目は，お金が出ている内容なのか，入ってくる内容なのかだけで判断して計算します。

（1）注意すべきポイント

経過勘定をしっかり押さえる

ポイントは，前払費用，前受収益，未払費用，未収収益の 4 つの経過勘定が CF 計算書のどこの部分に使われるかを押さえ，そして紛らわしい前受金，前払金，未払金との違いを押さえ，CF 計算の使用箇所を押さえることです。これらをしっかり行えば，かなり CF 計算書に強くなれるでしょう。

- **前受金**

  ……売上の中で前金をもらっていること＝**CF プラス**（営業収入項目のみ）

- **前払金**

  ……仕入の中で前金を払っていること＝**CF マイナス**（商品仕入項目のみ）

- **前受収益**

  ……売上以外の収益（例：受取利息）で，既にもらっているもの

  　＝**CF プラス**（利息項目）

- **未収収益**

  ……売上以外の収益（例：受取利息）で，まだもらっていないもの

  　＝**CF マイナス**（利息項目）

  　※売上の未収は売掛金です。

- **前払費用**

  ……仕入以外の支払（例：販管費）で，先払いしたもの

  　＝**CF マイナス**（その他営業支出 or 利息支払項目）

  　※人件費の前払費用はありません。

- **未払費用**

  ……仕入以外の支払（例：販管費）で，まだ払っていないもの

  　＝**CF プラス**（人件費 or その他営業支出 or 利息支払項目）

  　※仕入の未払は買掛金です。

・未払金

　……仕入以外の支払（例：販管費）で，まだ払っていないもの

　　　＝ **CF プラス**（人件費 or その他営業支出）

　　　※未払費用との違いは，「役務を受け終わっている場合＝未払金」，「まだ終わっ
　　　ていない場合＝未払費用」となります。

（2）直接法・営業 CF

① 賞与引当金の増減額，退職給付引当金の増減額を人件費に組み入れることを忘れな
い

② その他営業支出には，非資金項目である貸倒引当金や減価償却費などは考慮しない

③ 法人税は未払法人税などの有無および増減額をチェックし，必ず計算に入れる

④ 損害賠償損失の有無をチェックし，必ず計算に入れる

（3）間接法・営業 CF

① 「減価償却費」「貸倒引当金の増減額」「退職給付引当金の増減額」の 3 大非資金項目
を先に加算することを忘れない

② B/S，P/L 以外にある役員賞与金を CF マイナスすることを忘れない

③ 一度営業利益ベースに修正し，債権債務，経過勘定などを修正して小計を出した後
は，直接法と同じように営業外損益と特別損益，法人税を加減して CF を算出する流
れをしっかり押さえる

（4）投資活動 CF

① 主な投資活動 CF 項目（有価証券，有形固定資産，投資有価証券，貸付金）を覚え
ておく

② 有形固定資産は，B/S 上の未払金や P/L 上の減価償却費，売却損益に注意し，混乱
しないよう以下のような貸借ボックスを使って数字を確実に押さえる→有形固定資産
は問題にされやすい

有形固定資産					
期首簿価（B/S）	当期売却（＋CF）			未収金（B/S）	
当期購入（－CF）	当期減価償却費（P/L）		売却額	売却簿価	
未払金（B/S）	期末簿価（B/S）			売却損益（P/L）	

（5）財務活動 CF

① 「長短借入金」「社債」「配当金」の 3 大項目の収入と返済を押さえる

② 社債額から社債発行費，社債発行差金があれば引いておくことに注意する

【事例Ⅳ】の知識

③　配当金は，前期分にかかる当期支払額を入れ，当期分は無視することに重々注意する

（6）各 CF の意味

　簡単に営業 CF，投資 CF，財務 CF の 3 つの意味をおさらいしておきます。CF 分析に基づく記述の際，以下のようなポイントを押さえて書ければ十分です。

①　**営業 CF……本来はプラスであるのが当然**
　　・営業 CF＋：本業の活動成績がよい
　　・営業 CF－：本業の活動成績が悪い

②　**投資 CF……基本的にマイナスでよい**
　　・投資 CF＋：投資活動が抑えられている，積極果敢な経営を行っていない
　　・投資 CF－：投資活動が積極的である，積極果敢な経営を行っている

③　**FCF（フリーキャッシュフロー）……プラスであるべき**
　　営業 CF と投資 CF の合算
　　・FCF＋：経営状態はよい
　　・FCF－：経営状態は悪い

④　**財務 CF……FCF を最終的に合算でプラスになるよう調整する役割で，プラス，マイナスどちらもあり得る**
　　・財務 CF＋：借金が増えている
　　・財務 CF－：借金が減っている

（7）CF 分析

　以下の指標を押さえておけば万全です。

①　**（営業）CF 比率**

〈計算式〉**FCF÷有利子負債残高**

　現在の借金総額に対し，自由に使える FCF がどれだけあるかを示す指標で，安全性をみる指標の 1 つです。FCF ではなく営業 CF が使われる場合もあります。

②　**営業 CF マージン**

〈計算式〉**営業 CF÷売上高**

　売上高のうち，どれだけキャッシュで獲得できているかを示す指標で，収益性をみる指標の 1 つです。

③　**自由資金比率**

〈計算式〉**FCF÷自己資本増加額**

　自己資本は増資や利益留保などによって増えますが，その増えたうち，どれだけがキャッシュとして残るのかを示しており，効率性を示す指標といえます。特に投資家にとって，自分が投資した額に対して企業がどれだけ実際にキャッシュを獲得しているかを把握する

指標となり，IRなどでも注目される指標として重要です。

（8）その他

　フリーキャッシュフロー（FCF）には，①会計（アカウンティング）で使うフリーキャッシュフローと，②ファイナンスで使うフリーキャッシュフローの2通りがあります。

①　会計（アカウンティング）で使うフリーキャッシュフロー（FCF）

　キャッシュフロー計算書をもとに，「営業活動によるキャッシュフロー」と「投資活動によるキャッシュフロー」の合計をフリーキャッシュフロー（FCF）と呼びます。

　　FCF＝営業活動によるキャッシュフロー＋投資活動によるキャッシュフロー

キャッシュフロー計算書

項目	＋or－	意味
Ⅰ　営業活動によるキャッシュフロー		
税引前当期純利益	＋	P/Lの数値
減価償却費	＋	非資金費用の調整
貸倒引当金の増加額	＋	
受取利息及び受取配当金	－	営業利益への修正
支払利息	＋	
有形固定資産売却益	－	
売上債権の増加額	－	運転資金差額の調整
棚卸資産の減少額	＋	
仕入債務の減少額	－	
小計		
利息及び配当金の受取額	＋	その他の調整
利息の支払額	－	
法人税等の支払額	－	税金の支払い
営業活動によるキャッシュフロー		
Ⅱ　投資活動によるキャッシュフロー		
有価証券の取得による支出	－	有価証券による調整
有価証券の売却による収入	＋	
有形固定資産の取得による支出	－	有形固定資産による調整
有形固定資産の売却による収入	＋	
投資活動によるキャッシュフロー		

②　ファイナンスで使うフリーキャッシュフロー（FCF）

　本業の稼ぎから得られるキャッシュフロー（営業利益）に税金，設備投資，運転資金の増減を加減した現金収支のことです。

　　FCF＝営業利益×（1－税率）＋減価償却費－運転資金増加額－投資額

3. 投資（プロジェクト）の評価とリスクの計算

■押さえるポイント

① 用語

複利現価係数	毎年の各割引率の係数 $1 \div (1 + 割引率)^x$
年金現価係数	一定期間をまとめた割引率の係数 $\{1 \div (1 + 割引率)^1\} + \{1 \div (1 + 割引率)^2\} + \{1 \div (1 + 割引率)^3\} + \{1 \div (1 + 割引率)^4\} + \cdots$
資本コスト	企業活動の源泉である投資金を借りる負担利子率が資本コストで，この負担利子率は投資をするうえで必ず上回る必要があり，必要最低限の率です。そこで，将来発生する利益を現在価値に計算するときの割引率として資本コストを使います。
DCF	Discount Cash Flow 将来発生する CF を，現在という時間軸での価値に修正して把握し投資を判断するものです。

② 永続価値と成長永続価値

投資や会社経営において，「長期的・永続的に一定のキャッシュフローを生む事業などの現在価値」を永続価値といいます。投資や会社経営が永続的に継続する（＝ゴーイングコンサーン）という前提のもと，投資（プロジェクト）や企業価値の現在価値を算出する際に使用します。

また，「投資（プロジェクト）や企業が一定の成長率で成長することを想定した場合のキャッシュフローを生む事業などの現在価値」を成長永続価値といいます。

それぞれの算出式は以下のとおりです。

PV（Present Value）は現在価値（永続価値），CF は一定のキャッシュフロー，r は割引率，g は成長率です。

【永続価値の算出式】

$PV = CF \div r$

【成長永続価値の算出式】

$PV = CF \div (r - g)$

1）投資（プロジェクト）の評価

■概要

> 　投資に対する評価を行う設問も最頻出テーマです。本テーマに関してはそれだけで専門書が何冊も市販されているくらい深い内容ですが，2次試験では，そのコアとなる式や考え方だけ押さえれば十分です。
>
> 　投資の評価を行う際には，①各投資を行った際に増加する各事業年度のキャッシュフローの算定を行い，②増加する各事業年度のキャッシュフローを投資評価方法（NPV，IRR，回収期間法など）を用いて評価するという手順が一般的です。したがって，ここでは（1）キャッシュフローの算定，（2）投資評価方法と確認したうえで，（3）で具体的な取替投資の例を用いて実際の投資の評価の流れを確認していただければよいと思います。

（1）キャッシュフローの算定

　投資によるキャッシュフローの算定は，後述する（3）具体例を用いた投資評価（取替投資）で詳細に述べていますのでそちらを参考にしてください。

（2）投資評価方法

　複数の投資案件がある場合，どれを選べばよいかを判断する方法は多くあります。2次試験対策上は，このすべての内容と計算式を押さえる必要はなく，基本的な方法さえ押さえれば十分です。

　ちなみに投資といっても，一般の不動産投資や株式投資に限らず，どの新製品を開発投資するか，どのような人材を獲得していくかなど，企業のお金を使う行為すべてを投資ということもできます。それだけに本評価方法の活用度は企業にとって高いといえ，2次試験でも頻出となります。

　評価方法は主に2つに分かれます。現在価値に割引く方法と割引かない方法です。現在価値に割引く方法は，既出のDCFのNPVとIRRが主なものです。現在価値に割引かない方法として，回収期間法と会計的投資利益率法を押さえましょう。

①　正味現在価値法（NPV：Net Present Value）

　正味現在価値法はDCFの計算方法の1つです。現在価値のCF総額から投資額を引いてプラスであれば投資する，マイナスであれば投資しないことを判断します。一般的にDCFは，このNPV法を採用するのが基本です。

②　収益性指数法（PI：Profitability Index）

　キャッシュフローの現在価値を初期投資額で割ることで収益性指数を算出します。この収益性指数が1を上回っていればプロジェクトは採用し，下回っていれば不採用とします。

計算式

　　PI＝キャッシュフローの現在価値÷初期投資額

③　内部利益率法（IRR：Internal Rate of Return）

　内部利益率法もDCFの計算方法の1つです。投資の正味現在価値がゼロになる割引率を求め，それが資本コストを上回っていれば投資する，下回っていれば投資しないと判断します。たとえば，複数の投資案のNPVが同じであった場合，IRR法を使って投資効率のよい投資案を選ぶことができます。

④　回収期間法

　投資額を，その後生み出されるCFによってどれくらいの期間で回収されるかを算出し，その期間が最も短い場合，あるいは自社が満足できる期間である場合にその投資を行うものです。

　平成27年度の第3問（設問3）では，プロジェクトの流動性を検討する際に適切なプロジェクトの評価指標として回収期間法を選択して計算させる問題が出題されました。また，平成29年度では投資案を検討する際の安全性の観点の指標として出題されました。

計算式

・一定CFの場合：**投資額÷各CF**

・不定CFの場合：**投資が回収されるまでの累積を計算**

投資額	CF収入				
	1年目	2年目	3年目	4年目	5年目
¥1,000	¥170	¥240	¥290	¥200	¥200
累積	¥170	¥410	¥700	¥900	¥1,100

式：4＋（100÷200）＝4.5　→　4年半で回収される

〈欠点〉

　・現在価値に割引かないため不正確である。

　・投資により獲得できるCFの額を考慮しない。

　・回収された後のCF額を無視している。

　※割引回収期間法…上記欠点のうち，現在価値に割引かない点を補う方法として，各CFを現在価値に割引いて回収期間を計算する割引回収期間法があります。

⑤　会計的投資利益率法

　総投資額の平均額に対してP/L上の年間平均利益額がどれだけあるか？　を比較して投資の可否を判断するものです。

計算式

$$会計的投資利益率＝\frac{P/L上の年間平均利益額}{平均投資額}×100（\%）$$

平均投資額とは，5年間で1千万円の投資なら（1,000＋0）÷2で500万円となります。投

資期間中の投資残高の平均をとるので，投資額が単純に 1 千万円しかなくても 500 万円で計算することに注意してください。年平均 200 万円ではありません。

〈欠点〉

・P/L 上の利益はキャッシュではないので実態を反映しない。

・現在価値に割引かないため不正確である。

・投資費用の回収期間を反映できない。

⑥　EVA（Economic Value Added）：経済的付加価値

上記の各方法とは異なり，投資の事後評価を行う際に使われる指標です。

企業が生み出した利益（税引後営業利益）から総資本コストを差し引いて，その絶対利益額をもって投資案件が実際にどれだけ利益を獲得したかをみる指標です。プラスであれば株主の期待以上に業績をあげており，反対にマイナスであれば期待を裏切っていると判断されます。

計算式

EVA＝利益（税引後営業利益）－総資本コスト額（投下資本×加重平均資本コスト）

（3）具体例を用いた投資評価（取替投資）

取替投資とは，長期的意思決定を考えるうえでの総合問題のひとつです。わかりやすくいうと，投資をするかどうかの損得を判断するための計算です。節税効果，時間価値を考慮した割引，を踏まえてキャッシュベースで損得を計算します。

ここでは NPV（Net Present Value：正味現在価値→時間価値を考慮した投資額と回収額との差）という指標で投資の意思決定を判断します。その際には，現金が入ってくる，出ていくということをイメージしながら時系列表に落とし込むと理解もしやすくなると思います。

【例題】

旧設備	新設備	新設備導入に伴う1年間の効果
取得時期：2012 年 4 月 1 日	取得時期：2015 年 4 月 1 日	現金収入：5,000 万円
取得金額：5,000 万円	取得金額：8,000 万円	現金支出：3,300 万円
耐用年数：5 年	耐用年数：5 年	資本コスト：8 ％
減価償却：定額法	減価償却：定額法	
残存価格：10 ％	残存価格：なし	
売却価格：1,000 万円	売却価格：100 万円	
売却時期：2015 年 4 月 1 日	売却時期：2020 年 3 月 31 日	
法人税率：40 ％		

2014 年度以降は十分な利益が確保できるものとし，計算過程で端数が生じた場合，万円未満を四捨五入すること。

※会社の会計期間は 4/1〜翌 3/31 である。

（設問 1）　旧設備の売却に際しての節税効果額はいくらか？（単位：万円）

（設問 2）　新設備の投資に対する 2015 年度期首（2015 年 4 月 1 日）においての税引後 CF の正味現在価値はいくらになるか？（単位：万円）

【事例Ⅳ】の知識

「2014年度以降は十分な利益が〜」という記述については，利益が出るので税金を計算しなさいよ，という説明と考えればよいです。

【事前準備】

・いつの時点でのNPVを聞かれているのか？　を認識する。→2015年度期首

・単位を確認する。（問題文中の表示は百万円で，解答で求められているのは億円という場合もある。）→万円単位

【解法手順】

大きく分けると，以下の手順になります。

1．旧設備を売却した場合のキャッシュイン算定……現時点残存価格，売却損益，税効果，の算定

2．新規設備投資に対するキャッシュイン算定……投資額，減価償却費，回収額，終了時売却処理

3．現在価値への変換（割引計算にて現時点の価値に置き換える）と，投資額を加えたNPVの算定

※上記手順ではなく，期初処理，期中処理，期末処理と分けて処理する手順もありますが，いずれにしても答えは同じになるので，これから説明する解法でしっかりとマスターしましょう。

【解法】

1．旧設備の計算について

目的は，旧設備の売却によるキャッシュの流入額（キャッシュイン）を明確にすることです。

ここでの算出の手順は以下のとおりです。

① 旧設備の，取得時から売却時までの減価償却額を算出する

② 売却時点での残存価格を算出する（取得価格−償却済額）

③ 下取売却価格があれば，損益を計算する（売却価格−残存価格）

売却価格＞残存価格の場合　→　売却益が発生

売却価格＜残存価格の場合　→　売却損が発生

④ 税効果計算を行う

(a) 売却益が発生している場合…売却価格−（売却益×（t））がキャッシュインとなります。

(b) 売却損が発生している場合…売却価格＋（売却損×（t））がキャッシュインとなります。なお，ここでの売却損にはマイナスをつけずに計算してください。

※ t＝税率を意味しています。

例：税率が40％で，簿価1,000の備品を例にして確認しておきましょう。

(a) 備品を1,500で売却できた場合（売却益が生じる場合）

　　　売却益：500（1,500−1,000）

　　　キャッシュイン：$1,000+(500×(1−40％))=1,300$（※1）

　　という計算になります。　※1.　簿価＋（売却益×（1−税率））

(b) 備品を800で売却できた場合（売却損が生じる場合）

　　　売却損：200（1,000−800）

　　　キャッシュイン：$800+(200×40％)=880$（※2）

　　という計算になります。　※2.　売却額＋（売却損×税率）

（a）売却益が発生する場合には，理論的にはキャッシュインのタイミングは期首でも期末でもありうるので，問題に記載されている売却のタイミングに従えばOKです。

　ただ，（b）売却損が発生する場合の，売却損×(t)は節税効果によるキャッシュインとなります。節税効果とは，文字どおり税金を払う際，税金を節約できる金額であるため，税金の支払いが設定される期末にキャッシュイン効果が生じると考えます。

　つまり，ここでは設問で，「いつの時点でのNPVを問われているか」が重要になります。問われているのが期首であれば，売却損の場合は期末から期首へ割引く計算が必要となります。期末時点を聞かれているのであれば，割引く必要はありません（ただし，この部分は問題文の内容に従ってください）。期首日と期末日はたかが1日の違いですが，税金を考慮する際には雲泥の違いがあります。

NPVの時期	旧設備売却代金回収時期	売却益	売却損
期首のNPVを聞かれている場合	期首に売却回収	割引不要	割引必要
	期末に売却回収	割引必要	割引必要
期末のNPVを聞かれている場合	期末に売却回収	割引不要	割引不要

　これを踏まえて，例題に戻って旧設備のキャッシュインを確認してみましょう。

旧設備
取得時期：2012年4月1日
取得金額：5,000万円
耐用年数：5年
減価償却：定額法
残存価格：10％
売却価格：1,000万円
売却時期：2015年4月1日
法人税率：40％

	1年期首 (2015年 4月1日)	1年期末 (2016年 3月31日)	2年期末 (2017年 3月31日)	3年期末 (2018年 3月31日)	4年期末 (2019年 3月31日)	5年期末 (2020年 3月31日)
旧設備	1,000	520				

・売却時点では3年経過（2012年4月1日から2015年3月31日まで保有）しているので，

5,000万円（投資金額）×0.9（1−残存10％）÷5（耐用年数）＝900万円

900万円（1年間当たり減価償却費）×3年＝2,700万円（3年間の減価償却費）

・5,000万円（簿価）−2,700万円（3年間の減価償却費）＝2,300万円（売却時点の簿価）

・1,000万円（売却価格）−2,300万円（売却時点の簿価）＝△1,300万円（売却損）

・1,300万円（売却損）×40％（法人税率）＝520万円（節税効果によるキャッシュイン）

→（設問1）の解答は520万円となります。

→節税効果のため，2015年度期末（2016年3月31日）にキャッシュイン効果が発生することに留意します。

売却価格である1,000万円は，売却時の2015年度期首（2015年4月1日）に発生します。

２．新規設備の計算について

目的は，投資額と毎年の減価償却費，キャッシュイン金額を算出し，終了時に売却する損益を確定させキャッシュの流入を明確にすることです。

ここでの算出の手順は以下のとおりです。

① 新規設備の減価償却費を算出する

→減価償却費は費用でありながら現金支出を伴わないためキャッシュインに大きく影響します。結論からいうと，減価償却費×税率分が節税効果となり，キャッシュインとなります。

② 新設備の売却損益を確定させる（売却価格−残存価格）

③ 新設備投資による回収額を計算する

新設備
取得時期：2015年4月1日
取得金額：8,000万円
耐用年数：5年
減価償却：定額法
残存価格：なし
売却価格：100万円
売却時期：2020年3月31日

新設備導入に伴う1年間の効果
現金収入：5,000万円
現金支出：3,300万円

	1 年期首 （2015 年 4 月 1 日）	1 年期末 （2016 年 3 月 31 日）	2 年期末 （2017 年 3 月 31 日）	3 年期末 （2018 年 3 月 31 日）	4 年期末 （2019 年 3 月 31 日）	5 年期末 （2020 年 3 月 31 日）
旧設備	1,000	520				
新設備　投資額	−8,000					
新設備　減価償却額①		640	640	640	640	640
新設備　回収額②		1,020	1,020	1,020	1,020	1,020
新設備　営業CF①+②		1,660	1,660	1,660	1,660	1,660
新設備　売却額						60
合計	−7,000	2,180	1,660	1,660	1,660	1,720

・投資金額 8,000 万円

・毎年の減価償却費の節税効果額計算

　　8,000 万円（投資金額）×1（残存なし）÷5 年（耐用年数）

　　＝1,600 万円（1 年間当たり減価償却費）

　→1,600 万円（1 年間当たり減価償却費）×40 ％（税率）

　　＝640 万円（1 年間当たり節税効果の額）………①

・収入−費用で年度毎の営業 CF を把握する

　→5,000 万円（現金収入）−3,300 万円（現金支出）＝1,700 万円

　　1,700 万円×（1−40 ％）＝1,020 万円………②

・営業 CF＝640 万円（減価償却額・上記①）＋1,020 万円（回収額・上記②）

　　　　　＝1,660 万円

・売却損益の計算

　　100 万円−0 円（2019 年度末の残存価格）＝ ＋100 万円

　→100 万円の利益×（1−40 ％）＝60 万円

それぞれの金額を計算すると上記の表のようになります。

●参考：営業 CF の算出について

営業 CF の出し方については次の 2 つの算出方法を覚えておきましょう。

①　CF 方式

　　CF＝（現金収入−現金支出−減価償却費）×（1−税率）＋減価償却費※

②　営業利益方式

　　CF＝{税引前営業利益×（1−税率）}＋減価償却費＝税引後営業利益＋減価償却費

※減価償却費は非資金費用の 1 つです。

　減価償却費以外では貸倒引当金繰入額や貸倒れ損失等がありますが，診断士試験で問われる

　非現金資金費用として登場するものは減価償却費がほとんどです。

営業キャッシュフローには 2 つの問われ方があります。

【事例Ⅳ】の知識

順に説明していきます。

① **CF 方式**

たとえば，現金収入収益が 1,000 円，現金支出 600 円，減価償却費が 100 円，税率が 40 %。
このように現金収入，現金支出が明らかにされている場合は CF 方式で解答します。

CF＝（現金収入 1,000 − 現金支出 600 − 減価償却費 100）×（1 − 税率 0.4）
　　　＋減価償却費 100
　　＝180 + 100
　　＝280

となります。

　ちなみに，上記数式の「−減価償却費 100×（1 − 税率 0.4）＋減価償却費 100」※を**タックスシールド**といいます。

（※数式を整理すると，減価償却費 100×税率 0.4 と表すこともできます。）

　減価償却費は資金の支出はありませんが，税務上損金算入が認められています。

　減価償却費×法人税率分が徴収されないため，現金流出を減らすことができます。

② **営業利益方式**

次に，税引前営業利益が与えられている場合です。

営業利益が 300 円，減価償却費が 100 円と与えられているとします。

その場合は，次の式を使います。

　　　CF＝｛税引前営業利益×（1 − 税率）｝＋減価償却費＝税引後営業利益＋減価償却費

実際に数値を代入してみます。

　　　CF＝｛税引前営業利益 300×（1 − 税率 40 %）｝＋減価償却費 100
　　　　＝税引後営業利益 180＋減価償却費 100
　　　　＝280

①の CF 方式で使った図を使う場合は次の手順で行います。

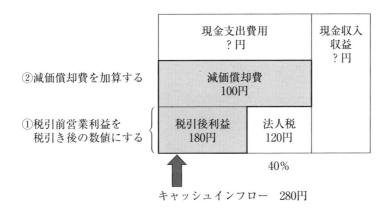

キャッシュインフロー　280円

　以上のとおり，①CF方式，②営業利益方式，どちらもCFは同じになります。

　図にある利益とキャッシュの関係，税引前と税引後の関係をしっかりと理解し，自分で
も描けるようにしましょう。

　2次試験では，計算過程である営業利益，CFを直接聞かれるパターンがあります。たと
えば，平成30年度の第2問では，CF方式でのCF算出と計算過程が問われました。

　ちなみに，与えられた現金収入，現金支出，減価償却費等の情報から損益計算書を作成
し，それをもとにCF計算書を作成することで税引後CFを算出することもできます。

3. 現在価値への変換（割引計算にて現時点の価値に置き換える）とNPVの算定

資本コスト：8％

期間が5年なので，5年分の割引率を算出する必要があります。

	1年後	2年後	3年後	4年後	5年後
割引係数	0.925925926	0.85733882	0.793832241	0.735029853	0.680583197
式	1÷1.08	1÷1.08÷1.08	1÷1.08÷1.08÷1.08	1÷1.08÷1.08÷1.08÷1.08	1÷1.08÷1.08÷1.08÷1.08÷1.08
		$=1÷(1.08)^2$	$=1÷(1.08)^3$	$=1÷(1.08)^4$	$=1÷(1.08)^5$

【事例Ⅳ】の知識

5年間，各期の利益額が一定であれば，上記係数を足した（3.9927…：年金現価係数）×利益額でも計算できます。

例：5年間の各年度の利益が500万円であった場合，500×3.9927で計算しても，個別に計算しても結果は同じになります。

		1年期首 （2015年 4月1日）	1年期末 （2016年 3月31日）	2年期末 （2017年 3月31日）	3年期末 （2018年 3月31日）	4年期末 （2019年 3月31日）	5年期末 （2020年 3月31日）
旧設備		1,000	520				
新設備	投資額	−8,000					
	減価償却額①		640	640	640	640	640
	回収額②		1,020	1,020	1,020	1,020	1,020
	営業CF①+②		1,660	1,660	1,660	1,660	1,660
	売却額						60
合計		−7,000	2,180	1,660	1,660	1,660	1,720
割引係数			0.9259	0.8573	0.7938	0.7350	0.6806
	1年期末	2,018.46					
	2年期末	1,423.12					
	3年期末	1,317.71					
	4年期末	1,220.10					
	5年期末	1,170.63					
NPV	合計	7,150.02					

（設問2）の解答

2015年度期首でのNPV（正味現在価値）　＋150万円

算出式

　　　−7,000（1年期首合計）＋2,018.46（1年期末合計割引後）

　　　＋1,423.12（2年期末合計割引後）＋1,317.71（3年期末合計割引後）

　　　＋1,220.10（4年期末合計割引後）＋1,170.63（5年期末合計割引後）

　　　＝150.02万円（問題文の指示に従って万円以下は四捨五入）　→　150万円

（注意：NPVについてはプラスとマイナスの符号をきちんと付けましょう。）

NPVがプラスなので，取替の投資案件に対する意思決定としては，投資案を採択するという結論になります。

以上が時間価値を考慮した取替投資の説明になります。

取替投資を代表とする意思決定問題は，

・運転資本が加わるケース

・投資を借入金によって賄うケース

・旧設備を使い続けた場合に比べ，新設備に取り替えた場合，どちらが得かを判断する

ケース

・FCF を企業価値から算出するケース

などの応用的な論点もありますが，まずは上記の基本的な例題（旧設備を売却し新設備を導入した場合，投資金額以上のキャッシュが見込めるのか？）を完璧にすることが大切です。しっかりと理解しましょう。

２）リスクの計算

■概要

> 　投資には必ずリスクが発生します。リスクの大小は確率とリターンの大小と関係します。リスク分析に関連したテーマでは特殊用語と黄金の分析式を押さえましょう。

（1）リスク

① 用語

本テーマには多くの専門用語がありますが，重要なのは次の４つです。

・**期待値（収益率）**

……ある投資をして期待できる収益の値もしくは収益率です。算出は，確率変数のとりうる収益値とその収益値になる確率を乗じた総和で出します。たとえば，丁半の賭けで，丁が出たら 1,000 円，半が出たら 500 円ならば，期待値は，（1,000 円×50 %）+（500 円×50 %）= 750 円となります。賭け金が 750 円以上ならば，そのような賭けは割に合わないことになります。

・**偏差**

……平均値からの差のことです。ここでは，総投資の期待値に対する個別投資収益率との差のことを意味します。偏差を二乗して加重平均すると分散になります。

・**分散**

……得られる収益値の期待値からのバラツキ度合いを示します。複数の投資案件の期待値が同じ場合，一見同じだけリスクがあると思われますが，このバラツキがあるため異なります。上記丁半の賭けが別にもう１つあり，丁が出たら 10,000 円，半が出たらマイナス 8,500 円である場合，期待値は，（10,000 円×50 %）+（-8,500 円×50 %）= 750 円となり，先ほどの例と同じ 750 円となりますが，こちらのほうが高い確率で大きく損失を被る可能性があり，バラツキが大きくなります。分散の平方根が標準偏差です。

・**標準偏差**

……得られる収益値の期待値からのバラツキ度合いを示します。分散の平方根ですので，はっきりいって分散と同じ意味です。標準偏差が使われるのは，キロやリットルなど単位があるものの分析をした際，分散だと二乗されているので数値自体

が意味をなしませんが，標準偏差として平方根にすることで数値と単位がマッチしやすくするためで，深い意味はないと思ってよいです。

重要なことは，この**標準偏差がリスクの値である**ことです。「リスク＝標準偏差」と思ってください。標準偏差は，小さい値の場合にはリスクが低いことを意味し，標準偏差＝0ならリスクも0です。

② リスク評価の黄金式

リスク評価の黄金式をしっかり覚えましょう（下表）。1つの投資案件で状況がA～Cになる可能性がある中，その標準偏差（リスク）はどれだけあるか？　ということを算出するものです。そして，複数の投資案件の標準偏差を比較して最もリスクの低い投資案件を選ぶことができます。

【モデル計算式】

モデル	確　率 （%）	収益率 （%）	期待収益率	偏　　差	偏差二乗	分　　散	標準偏差
状況A	ア	A	ア×A	A－期待収益率	偏差二乗	偏差二乗×ア	
状況B	イ	B	イ×B	B－期待収益率	偏差二乗	偏差二乗×イ	
状況C	ウ	C	ウ×C	C－期待収益率	偏差二乗	偏差二乗×ウ	
			上3つ合算			上3つ合算	分散平方根

【例】

以下の投資案1と2を比較した場合，期待収益率が同じ19％でも，投資案2が低リスクであり選ぶべき投資案となります。

投資家1	確　率	収益率	期待収益率	偏　　差	偏差二乗	分　　散	標準偏差
状況A	20 %	40 %	8 %	21 %	441	88.2	
状況B	50 %	10 %	5 %	－9 %	81	40.5	
状況C	30 %	20 %	6 %	1 %	1	0.3	
			19 %			129.0	11.4

投資家2	確　率	収益率	期待収益率	偏　　差	偏差二乗	分　　散	標準偏差
状況A	25 %	20 %	5 %	1 %	1	0.25	
状況B	40 %	15 %	6 %	－4 %	16	6.40	
状況C	35 %	23 %	8 %	4 %	16	5.60	
			19 %			12.25	3.5

※期待収益率は小数点第1位を，標準偏差は小数点第2位を四捨五入

（2）CAPM（Capital Asset Pricing Model）：資本資産価格モデル

　CAPM も 1 次試験で図式を含めた難解な解説などを学習済みだとは思いますが，2 次試験では用語と式だけをちゃんと押さえれば OK です。リスク関連のテーマで β や無リスク利子率などが出てきたら，CAPM の式に当てはめてさっさと片づけてしまいましょう。

　CAPM 自体，要は何をいっているかというと，「ハイリスクはハイリターンである」という非常にシンプルなことをいっています。

① 用語（投資対象は株式の前提の場合）

・リスクフリー利子率…リスク 0（ゼロ）の利子率（国債など）

・市場ポートフォリオ…株式市場全体の平均投資利回り

・β（ベータ）…個別株式のリスクを意味する係数

② 計算式

　個別株式の期待収益率

＝リスクフリー利子率＋β×（市場ポートフォリオ－リスクフリー利子率）

　式を単純化すると，「投資家が欲しい利益＝その株式のリスク度合い」となり，ハイリスクはハイリターンであると示しています。

4. 損益分岐点分析（セールスミックス）

■概要

> 損益分岐点とは，コストと利益がEVEN（同じ）になる売上高のことです。損益分岐点を分析して何をするかというと，目標売上高を立てることがよくいわれますが，それよりも企業をより収益の上がる体質に変えるための切り口として活用することが重要です。

（1）基本式

> **損益分岐点売上高＝固定費÷（1－変動費率）**
>
> **変動費率＝変動費÷売上高**

背景として「**利益＝売上高－（変動費：変動費率×売上高）－固定費**」という式が前提。

（2）企業体質改善

企業収益を伸ばすには，売上自体を伸ばすこと，変動費率を下げること，固定費を下げること，の3つの切り口が考えられます。

ⅰ）売上を伸ばす

最も実現が困難な方法です。売上を伸ばすには，新商品や新市場を開拓し，営業力を高めて広告宣伝費などの投下も考えられますが，それでも伸びない可能性もあります。本テーマでは売上を伸ばすことはあまり重視しませんが，それでも実際の企業体質を変えるには最も重要な切り口といえます。その意味では，売上を伸ばすことは事例Ⅱ（マーケティング）で提案しているということになるでしょう。

ⅱ）変動費率を下げる

売上を伸ばすことが困難であるがゆえに，変動費率を下げることで利益の出やすい企業体質にできることが重要な方法です。たとえば，変動費率20％，固定費100万円の会社で，現在の売上高が122万円で2.4万円の赤字であった場合，変動費率を2％下げるだけで黒字の企業になれるのです。

変動費率を下げるには，具体的には以下のようなことを検討します。

- ・材料費削減
- ・加工費削減
- ・運送費削減
- ・販促費削減
- ・通信費削減

など，いわゆる省エネを考えます。

ⅲ）**固定費を下げる**

　同じく固定費を下げることも，利益の出やすい企業体質に変革できる方法です。

　具体的には以下のようなことを検討します。売上を伸ばせず変動費率も削減できない場合，固定費を見直して少しでもその削減を図ることで，利益の出やすい会社となります。

- ・パート活用など正社員の給与削減
- ・設備使用料の見直し
- ・借り換えなど支払利息の削減
- ・使用設備の見直し
- ・遊休資産の売却

（3）セールスミックスの検討

　商品毎に P/L を作成し，コストを通常の P/L と同じように「売上原価」「販売管理費」「その他」に分けて計算すると，商品毎の営業利益率が算出され，どの商品が最も利益，利益率が大きいか判断でき，セールスミックスの見直しに活用できます。

　しかし，コストを売上原価，販売管理費，その他に分けるのではなく，すべてを「変動費」と「固定費」に分けて損益をみると，売上から変動費を差し引いた限界利益が算出でき，企業にとって真に利益を稼ぎ出している商品がどれかを新たに判別できるようになり，より効果のあるセールスミックスの見直しが可能になります。

【例】

　次のような商品 A～D について，どの商品に力を入れていくか検討する場合，重要なポイントは以下の 3 点となります。

（単位：円）

		商品 A	商品 B	商品 C	商品 D	総　計
	売上	1,000	1,500	1,900	2,500	6,900
通常の見方	諸コスト	630	1,200	1,300	2,700	5,830
固変分解の見方	変動費	620	500	1,000	1,000	3,120
	限界利益	380	1,000	900	1,500	3,780
	限界利益率	38 %	67 %	47 %	60 %	
	固定費	10	700	300	1,700	2,710
	営業利益	370	300	600	− 200	1,070
	営業利益率	37 %	20 %	32 %	− 8 %	

※小数点第 1 位を四捨五入

- ・最も重要な商品は，営業利益率が最も高い商品 A ではなく商品 B である。

　理由は，固定費の総額 2,710 円は何を売ろうがいずれにせよ確定的に発生するため，いったんここを無視して，限界利益率の最も高い商品に力を入れることで会社全体の

利益を最大化できるから。

・最も重要でない商品は，限界利益率の最も低い商品 A である。

・商品 D の営業利益は赤字であるが，限界利益は高く，その限界利益を固定費の回収に充てることができるため，撤退すべきではない。

【貢献利益】

これまで限界利益で説明をしてきましたが，**「貢献利益」** という似た意味の言葉があります。貢献利益とは，固定費をさらに「個別商品毎に配賦できる固定費」と「個別商品毎に配賦できない会社全体としての固定費」の 2 つに分け，限界利益から「個別商品毎に配賦できる固定費」を引いたものをいいます。

したがって，貢献利益が算出できる場合，限界利益ではなく貢献利益を使ってセールスミックスの見直しをするほうがより正確といえます。

（4）損益分岐点を使った分析

本項における基本的な 2 つの分析式は，分母，分子の項目を含めしっかりと把握しておきましょう。近年，損益分析点分析の問題が出題されていますが，焦りから損益分岐点比率の分母と分子を間違えて泣いた受験生もいました。

① **損益分岐点比率＝損益分岐点売上高÷実際の売上高×100（％）**

損益分岐点比率という名称から，式をつくる際に損益分岐点売上高を先に書いて，その後に÷を置いて実際の売上高を書けば間違えません。

② **安全余裕率＝100－損益分岐点比率（％）**

安全余裕率という名称から，少しでもプラスであれば OK！　マイナスならば NG！　と覚えましょう。

③ **営業レバレッジ＝限界利益÷営業利益**

売上の変動に対する利益の影響度合いを表す指標です。

言い換えれば，固定費をテコとして利益の増減度合いを示す指標であり，経営レバレッジと同義語です。この数値が大きいということは，固定費が多い＝変動費が少ないということなので，売上の増減に対して利益の増減が大きく影響することを意味します。固定費が多いということは，固定費を回収するまでがリスクになりますが，回収しきってしまえば，それ以降の売上増加は，変動費のみが原価となるため利益が大きくなるといった，損益分岐点の高い，ハイリスク・ハイリターンの利益構造であることを意味しています。

限界利益は利益＋固定費に分解できることからも，固定費の影響が大きいということがわかります。

売上の増減に対する利益の変化を計算するには，

限界利益額×(1＋売上増減率)－固定費

または，

営業利益＋(レバレッジ係数×売上増減率×営業利益)

で表せます。

④　売上高減少時の損益分岐点分析

まずは，売上高減少の原因を確認する必要があります。

売上高は以下の式に分解できます。

売上高＝価格×数量

よって，まずは売上高減少の原因が，ⅰ）価格の下落によるものか，ⅱ）数量の減少によるものなのか，をしっかりと把握します。

ⅰ）価格の下落による場合

製品1個当たりの費用（変動費）に変化がなく，売上高減少の原因が価格の下落によるもので数量の減少ではない場合，変動費は変化しませんので，売上高の減少に応じて変動費率が上昇することになります。また，限界利益率（＝1－変動費率）が低下するため損益分岐点売上高が上昇します。

ⅱ）数量の減少による場合

上記同様，製品1個当たりの費用（変動費）に変化がなく，売上高減少の原因が数量の減少によるもので価格の下落ではない場合，数量の減少とともに変動費も減少するので，変動費率は変わらず，限界利益率も同じとなるため，損益分岐点売上高は変わりません。

それでは，以下の例題で具体的に確認していきましょう（端数処理は，計算の最終結果のみ小数点第3位を四捨五入）。

【例題】

売上高　価格2,000円，数量1,000個　→2,000千円（＝2,000円×1,000個）

変動費　製品1個当たりの費用1,000円→1,000千円（＝1,000円×1,000個）

固定費　　　　　　　　　　　　　　　→　500千円

$$損益分岐点売上高 = \frac{500}{1 - \dfrac{1,000}{2,000}} = 1,000（千円）$$

$$損益分岐点比率 = \frac{1,000}{2,000} \times 100 = 50\%$$

以下，製品1個当たりの費用（変動費）および固定費は変わらないものとしたうえで

ⅰ）価格が20％下落した場合

売上高　価格1,600円，数量1,000個　→1,600千円（＝1,600円×1,000個）

変動費　製品1個当たりの費用1,000円→1,000千円（＝1,000円×1,000個）

固定費　　　　　　　　　　　　　　→　500千円

$$損益分岐点売上高 = \frac{500}{1 - \dfrac{1,000}{1,600}} = 1,333.333\cdots \text{（千円）}$$

$$損益分岐点比率 = \frac{1,333.333\cdots}{1,600} \times 100 = 83.333\cdots \quad \fallingdotseq 83.33\,\%$$

ⅱ）**数量が 20 ％減少した場合**

売上高　価格 2,000 円，数量 800 個　　→ 1,600 千円（＝ 2,000 円×800 個）

変動費　製品 1 個当たりの費用 1,000 円→　 800 千円（＝ 1,000 円×800 個）

固定費　　　　　　　　　　　　　　　→　 500 千円

$$損益分岐点売上高 = \frac{500}{1 - \dfrac{800}{1,600}} = 1,000 \text{（千円）}$$

$$損益分岐点比率 = \frac{1,000}{1,600} \times 100 = 62.5\,\%$$

このように，売上高減少の原因が価格の下落によるものか，数量の減少によるものなのかによって，損益分岐点売上高や損益分岐点比率への影響が異なります。

さて，平成 22 年度事例Ⅳの D 社では，顧客である Z 社に対し部品 Q の納入価格を 20 ％引き下げる場合（上記のⅰ）の例）と，Z 社からの発注量（数量）が 2 倍になる代わりに納入価格を現在の価格より 30 ％引き下げる場合との 2 つの案を比較するという損益分岐点分析に関する問題が出題されました。

ここでは【例題】の応用編として，その内容についても確認してみましょう。

ⅲ）**数量を 2 倍にし，価格を 30 ％引き下げた場合**

・価格　2,000 円×（1－0.3）＝ 1,400 円

・数量　1,000 個×2 ＝ 2,000 個

売上高　1,400 円×2,000 個　　　　　→ 2,800 千円

変動費　製品 1 個当たりの費用 1,000 円→ 2,000 千円（＝ 1,000 円×2,000 個）

固定費　　　　　　　　　　　　　　　→　 500 千円

$$損益分岐点売上高 = \frac{500}{1 - \dfrac{2,000}{2,800}} = 1,749.999\cdots \text{（千円）}$$

$$損益分岐点比率 = \frac{1,749.999\cdots}{2,800} \times 100 = 62.499\cdots \quad \fallingdotseq 62.50\,\%$$

納入価格を 20 ％引き下げた場合と，発注量を 2 倍にする代わりに納入価格を 30 ％引き下げた場合との損益分岐点比率を比較すると，前者が 83.33 ％に対し，後者は 62.50 ％であり，後者のほうが納入価格の引き下げの割合が大きいのにもかかわらず，損益分岐点分析では評価が良いことになります。

　この原因は，変動費率は前者が 0.63，後者が 0.71（ともに小数点第 3 位を四捨五入）と前者のほうが変動費率の数値は低くて評価は良いのですが，前者は数量（発注量）が少ないために限界利益（＝売上高－変動費）も比例して少なくなり，最終的に固定費を差し引いた利益も少なくなります。一方，後者は数量が 2 倍になることで，変動費率は高いものの数量が増加したことで限界利益が多くなることにより，固定費を差し引いた利益は前者よりも多くなるため，損益分岐点比率が下がります。

　ここで，改めて限界利益について確認したいと思います。

　　　　限界利益＝売上高－変動費

これを製品 1 個当たりの利益と数量に分解して考えたいと思います。

　製品 1 個当たりの利益は，以下の式となります。

　　　　製品 1 個当たりの利益＝製品単価－製品 1 個当たりの費用（変動費）

　したがって，製品 1 個当たりの利益と数量に分解した場合の限界利益は以下の式になります。

　　　　限界利益＝（製品単価－製品 1 個当たりの費用（変動費））×数量

　つまり，発注量を 2 倍にする代わりに納入価格を 30 ％引き下げた場合では，製品 1 個当たりの利益は少ないのですが，その分より多くの数量を販売することにより利益を確保する薄利多売の利益構造になっている，といえます。

　損益分岐点分析は条件設定の把握さえできれば，あとは各数字を公式に当てはめるだけで正解を導き出すことができます。まずは計算を正確にできるよう練習を繰り返すと同時に，各数字の変化が損益分岐点比率にどのような影響を及ぼし，その結果どういった利益構造に変化するのかまでイメージできるようにしておきましょう。

【損益分岐点分析による利益構造のパターン】

　　変動費率：高い，販売数量：多い　　　→薄利多売型

　　変動費率：低い，販売数量：少ない　　→高付加価値少量販売型

　2 次試験によくある傾向としては，事例企業は価格競争を回避し高付加価値化を志向するため，変動費を削減して高付加価値少量販売型を目指すことが多いように見受けられます。ただし，得意先との売上依存度などの外部環境に影響されることが多いため，一概にどちらの利益構造のパターンがよいとはいえません。あくまでも，事例企業の置かれた環境に合わせた利益構造のパターンを選択することが大切です。

　また，固定費が多いと売上高が減少した場合に，赤字に転落する可能性が高くなります。利益構造を見直しする際には，変動費率の改善，販売数量の増加のほかに，固定費の削減も大きな課題となることにも留意しておきましょう。

【事例Ⅳ】の知識

（5）まとめ

① 損益分岐点分析

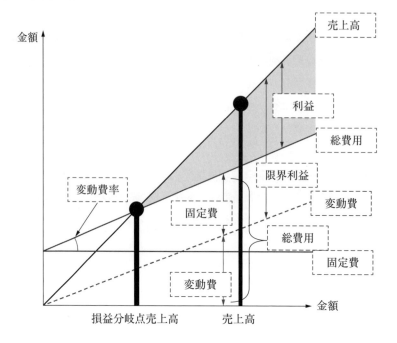

$$損益分岐点売上高 = \frac{固定費}{1-変動費率}$$

$$目標利益売上高 = \frac{固定費+利益}{1-変動費率}$$

$$損益分岐点比率（\%） = \frac{損益分岐点売上高}{売上高} \times 100$$

$$安全余裕率（\%） = \frac{売上高-損益分岐点売上高}{売上高} \times 100$$

② セールスミックス

【限界利益と貢献利益の構造】

・限界利益

限界利益とは，売上高から変動費を引いたものです。

$$限界利益＝売上高－変動費$$
$$＝固定費＋利益$$

・貢献利益

貢献利益とは，売上高から変動費と個別固定費を引いたものです。

$$貢献利益＝売上高－変動費－個別固定費$$
$$＝利益＋共通固定費$$

・個別固定費

個別固定費とは，個別商品ごとに配賦できる固定費です。

一般に，その個別商品を廃止するとこの費用は回避できます。しかし，業種・業態によっては回避できない固定費が存在するケースも考えられます。

試験上は，設問文をよく読み，個別固定費の取り扱いに関する制約条件や解答指示を読み落とさないように留意します。

・共通固定費

共通固定費とは，個別商品ごとに配賦できない固定費のことを指します。

会社全体にかかわる固定費であり，商品を廃止しても回避できません。

5. 企業価値と株価

■概要

近年，企業の M&A が日常化しています。それだけに企業価値算定と株価のテーマは今後も出題の可能性が非常に高いテーマです。主要な企業価値算定方式と株価からの分析の基本を確認しましょう。

（1）企業価値
【主要企業価値算定方式】（これを押さえておけば十分です）

①　DCF法

DCF法とは，今後企業が獲得すると予想されるキャッシュフロー総額を当該企業のリスクを反映した資本コスト（割引率）で割り引いて，企業価値とする方法です。

DCF法で計算する，ゼロ成長モデルと一定成長率モデルを説明します。

ⅰ）ゼロ成長モデル

ゼロ成長モデルは，＜企業が稼ぐキャッシュフローが毎年一定の場合＞の企業価値を算定する方法です。企業価値を算定する式は下記です。

企業価値＝キャッシュフロー÷資本コスト

$$V（企業価値）＝\frac{CF}{r}$$

CF：キャッシュフロー

r：資本コスト

また，＜毎年の配当（キャッシュフロー）が一定の場合＞の株価を表す場合には下記の式を使います。

株価＝キャッシュフロー÷資本コスト

$$PV_0（株価）＝\frac{CF}{r}$$

となり，計算の方法は同様です。

なお，「資本コスト」は企業目線での言い方で，資金を調達するためのコストを意味します。株主目線で言い換えると「期待運用収益率」となります。

株主が企業に投資することで得ることを期待する収益率という意味なので，「資本コスト＝期待運用収益率」となります。

ⅱ）一定成長率モデル

次に，＜企業が稼ぐキャッシュフローが毎年一定率で成長する場合＞の企業価値算定方法を説明します。企業価値の算定式は下記です。

企業価値＝1年後に稼ぐキャッシュフロー÷（資本コスト－成長率）

$$V（企業価値）＝\frac{CF_1}{r-g}$$

CF_1：1 年後の CF

r：資本コスト

g：成長率

また，＜<u>毎年の配当（キャッシュフロー）が一定率で成長する場合</u>＞の株価を表す場合には下記の式を使います。

株価＝1 年後にもらう配当÷（資本コスト−成長率）

$$PV_0（株価）＝\frac{CF_1}{r-g}$$

となり，計算の方法は同様です。

②　収益還元法

企業が今後獲得すると予想される利益額と同額を，自分が普通に銀行などに預けて利子として獲得するには，その銀行への預け金額はいくら必要かを算出して，その額を企業価値とするものです。

〈計算式〉

企業価値＝企業が将来獲得する予測利益額÷資本還元利子率

③　株式市価法

企業価値＝株価とする方式です。

〈計算式〉

企業価値＝発行済株式数×株式の市場価格

④　株価倍率法

PER（株価÷1 株当たり利益）をもとに，P/L の純利益額に PER を乗じた額を企業価値とします。

〈計算式〉

企業価値＝PER×P/L の純利益額

⑤　簿価ベースの純資産法

要は B/S の資本部分を企業価値とするものです。

〈計算式〉

企業価値＝B/S の総資産−B/S の総負債

⑥　時価ベースの純資産法

総資産を時価ベースに修正して純資産を算定する方式です。

〈計算式〉

企業価値＝B/S の時価総資産−B/S の簿価総負債

（2）株価分析

　投資家は株価をもとにさまざまな分析をして投資を行います。その分析手法である主な株価分析指標の呼び名と計算式は押さえておきましょう。

【株価分析指標】

計算式	株式指標	略称
$\dfrac{当期純利益(E)}{発行済株式総数(S)}$	1株当たりの利益（円）	EPS (Earnings Per Share)
$\dfrac{時価総額(P)}{当期純利益(E)}$	株価収益率（倍）	PER (Price Earnings Ratio)
$\dfrac{時価総額(P)}{純資産(B)}$	株価純資産倍率（倍）	PBR (Price Book-value Ratio)
$\dfrac{配当総額(D)}{発行済株式総数(S)}$	1株当たりの配当金（円）	DPS (Dividend Per Share)
$\dfrac{純資産(B)}{発行済株式総数(S)}$	1株当たりの純資産（円）	BPS (Book-value Per Share)
$\dfrac{配当総額(D)}{時価総額(P)}\times100$	配当利回り（％）	―
$\dfrac{配当総額(D)}{当期純利益(E)}\times100$	配当性向（％）	―
$\dfrac{当期純利益(R)}{株主資本(E)}\times100$	純資産（株主資本）利益率（％）	ROE (Return on Equity)

6.　原価計算

■概要

原価計算では製造原価の基本的内容，その種類と各用途を押さえましょう。

（1）原価構成フロー

以下の原価の流れ図の構成をしっかりと確認しましょう。

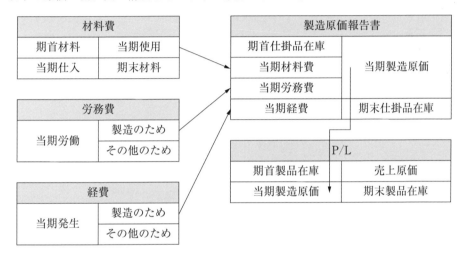

（2）原価計算の種類

【事後的に発生したコストを算出する方法】

①　個別原価計算

●用途：受注生産形態時

●概要：

　　顧客からの受注単位毎に製造原価を細かく把握する方式です。原価を大きく直接費と間接費に分け，直接費はさらに直接材料費，直接労務費，直接経費に分けて受注単位毎に計算し，間接費はまとめて一定のある基準（材料費や加工費に応じてなど）に従って受注単位毎に落とし込みます。

原価	受注品A	受注品B	受注品C
直接材料費	Aの直接材料費	Bの直接材料費	Cの直接材料費
直接労務費	Aの直接労務費	Bの直接労務費	Cの直接労務費
直接経費	Aの直接経費	Bの直接経費	Cの直接経費
総間接費	ある基準の配分	ある基準の配分	ある基準の配分
計	Aの原価	Bの原価	Cの原価

【事例Ⅳ】の知識

285

●出題ポイント：

　間接費を受注品毎に計算させて受注品毎の発生原価を算出させる流れの出題がメインです。また，受注品が完成か未完成かでそれぞれ当期製造原価と仕掛在庫となる点を踏まえて，P/L 上の売上原価まで落とし込む出題も可能性が高いです。

　覚え方は，「**個別に細かく直接費を分けるから個別原価計算**」です。

② **総合原価計算**

●用途：ロット生産 or 連続生産形態時

●概要：

　月単位で原価を把握してそれを月の生産量で割って製品毎の原価を決めます。総合原価計算では，原価を直接材料費とそれ以外の 2 つの切り口だけで把握します。後者の「それ以外」を加工費としています。客観的に把握しやすい直接材料費とそれ以外とに割り切ってしまうため，計算が容易になります。

原価	月 100 個生産の場合
直接材料費	＝直接材料費÷100
その他 （加工費）	＝加工費÷100

●出題ポイント：

　総合原価計算といえばお決まりの出題パターンがあります。それは直接材料費の完成品と仕掛品の数量情報をもとに，加工費の加工進捗度に応じた完成品と仕掛品の値を算出させ，当期製品製造原価や P/L 上の売上原価を求めさせる問題です。お決まりなので，事前に慣れておけば応用問題にも対応できるでしょう。

【例題】

　100 個の製造を始めて 80 個が完成。

　未完成品の加工進捗度は 60 ％で，材料費は @50 円，加工費は @100 円

原価		材料費（単価 50 円）	
当期投入 100 個	完成 80 個	当期投入 100 個	完成品 80 個
	未完成 20 個		仕掛品 20 個

加工費（単価 100 円）		加工率
当期投入 100 → 92 個	完成品 80 個	100 ％
	仕掛 20 → 12 個	60 ％

当期製造原価	材料費	＝50 円×80 個	4,000 円
	加工費	＝100 円×80 個	8,000 円
	総計		12,000 円

期末仕掛品	材料費	＝50 円×20 個	1,000 円
	加工費	＝100 円×12 個	1,200 円
	総計		2,200 円

　　　　覚え方は，「**直接材料費以外は総て合算して把握するので総合原価計算**」です。

【原価の分析／改善のため】

　これまでは単に在庫はいくらなのか？　を把握するためのものでしたが，ここではその原価は計画どおりだったのか，そうでなければ何が原因だったのか？　を分析する方法として標準原価計算が出てきます。

①　標準原価計算

　●用途：原価分析用

　●概要：

　　標準原価計算とはその名のとおり，標準となる原価（目標原価）をあらかじめ決めておき，これと実際原価を比較することで差異分析を行うためのものです。ポイントは，以下に紹介する原価ボックスを使って 2 軸で原価を見ることです。

　●標準原価：

　　標準原価は材料費，労務費，間接費の 3 つの切り口で，それぞれ次のように決まります。

　　　標準材料費＝標準価格×標準消費量

　　　標準労務費＝標準賃率×標準作業時間

　　　標準間接費＝一定の間接費率×標準製造時間

　●原価ボックス：

　　以下の原価ボックスで分析します。このようにボックスを使った分析は，在庫の棚卸減耗を分析する際など原価以外でも活用できます。すべて図の形態は同じですので，絶対に縦横の項目とボックスの形を間違えないでください。「縦軸がお金軸」で「横軸が時間／数量軸」です。

　　詳細な計算方法は，1 次試験の「財務・会計」テキストや市販の問題集を参考にして，何回も計算練習をしておきましょう。

【事例Ⅳ】の知識

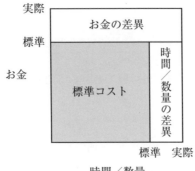

【基本モデルボックス】

〈標準材料費分析〉

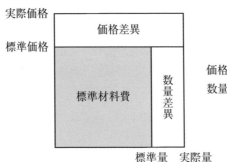

価格差異＝単価の差異×実際消費数量
数量差異＝消費量の差異×標準単価

〈標準労務費分析〉

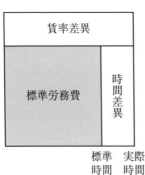

賃率差異＝賃率の差異×実際作業時間
時間差異＝時間の差異×標準賃率

〈標準間接費分析〉

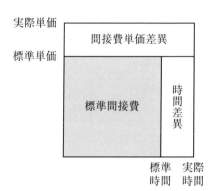

単価差異＝単価の差異×実際消費時間
時間差異＝時間の差異×標準単価

② 分析方法

　標準設定原価と実際原価に差異がある際，必ず金額の差異か，時間／数量の差異の片方か両方が発生します。差異の原因がどちらにどれだけあるかを知ることで，それぞれの対策を検討するのです。

　たとえば，仮に材料費で標準設定単価を 100 円と見積もっていたが，実際単価が 120 円となっている場合，なぜこの単価の差が発生したのかに目を向け，大量購買による引下げなどを検討します。

　標準設定原価と実際原価との間で発生した差額を原価差異といい，差異の種類と発生する要因には次のようなものがあります。

・価格差異：大量購入によるボリュームディスカウント，為替変動，供給不安
・数量差異：不良率増加，ロス率増加，手直し作業
・賃金差異：残業対応，予定外の休日生産
・時間差異：稼働率低下による作業延長，手直し作業
・予算差異：省エネ，稼働率低下
・能率差異：稼働率低下による作業延長，手直し作業
・操業差異：資材調達不備，人員調整に不足よる生産停止

【全部原価計算と直接原価計算】

① 全部原価計算

●用途：制度会計上

●概要：

　　現在の日本では制度会計上，全部原価計算を使って原価を記載しなければなりません。全部原価計算とは，簡単にいってしまえば，製造にかかった費用全部を集計し，各製品にそのすべてを反映させ，売れた分は P/L 上の売上原価に，売れなかった分は B/S 上の商品欄に反映させて記載をする方法です。

　　あまり難しく考えず，既に紹介した次ページの図の流れを行うことをいっている

だけです。また，簿記で学習済みの原価の３分法と思ってよいです。

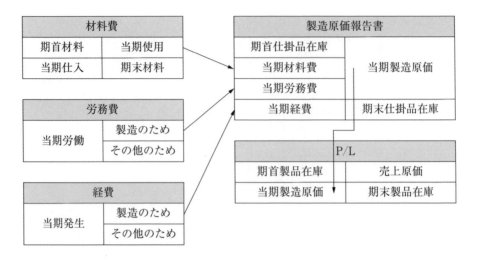

●出題のポイント：

　　全部原価計算が単体で出題される可能性は低いです。ポイントは，次に紹介する直接原価計算との違いを突く出題の可能性が大きいことです。簡単にいうと，全部原価計算は生産量と販売量の双方を（売上原価において）考慮しますが，直接原価計算は一般的に販売量のみ考慮すればよいのです。それでは全部原価計算の欠点を見てみましょう。

●全部原価計算の欠点：

　　「実態を伴わない大きな営業利益がP/L上記録される」

　　まだ売れていない製品（期末仕掛品在庫や期末製品在庫）に固定費が入っているため，期首が少なく期末に仕掛品・製品が多い場合は実際にかかっている総固定費がP/L上に反映されず，営業利益が実態より大きく出るのです。全部原価計算では，当期に発生した変動費コストも固定費コストもすべてきめ細かく製造間接費や販売管理費などの各項目に入っています。ということは，上図の期末仕掛品在庫や期末製品在庫にもそれぞれに少しずつ固定費が入り込んでいます。ここがポイントです。

　　本来固定費はその期中に発生している費用なので，すべて売上高から控除して取り扱うべきです。それが，一部の固定費が期末仕掛品や期末製品在庫に入り込み，P/L計算上売上原価（費用）として扱われないため，売上から控除されるコストにはならず，営業利益が大きく出てしまうという結果になります（次ページ図参照）。確かに，製造するためにかかったすべてのコストがいくらかはデータとして残りますが，P/L上では在庫が多ければ多いほど利益が多く出るという不思議な構図となります。ここに全部原価計算の欠点があるのです。

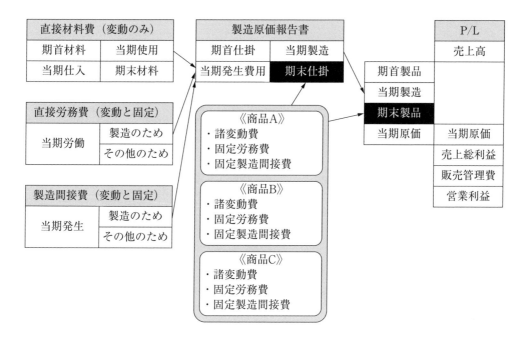

原価を知るためにいろいろと調べ上げ，すべてのコストを把握することはすばらしいですが，その表現方法（全部原価計算）が適切でないといえるでしょう。その欠点をクリアした原価計算法として直接原価計算があるのです。

② **直接原価計算**

●用途：利益計画立案や戦略的商品ミックスの見直しなど

●概要：

　　製造から販売管理費までのコストをすべて固変分解し，この変動費だけを製造原価とすることが直接原価計算です。そして，そこから固定費を一括控除することで営業利益を算出します。売上高から変動売上原価を引いた利益を変動製造マージンと呼びます。

　　また，売上高から引く変動費はすべての変動費（項目によっては製品毎に配賦できる固定費）ですので，これらをすべて引いた利益は既出の貢献利益となります。

●直接原価計算営業利益→全部原価計算営業利益：

　　直接原価計算の営業利益には，期末在庫（仕掛）に一切の固定費が入っていないため，一部の固定費がコストに算入されない全部原価計算の営業利益よりも少なくなることはこれまで述べてきました。そこで，直接原価計算営業利益を全部原価計算営業利益にするために以下の式が成り立ちます。あくまで計算上として期首／期末の棚卸資産の固定費を加減します。

全部原価計算営業利益＝直接原価計算営業利益－期首棚卸資産にあるべき固定費
＋期末棚卸資産にあるべき固定費

●直接原価計算のメリット：

・期末在庫（仕掛）に固定費が含まれず一括して控除するため，営業利益が正確に算出される

・固変分解されているため，損益分岐点分析による利益計画立案や戦略的商品ミックスの見直しなどが行える

・つくっても売れなければ利益圧迫要因となることがわかりやすくなる

●出題のポイント：

　直接原価計算と全部原価計算の違いを踏まえ，両方で原価計算書を作成できるようになりましょう。実際，本テーマの理解はそう困難ではないのですが，製造間接費の予定と実際の配賦差額や直接標準原価計算が入ると，解答作成作業では混乱したり時間が非常にかかる場合があります。問題集でしっかりと事前準備しておきましょう。

　ただし，実際の２次試験ではそこまで複雑な問題は出題されないと想定されます。仮に難解で時間がかかりそうであれば深追いせず，ある程度取り組んだらいったんスキップすべき問題かもしれません。

7.　連結会計

■概要

　小規模企業においては基本的に問題とならない論点ですが，いわゆる「中小企業」の中には，M&Aや新規事業開発の延長線上（合弁や分社化など）で子会社・関連会社を有するケースが出てきています。

　実際に平成29年度の第4問で連結会計に関する問題が出題されたほか，令和元年度にも間接的に連結会計の知識が問われる形となりました。また，1次試験においては，平成20年度（第7問）を皮切りに，平成23年度（第5問・第6問），平成24年度（第5問），平成25年度（第6問），平成26年度（第8問），平成28年度（第3問），平成30年度（第4問），令和元年度（第3問），令和2年度（第6問），令和5年度（第4問），令和5年度那覇再試験（第4問）と立て続けに出題されています。

　事業拡大のためにM&Aを利用することも多くなってきている昨今の風潮と，1次知識の基本的な理解を問う事例Ⅳの傾向を踏まえると，今後も連結会計に関する問題が出題される可能性があるものと考え，準備しておく必要があります。

（1）子会社と関連会社の判断基準

まず，子会社と関連会社について，主な判断基準を押さえましょう。

子会社の判断基準	関連会社の判断基準
ⅰ）議決権の過半数（50％超）を自己の計算において所有している場合 ⅱ）議決権の40％以上，50％以下を自己の計算において所有し，かつ，当該他の会社の意思決定機関を支配している一定の事実が認められる場合 など	ⅰ）議決権の20％以上を自己の計算において所有している場合（子会社を除く） ⅱ）議決権の15％以上，20％未満を自己の計算において所有し，かつ，当該他の会社の財務および営業の方針決定に重要な影響を与えうる一定の事実が認められる場合 など

　そのうえで，「のれん」と「非支配株主持分」についてしっかりと押さえます。連結財務諸表の作成について述べる形で，おさらいします。

（2）親会社が子会社を買収した場合のB/S作成

　以下のような流れで簡単に解くことができます。解く順番を一定にして解答を安定させると，試験での緊張に影響されることなく対応できます。解答方法の定型化ですね。

①　親会社が子会社の発行済総株式の100％を取得した場合（図A）

ⅰ）子会社B/Sの資本金を0にする

ⅱ）親会社と子会社の負債額を足す

ⅲ）ⅱ）と親会社資本金そのままを連結B/Sの貸方に記載して，連結B/Sの貸方を完

成させる

iv）親会社の子会社株式を0にする

v）親会社と子会社の資産を足す

vi）v）を連結 B/S の借方に記載する

vii）iii）の貸方合計額から vi）を差し引いて，残った数字を「のれん」として連結 B/S の借方に記載する（※子会社株式から子会社の資本金を差し引いた金額と一致する）

viii）完成

【図 A】

親会社 B/S	
借方	貸方
資産（A）	負債（B）
子会社株式	資本金（C）

子会社 B/S	
借方	貸方
資産（D）	負債（E）
	資本金（F）

連結 B/S	
借方	貸方
A＋D	B＋E
のれん： (B+E+C)−(A+D)	C

② **親会社が子会社の発行済総株式の 100 ％未満（仮に 80 ％）を取得した場合（図 B）**

　i）子会社 B/S の資本金に（100 ％ − 80 ％ ＝ 20 ％）を乗じてその数字を「非支配株主持分」として連結 B/S の貸方に記載し，子会社の資本金を0にする

　ii）親会社と子会社の負債額を足す

　iii）ii）と親会社資本金そのままを連結 B/S の貸方に記載して，連結 B/S の貸方を完成させる

　iv）親会社の子会社株式を0にする

　v）親会社と子会社の資産を足す

　vi）v）を連結 B/S の借方に記載する

　vii）iii）の貸方合計額から　vi）を差し引いて，残った数字を「のれん」として連結 B/S の借方に記載する（※子会社株式から子会社の資本金に 80 ％を乗じた金額を差し引いたものと一致する）

　viii）完成

【図B】

親会社 B/S	
借方	貸方
資産（A）	負債（B）
子会社株式	資本金（C）

子会社 B/S	
借方	貸方
資産（D）	負債（E）
	資本金（F）

連結 B/S	
借方	貸方
A＋D	B＋E
のれん： （B+E+C+ 非支配株主持分）－（A+D）	非支配株主持分： （1－0.8）×F
	C

③　関連会社の場合

関連会社の場合，B/S は連結されません。

（3）親会社が子会社を買収した場合の P/L 作成

①　親会社が子会社の発行済総株式の 100 ％を取得した場合（図 C）

損益計算書は親会社 P/L と子会社 P/L が全部連結されます。

【図C】

	親会社 P/L	子会社 P/L		連結 P/L
売上高	1,000	600	連結	1,600
営業利益	500	300		800
法人税等	200	120		320
当期純利益	300	180		480

②　親会社が子会社の発行済総株式の 100 ％未満（仮に 80 ％）を取得した場合（図 D）

損益計算書は親会社 P/L と子会社 P/L が全部連結されます。そして，当期純利益の手前で非支配株主（今回の場合20 ％）に帰属する損益が「非支配株主損益」として控除されます。

【図D】

	親会社 P/L	子会社 P/L		連結 P/L
売上高	1,000	600		1,600
営業利益	500	300	連結	800
法人税等	200	120		320
非支配株主損益				△ 36
当期純利益	300	180		444

③　関連会社の場合

関連会社の場合，P/L は連結されません。

（4）「のれん」について

　「のれん」とは，企業の買収や合併時に発生するもので，被買収企業の時価評価の純資産額と買収額の差額であり，被買収企業の将来的な収益力やブランド力を表したものとされています。被買収企業の価値（収益力やブランド力を含む）が簿価である時価評価の純資産額と比較して差があるときに発生し，買収額から時価評価の純資産額を差し引いたものが正であれば「のれん」代が発生しますが，負であれば「負ののれん」代が発生します。

①　会計処理上の「のれん」と「負ののれん」の違い

　買収により「のれん」が生じた場合は，いったん無形固定資産として計上し，その後20年以内のその効果の及ぶ期間にわたって，定額法その他の合理的な方法により規則的に償却する必要があります。

　一方，「負ののれん」は，発生した年度の特別利益として一括計上します。

②　「負ののれん」が発生している企業の買収について

　「負ののれん」が発生するのは，被買収企業に問題が発生しているときであり，以下の理由等があげられます。

　ⅰ）業績が良くない，もしくは悪くなる可能性がある。

　ⅱ）簿外負債が発生する可能性がある。

　ⅲ）損害賠償請求が発生する可能性がある。

　被買収企業は純資産額より買収額が低くても売却したいと考えているほど，企業経営的には芳しくない状況です。そのような企業を買収するにあたっては，以下の内容を検討する必要があります。

　・買収後，既存事業とのシナジー効果が発揮でき全社的な利益創出につながるか検討する。

　・買収後に予期せぬ簿外債務や損害賠償請求が発生しないかどうか，被買収企業の価値やリスクを調査する。（デューデリジェンス）

8.　他の科目の関連知識

■概要

> 平成 20 年度には**経営法務**からの知識問題が出題されたことがあります。IT 関連の基礎知識だけでなく，経営法務や中小企業施策のうち財務に関連する項目については押さえておく必要があるでしょう。
>
> IT 関連の知識は既に事例Ⅰ～Ⅲでポイントを説明していますので，ここでは経営法務関連の基礎知識を簡単に説明します。
>
> また，近年事例Ⅰ～Ⅲの内容も絡んだ論述問題が各年 1，2 問程度ですが，出題されています。基本的には事例Ⅳの知識をもって解答することを心がけますが，思いつかなかったり，時間に余裕がなさそうだったりする場合は，他事例の知識で部分点を狙うのも作戦の一つです。ここで事例Ⅳと関係性があるポイントを簡単に説明します。

（1）経営法務

　経営法務では，平成 20 年度に出題された①種類株式と② MBO，③ M&A，④知的財産権について押さえておきましょう。

　①　**種類株式**（経営権の移動に直接関係しそうな種類株式のみをあげています）
- ・議決権制限株式：株主総会の決議事項の全部または一部について議決権を行使できない株式
- ・譲渡制限株式：株式を譲渡する際，取締役会または株主総会の承認を必要とする株式
- ・拒否権付株式（黄金株）：株主総会または取締役会において決議すべき事項を，拒否権付種類株主総会において拒否権により承認しないことができる株式
- ・取締役・監査役選任付株式：譲渡制限会社で，委員会設置会社でない会社において取締役・監査役を選任することができる株式

　②　**マネジメント・バイアウト**（MBO，Management Buy out，**経営陣買収**）

　会社の経営陣が株主から自社の株式を譲り受けたり，会社の事業部門のトップが当該事業部門の事業譲渡を受けたりして，オーナー経営者として独立することです。

　〈MBO のメリット〉
- ・現経営陣はそのままなので，これまでの経営方針や雇用方針が継続される。
- ・オーナー経営者による経営への責任感が一層高まる。
- ・後継者難のオーナー企業の創業者が，自分の意思を継いでくれる幹部に事業を譲渡することができる。
- ・親企業は，事業売却資金を本業の立て直し資金として充当することができる。

③　M&A

近年，M&A を行う企業は（企業規模を問わず）増えています。企業価値向上や競争力強化の迅速な手段として取り組み，経営環境の変化が激しい現在，重要な経営戦略の1つとなっています。また，友好的 M&A と敵対的 M&A があることにも注意が必要です。

次に M&A の代表的な手法をいくつかあげます。

〈M&A の手法〉

- ・TOB（Take Over Bid）：価格や買付期間を公開し，買収先企業の株式を，株式市場を通さずに株主から直接買い取る手法
- ・LBO（Leveraged Buy Out）：買収先企業の資産を担保にして資金を借り入れ買収する方法
- ・MBO（Management Buy Out）：現経営陣が株主から自社株を譲り受けたり，子会社のトップが事業譲渡を受けたりして，経営権を取得すること
- ・MBI（Management Buy In）：買収先企業の外部組織が買収するケースであり，企業再建の際よく用いられる手法。外部組織は，企業再建の経験者や同種業界の経営者などで構成される

④　知的財産権

平成 23 年度の2次試験（事例Ⅰ）に出題されているので，法務関連として知的財産権について簡単に説明します。

発明した新技術の独占権として特許権を取得する企業は少なくありません。ただ中小企業は，開発した技術やノウハウを，特許権取得の保護より，実用新案権の取得や企業秘密とする傾向にあります。また最近では商標権を取得し自社のブランド戦略に活用するケースも出てきています。

現状，知的財産権の取得には費用を要することや国内で取得しても国外では取得できず海外進出には効果が乏しいこと，維持費がかかることなどから，全体的には積極的な取得にはまだまだ至っていないようです。中小企業の多くは，営業秘密や企業秘密として活用し，自社の強みにしているものと思われますが，近年，大手企業でも企業秘密とするところは少なくはないようです。

以下に，知的財産権保有の主なメリット，デメリットを示します。

〈メリット〉

- ・法的な保護が得られ，ライセンス収入につながる。
- ・自社の強みとして訴求し，販売促進やプロモーションに活かせる。

〈デメリット〉

- ・出願や申請，管理にコストがかかる。
- ・技術流出や新興国企業の模倣にあい，競争劣位に陥ることがある。
  （企業秘密にしたほうが交渉や提携を優位に進められる。）

⑤　募集と私募

平成25年度の2次試験（事例Ⅳ）に「少人数私募債」の用語が出現したことから，法務関連として簡単に説明します。なお，2次試験対策としては，名称を知っておく程度で十分でしょう。

新たに有価証券を発行する際，その取得申込みの勧誘を行う方法として，**私募**と**募集**があります。私募は，取得勧誘の対象者がプロまたは少人数に限定されるものです。募集は私募に該当しないものです。

私募には，**プロ私募**と**少人数私募**があります。プロ私募は，適格機関投資家（有価証券に対する投資に関する専門的知識や経験を有する者）のみを相手とし，かつ取得者から適格機関投資家以外の者に譲渡されるおそれが少ないものです。少人数私募は，勧誘の相手方が50名未満で，適格機関投資家以外も相手方とし，取得者から多数の者に譲渡されるおそれがないものです。私募は，取得勧誘の対象者がプロであったり少数であったりすることにより，発行開示規制（有価証券届出書・有価証券報告書の提出，目論見書の交付など）が不要となります。

（2）中小企業施策

事業承継の際の相続税対策について概略を押さえておきましょう。以下の内容は名称を押さえておけば十分と思われます。

①　非上場株式等に係る納税猶予制度（事業承継税制）

中小企業の後継者が，現経営者から会社の株式を承継する際の，相続税・贈与税の軽減（相続：80％分，贈与：100％分）制度です。この制度の活用を促進するため，手続きの簡素化，適用要件の緩和，税負担の軽減等といった改正が行われてきました。平成30年度税制改正では，10年間の措置として，納税猶予対象となる非上場株式等の制限（総株式数の3分の2まで）の撤廃，納税猶予割合の引上げ（80％から100％）などが特例として措置されました。

②　相続時精算課税制度と暦年贈与

事業用資産などを一度に贈与したい場合は，相続時精算課税制度を利用できます。通常の暦年贈与では毎年110万円が控除となるのに対し，相続時精算課税制度では2,500万円が控除となります。

（3）事例Ⅰ～Ⅲから事例Ⅳの知識の架け渡し

近年，事例Ⅰ～Ⅲの知識でも解答できそうにみえる論述問題が増えてきています。事例Ⅳの視点から解答できることが望ましいですが，他の設問に時間を取られてしまったり，考えがまとまらなかったりする場合もあると思います。解答欄が空白のままでは0点になってしまうので，他事例の知識であっても解答できそうであればマス目を埋めることをお勧めします。

【他事例の知識で事例Ⅳと関係性があるポイント】

　下表に他事例でよく問われる経営体制や施策の方向性について，事例Ⅳでの捉え方をまとめましたので参考にしてください。たとえば，「年功序列型給与を維持した場合のデメリットを説明しなさい」という設問があった場合は，事例Ⅰなら若手のモチベーションダウンや優秀人材の流出が解答要素になりますが，事例Ⅳにおいて同じことが問われたら固定費増大や利益率低下を解答要素にするほうが，より事例Ⅳを意識した解答になると思われます。

　与件文や前後の設問との関係性を踏まえて解答することがベストですが，下表のような関係性を意識できれば本番でも大きな失点は避けられると考えます。

事例	経営体制や施策の方向性	事例Ⅳでの捉え方・解答要素
事例Ⅰ	年功序列型給与の維持	固定費の増大につながり，利益率が減少する可能性
	業績連動型給与（成果主義）の導入	給与を一部変動費化することができ，固定費の削減に寄与できる
	ストックオプションによる報酬の部分代用	①株価が行使価格を下回る場合がある ②既存の株式に希薄化が生じる
	非正規社員の活用	繁閑に合わせた雇用調整による固定費の削減
	退職金制度の運用	①事業譲渡するときに簿外債務として見られることも ②一部年金化やポイント制にすることで，予想外のキャッシュの支出を減らす施策の検討
	M&Aによるシナジー効果（買収側）	①シナジー効果をDCF等で評価，検討する必要性 ②場合によっては，全社的な利益につながらないリスク
	M&Aによるノンコア事業の切り離し（売却側）	赤字セグメントの切り離しによる利益率向上
	分社化	①財務支出を分けることによる事業リスクの遮断 ②単独決算による利益責任の明確化
	経営依存	①販売単価を交渉できず，限界利益が低下，それによる安全余裕率の低下リスク ②決済条件を交渉できず，債務管理不足が発生，売上債権が増大し売上債権回転率の低下リスク
	アウトソーシングの活用	＜メリット＞ ①外注活用による変動費化 ②初期投資（I）が比較的少ない（もしくは不要） ＜デメリット＞ ①営業レバレッジの低下 ②業務拡大するに伴い外注管理費が増大 （※内製化は逆の現象が発生）
事例Ⅱ	ブランド力向上	①売却時ののれん代が大きくなる ②高付加価値化→変動費率低下→安全余裕率向上
	OEM受注	自社ブランドではないので，利益率が低い→変動費率増大→安全余裕率低下
	経営依存	交渉力が弱いと利益率が低下→変動費率増加→安全余裕率低下

	地域資源の活用	ブランド力向上で高付加価値化→変動費率低下→安全余裕率向上
事例Ⅲ	購買管理	長期取引や共同購買による材料費低減→売上原価の低減
	設計管理	不良率削減等による売上原価の低減
	在庫管理	①在庫が大量にあると CF を悪化させる ②棚卸資産回転率に影響 ③死蔵在庫を棚卸資産として計上し続けると最悪の場合，粉飾決算として扱われる ④在庫管理費が増大する
	外注管理	外注管理には次のような取引コストが別途発生する。 ・適切な外注先を探し選ぶための探索コスト ・詳細な取引条件決定のための交渉コスト ・契約が守られているかを確認するための監視コスト これらが発注依頼費とは別でかかってくる。
	品質管理	品質原価には，予防原価，評価原価，内部失敗原価，外部失敗原価がある（「10.その他」の（6）品質原価計算を参照）。

【事例Ⅳ】の知識

9. デリバティブ（金融派生商品）

■概要

> 　今後も引き続き出題が予想されるデリバティブ。**先物取引／オプション／スワップ**が３大デリバティブです。ポイントを押さえておきましょう。

（1）先物取引

　要は，予約販売，予約購買の契約をすることで，価格はその契約時点で決まっているものです。将来の売買の数量と価格を事前に約束し，これにより，売り手も買い手も将来の不確実な値上がりや値下がりの影響を受けずに安心して取引が行えます。

　さらに，もし取引をキャンセルしたい場合は，売る約束をしていた者は違う相手と買う約束の先物取引を行い，買う約束をしていた者は違う相手と売る約束の先物取引を行えば事実上のキャンセルとなります。当然，その場合の差額は損益となります。

　先物取引の特徴は，少ない費用でその費用の数十倍の取引を可能にする点にあります。そのため，取引が実際に履行できず市場の多大な損失を防ぐ意味からも，先物取引を行う際には「証拠金」を納める仕組みとなっています。そして限月になって初めて損益は確定します。

① **用語**

- **売りヘッジ**……将来に売ること
- **買いヘッジ**……将来に買うこと
- **満期日 or 限月**……将来の取引の決済を行うタイミング
- **反対売買**……キャンセル売買すること
- **差額（差金）決済**……反対売買において買い値と売り値の差額だけで決済すること
- **裁定取引（アービトラージ）**……割安を買って割高を売り儲けること。先物取引の価格が理論価格より高くなった場合に安い現物を買って割高の先物を売り飛ばし，決済時には現物を引き渡すことで儲けるといった取引です。

② **対象**

以下のようなものが先物取引の対象となります。

- 商品先物（金，銀，小麦，大豆，石油など）
- 為替予約（ドル円，ユーロ円など）
- 国債，日経平均株価など

③ **今後の出題**

　平成21年度と平成26年度に為替予約について出題されています。また，令和4年度には，海外進出時の財務的なリスクマネジメントとして，為替変動とその対応策を記述させる出題もありました。今後の出題の可能性として，基本知識を問う知識問題か，先物の理

論価格を計算する問題が考えられます。

④　先物の理論価格

理論価格は，現在の現物の市場価格に同額の資金を借りた場合の支払利子率を乗じて，そこに保有コスト（小豆であれば，小豆を置いておく保管費用など）を足したものが理論価格となります。また，現物が債権などで保有している間に得られる収入（債権の受取利子など）があれば理論価格から減らします。

【例】

資本コスト5％で，収益率3％の債権の現在価格100万円で，1年後決済の理論価格は，

$$100 \times (1 + 0.05 - 0.03) = 102 \, 万円$$

となります。

仮に，その先物取引価格が103万円ならば即先物を買って売り，100万円で現物を買えば，5％−3％＝2％（2万円分）の負担をしても，1年後に103万円で売れるので，1万円儲かることが確定するといった具合です。

〈計算式〉

理論先物価格＝現物価格×（1＋支払利子率−受取利子率）

（2）オプション

オプションとは英語のOPTIONで，意味は「選択」です。あらかじめ決めた価格で買うか（売るか），買わないか（売らないか），を選択できる権利です。あらかじめ決めた価格で買う（売る）こと＝先物取引ではないことに注意します。

先物取引と違い，選択できる権利を売買する点に大きな特徴があり，よりリスクは低いといえます。ここでは詳細な解説は省き，押さえるべきポイントだけを紹介します。

①　用語

- ・コールオプション……行使価格で商品を買える権利
- ・プットオプション……行使価格で商品を売れる権利
- ・オプションプレミアム……オプション（選択）料金（権利行使権の価格）
- ・ライター……権利を販売する人
- ・ショートポジション……＝ライター
- ・バイヤー……権利を買う人
- ・ロングポジション……＝バイヤー
- ・プットコールパリティ……パリティ＝Parity「同額」の意味。プット価値とコール価値が同じになる関係式のこと。以下の2式は同じ式の変形です。

    原資産価格＋プット価格＝コール価格＋（現在価値の）権利行使時価格

    コール価格＝プット価格＋原資産価格−（現在価値の）権利行使時価格

    【例】

    コール価格＝400円

原資産価格＝1,000円

プット価格＝200円

1年後権利行使価格＝880円

資本コスト年利＝10％

$1,000 + 200 = 400 + (880 \div 1.1) = 1,200$

・ボラティリティ

　……原資産価格の変動幅のことです。変動幅が大きいものをボラティリティが大き
　　　い，その逆を小さいといいます。

・アメリカンタイプ，ヨーロピアンタイプ

　……オプションの権利行使のタイミングが，満期までいつでも可能なのがアメリカ
　　　ンタイプ，満期日のみにしか行使できないのがヨーロピアンタイプです。自由
　　　なアメリカ，お堅いヨーロッパというイメージを持つと覚えやすいです。アメ
　　　リカンタイプが投資家にとっては有利に思えますが，その分ヨーロピアンタイ
　　　プに比べプレミアムも高いので，一概にそうともいい切れません。

② 今後の出題

　オプションの出題では，上記用語や，プット／コールの売り買いのグラフを見て，どれ
がどれを表しているかわかれば十分です。

《500円で買える権利＝コールオプション》プレミアム：100円

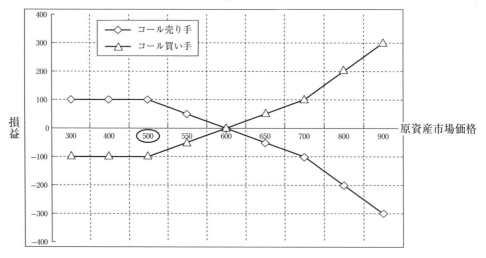

304

《500円で売れる権利＝プットオプション》 プレミアム：100円

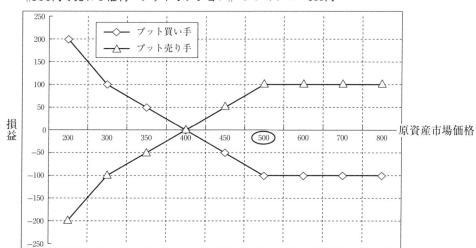

（3）スワップ

　スワップとは英語の「SWAP」で，意味は「交換」です。2人の人間がいてお互いの金利負担を交換してしまうことがスワップです。主に2人の間で変動金利と固定金利を交換してしまう取引が，スワップでは多い例です。

　たとえば，自分が長期ローンの資金融資業を行っていて，銀行から変動金利で資金を調達して長期の固定金利で客に貸し出す場合，調達の短期変動金利が上がり固定金利を上回ることは致命的な問題です。一方，ある銀行は，逆に長期ローンで資金を借りて短期ローンの貸出しを行っており，短期変動金利が固定金利を下回ることが致命的な問題です。

　そこで，お互い上記のリスクを回避するため，自分が相手の長期固定金利を払い，相手が自分の変動金利を支払うスワップ取引を行います。すると，自分は固定金利で調達，固定金利で貸出しを行うことができ，事業が安定します。相手も変動金利で調達，変動金利で貸出しを行えるため，同じく事業が安定する Win—Win の関係となります。これが代表的なスワップの内容です。

　スワップは，主に「**金利スワップ**」と「**通貨スワップ**」に分けられます。前述の例は，元本は交換しない金利だけを交換する「金利スワップ」ですが，「通貨スワップ」は元本まで交換する点に違いがあります。「通貨スワップ」は，文字どおりドルと円の2国間の異なる通貨の金利を交換することなどで，前述の例と基本概念は同じです。

①　今後の出題

　スワップで出題が予想されるのは，基本的な理解を問われる問題，スワップとDCFを合わせたスワップの価値を問われる問題が考えられます。この他，デリバティブ問題は，市販問題集の当該問題の充実度を見て購入し，数多く経験しておくべきです。

【事例Ⅳ】の知識

② スワップの価値

【例題】

　ある会社が，利率5％固定で3年償還の債権1,000円を買ったが，市場変動金利が7％に達しており，同額の7％変動金利にスワップしたい。その場合，スワップコストはいくらになるか？

5％の場合	現在	1年後	2年後	3年後
収　　益		¥50	¥50	¥1,050
利　　率		5％	5％	5％
現在価値	¥1,000	¥47.6	¥45.4	¥907.0

7％の場合	現在	1年後	2年後	3年後
収　　益		¥50	¥50	¥1,050
利　　率		7％	7％	7％
現在価値	¥947.5	¥46.7	¥43.7	¥857.1

スワップの効果	¥1,000－¥947.5＝	¥52.5

※現在価値は小数点第2位を四捨五入

（4）国債のデリバティブの種類

・**国債先物取引**……将来の特定の日にあらかじめ取り決めた価格で特定の国債を売買することを約束した取引
・**国債先物オプション**……国債先物取引を対象とするオプション取引

10.　その他

（1）資本コスト

WACC（加重平均資本コスト）

　WACC とは，簡単にいえば，借金による金利負担と株主からの株式投資へのリターン率を加重平均して，1 つの企業全体としての外部からの借り率を示すものです。

　B/S を見ればわかるように，企業の血液であるお金は，主に銀行と株主から獲得します。それに対する見返りとして，銀行には利子を支払い，株主には配当と株価上昇に伴う利益（キャピタルゲインと呼びます）を返す仕組みなのです。企業への INPUT が 100 ならば OUTPUT は 100＋α でなくてはならないということです。この「＋α」を算出する率を WACC と呼びます。（WACC については，後述の（7）の⑤も参照のこと。）

　※負債は有利子負債を指しています。買掛金などの無利子負債は含みません。

〈計算式〉

　計算式は簡単です。負債（D）に対しては銀行への利子支払い（P/L：営業外損益の支払利息）ですが，この費用は税金を減らす効果があります。税金の課税対象となる企業利益から差し引くからです。そのため，負債に対しては利子率からこの節税効果を差し引きます。

　一方，資本（E）に対しては，配当とキャピタルゲインで，これは P/L 上に載る項目ではないため，借金の利子率と異なり節税効果はありません。そのため，計算としては株主が期待する収益率をそのまま使います。株主の期待する収益率は，CAPM の式がそれにあたります。

　上記それぞれを資産総額に対する加重平均をして 1 つの外部負担率＝WACC を算出します。

$$\text{加重平均資本コスト（WACC）} = \left(\frac{D}{D+E} \times (1-t) \times D \text{の利子率} \right) + \left(\frac{E}{D+E} \times 株主期待収益率 \right)$$

（2）最適資本構成

　最適資本構成とは，最適な資金の調達バランスのことです。銀行と株主（投資家）からそれぞれいくら獲得したら（株式調達か借金か）最も得か？　を判断するのですが，結論をいえば，これは明確な決まった答えはありません。

【事例Ⅳ】の知識

資本コストの式を見れば明らかなように，銀行から借りる借金のほうが節税効果がある分コストは低いため，この点からみれば，企業価値はDCFでいえば利益÷WACCですので，借金がよいといえます。このような効果を財務レバレッジ効果といいますが，1次試験で用語は学習済みだと思いますので詳細は省略します。

しかし，だからといって借金だらけにすればよいかというと，そうではありません。P/L上の支払利息部分にあたる金利負担が上昇し，少しでも売上や利益が下がればすぐに最終利益が著しく悪化する原因となります。また，全額返済が条件なのでその返済負担が大きくなり，財務リスクが大きくなるなどの深刻なデメリットもあります。

このように，負債による資金調達にはメリットとデメリットがありますので，その内容をしっかりと理解しておきましょう。

① **負債のメリット**

・利益が黒字のときは，必要額を比較的容易に調達することができる。

・総資本利益率が負債利子率を上回っている場合，財務レバレッジ効果により，企業価値が向上する。

・利益が黒字のときは，節税効果によるキャッシュインが見込める。

・通常，株主資本よりも調達コストが小さい。

② **負債のデメリット**

・元本の返済義務があるため，支払利息に元本返済額を加えた額以上の利益を上げなければならず，返済不能による倒産の潜在的な可能性が増大する。

・負債コストの支払いは，固定費として増加する。

・自己資本比率が低下するので，長期安全性が低下する。

一般に，開業初期や成長期にある企業が積極的に業容拡大を行っているときは負債を増やしてメリットをより多く享受し，低成長期にある企業は負債を圧縮することでデメリットを少なくします。

【今後の出題】

最適資本構成で出題される場合，以下のようなものが考えられます。

・資本調達を借入と株式発行で行いWACC（加重平均資本コスト）を計算させる問題

（3）節税効果

節税効果とは，支払うべき税金を少なくできる費用の効果のことです。2次試験で注意しなければならない項目は，「減価償却費」と「支払利息」の2つです。

減価償却費は購入した固定資産を複数年にわたって償却する費用です。実際のキャッシュアウトは固定資産購入時だけで，その後のキャッシュアウトはありませんが，毎年減価償却費を費用として計上しますので，その分毎年利益が減少します。したがって，減少した利益にかかる税金分を節税できることになります。

これに対して，支払利息はキャッシュアウトを伴う費用です。しかし，負債に対して支

払う利息は税引前に発生しますので，その分税金が少なくなります。一方，株主に支払われる配当金は，税金を支払った後の税引き後利益から支払われますので，配当金額を大きくしても節税にはなりません。

　すなわち，企業の得たキャッシュフローは負債の債権者，政府（税金），株主の順に支払われるわけです。そして，税金は債権者への支払いが発生した後の利益にかかります。したがって，借入金を増やしたほうが，政府に渡る税金が少なくなる分だけ企業価値を増大させることができます。これを節税効果とかタックスシールドと呼びます。

（4）金利と債券価格の関係

　金利と債券価格との関係は，以下のように逆の動きをする逆相関の関係にあるといえます。

金利の上昇	債券価格の下落
金利の下落	債券価格の上昇

　たとえば，利回り3％の債券を考えてみます。

　金利が上昇し4％になると，3％の利息しかつかない債券の価値は下がります。なぜなら，3％の利回りの債券を保有するよりも，4％の金融商品を保有したほうが金利差の1％分得になるからです。一方，金利が下落し2％になると，債券の価値は上がります。金利は下がっているにもかかわらず，債券の利回りは3％のままであるからです。

　なお，債券は同じ信用度の債券ならば，一般的に償還期間が長いほうが利率（クーポン）が債券の発行体により高く設定されます。また，償還期間が長ければその間の金利変動による債券価格の変動リスクも高くなります。

　満期まで債券を保有していれば，満期時に額面額と利息を手にすることができますが，満期前に債券を売却する必要が生じた際には，金利上昇に伴う債券価格の低下リスクを受ける可能性が生じます。保有期間が長くなればなるほど，価格低下リスクも高まるため，利率が高くなっているのです。

（5）200％定率法

　200％定率法とは，償却率を「定額法の償却率の200％」とした定率法のことです。ここで，定額法の償却率は，「1÷（設備の耐用年数）」と設定されます。たとえば，耐用年数が5年の設備の場合は，定額法の償却率は $1 \div 5$（年）$= 0.2$ ですので，200％定率法の償却率は，$0.2 \times 200\% = 0.4$ となります。

　平成23年度12月の税制改正により，平成24年4月1日以降に取得する減価償却資産について適用する定率法の償却率が，250％定率法から200％定率法に変更されました。

（6）品質原価計算

　品質原価計算とは，製品の品質に関連して発生する費用を集計することによって，品質

管理活動が原価に及ぼす影響を測定しようとする原価分析方法の1つです。品質原価計算の対象となる原価は，次の4種類に分類されます。

【品質原価の分類】

原価の分類	内容	原価の例
予防原価	低品質の製品またはサービスを生産することを予防するために支出される費用	品質計画に関連する費用，従業員に対する品質教育や品質訓練のための費用，QCサークル運営費
評価原価	顧客に提供される製品やサービスが品質基準に適合していることを確認するために行われる検査やテストなどの費用。これには，製品を検査する費用だけでなく，検査機械の有効性をテストするための費用や品質管理システムが有効に働いているかどうかを検証する品質監査の費用も含まれる。	検査費，テスト費用
内部失敗原価	品質基準を満たさない製品やサービスが生産された結果として発生する費用のうち，製品検査等で出荷前に発見された不良品の処理にかかわる費用	不良品の修理・再加工・再検査にかかわる費用，利用できない不良品の原価および廃棄費用，失敗原因の調査費用
外部失敗原価	品質基準を満たさない製品やサービスが生産された結果として発生する費用のうち，欠陥のある製品やサービスが顧客の手に渡ったために発生する費用	不良品の回収・修理・交換の費用，不良品による損害を補償する費用，苦情処理担当者の人件費

これらの4つの原価には次の特徴があります。

・予防原価や評価原価は，品質の維持または向上のために管理者の裁量で支出される自発的原価である。

・内部失敗原価と外部失敗原価は，低品質の結果として発生する非自発的原価である。

・品質管理活動を強めることによって予防原価や評価原価は増加するが，製品の品質の向上によって内部・外部失敗原価は減少する。

・予防原価や評価原価は品質の向上とともに増加するが，内部・外部失敗原価は減少する。したがって，品質水準が低い状態では，予防原価と評価原価が小さく，内部・外部失敗原価が大きい。

・4つの原価の総和が最小になる点が，経済的に最適な品質水準である。

・品質予防活動に力を入れることによって工程内の品質が向上すれば，予防原価の増加を上回る失敗原価や評価原価の節約が可能になるといわれている。

・内部・外部失敗原価は売上高の増加に伴って比例的に上昇するのに対して，評価原価は準変動費，予防原価は固定費である。

2次試験対策としては，4つの原価の分類とその内容，および4つの原価の関係を押さえておきましょう。

（7）収益性を評価する財務指標

　令和 2 年度において，取締役の業績評価に用いている財務指標の問題点について出題されました。設問を通して問題点を把握，指摘，改善案の助言をするような問題で，問われた財務指標を知っていなくても解答できるようになっていました。今後も特定の財務指標についての特徴を問われる可能性があります。

①　ROI（投資利益率）

〈計算式〉　ROI（投資利益率）＝利益÷投下資本×100（％）

　一般的にセグメント毎の比較的ざっくりとした投資収益率の計算に使う指標です。令和 2 年度では，

(a) 投資案件の計算を通して利益額が増えても投下資本に見合っていないと ROI の値を下げてしまうことを把握させる設問

(b) 利益額の増加につながっても利益率しか評価項目に入っていない場合は，投資案件へ消極的になってしまうという問題点を指摘する設問

が出題されました。ROI だけでは割合しか把握できないので，利益額の増加指標や資本コストを考慮した指標等，他の指標を組み合わせて判断するのがよいです。

②　ROIC（投下資本利益率）

〈計算式〉ROIC（投下資本利益率）

$$＝\{営業利益×（1－実効税率）\}÷（株主資本＋有利子負債）×100（％）$$

　全資産を使ってどれだけ利益を稼いでいるかを表す指標であり，ROI の全社的な指標です。後述する WACC（資本コスト）と併せて業績評価する方法が一般的です。

③　ROA（総資産利益率）

〈計算式〉ROA（総資産利益率）＝当期純利益÷総資産×100（％）

　これも全資産を使ってどれだけ利益を稼いでいるかを表す指標ですが，分子の利益額が当期純利益になっていることに注意が必要です。ROIC は営業利益ベースでみた指標であり，経営者向けの指標になっているのに対して，ROA は最終利益ベースでみた指標になっており投資家向けの指標になっています。

④　ROE（自己資本利益率）

〈計算式〉ROE（自己資本利益率）＝当期純利益÷自己資本×100（％）

　ROE は，純資産（株主資本）を使ってどれだけの利益を生み出したかを表す指標であり，ROA と違って借金の有無は除外して計算されます。ROE の式は以下のように変形することができ，それぞれ経営分析で大事な収益性，効率性，安全性（ROE の分解では，それぞれ売上高純利益率，総資産回転率，財務レバレッジ）を表しています。ROE を増加させるためには，この 3 つの指標を増加させる必要があります。

$$ROE＝\frac{純利益}{売上高}×\frac{売上高}{総資産}×\frac{総資産}{株主資本}$$

　実際には売上高純利益率，総資産回転率は高いほうがよいですが，財務レバレッジに関

【事例Ⅳ】の知識

311

しては高すぎても倒産の危機が高まりますし，低すぎても資本効率が悪くなりますので，同業他社と比較して適度に保たれていることがよいとされています。

⑤　WACC（加重平均資本コスト）

$$\text{WACC} = \frac{D}{D+E} \times (1-T) \times r_D + \frac{E}{D+E} \times r_E$$

D：有利子負債の市場価値

E：株主資本の市場価値

T：実効税率

r_D：負債コスト（利子率）

r_E：株主資本コスト＝r_f＋β×マーケットリスクプレミアム

WACC は多面的に使用されますが，企業の資金調達コストであり，確保すべき収益率の最低基準としての指標です。使われ方としては，ⅰ）FCF（フリーキャッシュフロー）と併せた企業価値の算出，ⅱ）ROIC と併せた収益力の評価，ⅲ）IRR（内部収益率）と併せた投資案件の評価に使用されます。

令和2年度には，ROI の問題点を補う方法として間接的に WACC について問われ，平成30年度には，WACC の計算と FCF と併せた企業価値算出による吸収合併の評価が問われており，かつ白書においても事業継承や M&A が重要テーマになっていることから，今後も出題可能性が高いと考えます。

⑥　EVA（経済的付加価値）スプレッド

〈計算式〉EVA（経済的付加価値）スプレッド＝ROIC－WACC

企業の本質的な収益力が資本調達コストをどれだけ上回っているかをみる指標です。値がプラスであれば経営状態は優良であり，マイナスであれば WACC を上回る ROIC を生み出せる事業にのみ投資していく（赤字セグメントの改善もしくは撤退）ことが必要な状態であることを示します。

（8）労働生産性

「労働生産性＝付加価値額÷従業員数」の計算式を，以下の3つの分解パターンに変化させ，要素分解分析を実施します。

分解①：労働生産性＝売上高付加価値率×1人当たり売上高

労働生産性　＝　　付加価値額　　÷　　従業員数

　　　　　＝　付加価値額　×　$\dfrac{1}{\text{従業員数}}$　：従業員数を逆数にして掛け算とする

　　　　　＝　$\dfrac{\text{付加価値額}}{\text{売上高}}$　×　$\dfrac{\text{売上高}}{\text{従業員数}}$　：左を売上高で割り，右に売上高を掛ける

　　　　　＝　売上高付加価値率　×　1人当たり売上高　：指標名に置き換える

<u>分解②：労働生産性＝設備生産性×労働装備率</u>

労働生産性　＝　　付加価値額　　÷　　従業員数

　　　　　＝　　付加価値額　　×　　$\dfrac{1}{\text{従業員数}}$　　：従業員数を逆数にして掛け算と
　　　　　　　　　　　　　　　　　　　　　　　　　　　する

　　　　　＝　$\dfrac{\text{付加価値額}}{\text{有形固定資産}}$　×　$\dfrac{\text{有形固定資産}}{\text{従業員数}}$　：左を有形固定資産で割り，右に
　　　　　　　　　　　　　　　　　　　　　　　　　　　有形固定資産を掛ける

　　　　　＝　　設備生産性　　×　　労働装備率　　：指標名に置き換える

<u>分解③：労働生産性＝売上高付加価値率×有形固定資産回転率×労働装備率</u>

労働生産性　＝　　付加価値額　　÷　　従業員数

　　　　　＝　　付加価値額　　×　　$\dfrac{1}{\text{従業員数}}$　　：従業員数を逆数にして掛け算とする

　　　　　＝　$\dfrac{\text{付加価値額}}{\text{有形固定資産}}$　×　$\dfrac{\text{有形固定資産}}{\text{従業員数}}$　：左を有形固定資産で割り，右に
　　　　　　　　　　　　　　　　　　　　　　　　　　　有形固定資産を掛ける

　　　　　＝　$\dfrac{\text{付加価値額}}{\text{売上高}}$　×　$\dfrac{\text{売上高}}{\text{有形固定資産}}$　×　$\dfrac{\text{有形固定資産}}{\text{従業員数}}$　：左を更に付加価値額と，
　　　　　　　　　　　　　　　　　　　　　　　　　　　　　　$\dfrac{1}{\text{有形固定資産}}$ に分解
　　　　　　　　　　　　　　　　　　　　　　　　　　　　　　し，各々を売上高の除
　　　　　　　　　　　　　　　　　　　　　　　　　　　　　　算・積算で変形

　　　　　＝　売上高　　×　　有形固定　　×　　労働装備率　　：指標名に置き換える
　　　　　　付加価値率　　　資産回転率

IV ▶▶▶ 使える解法テクニック

■テクニック1

事例Ⅳ専用の時間配分を厳格に遵守せよ

下記のアクションの目的は，①1つの問題に時間をかけすぎて大失敗しないこと，②計画的に解く作業を通じて心理的安心感を維持すること，③複数の問題に同時にあたることで脳内の知識ネットワークの結合を容易にし，ひらめきや気づきを促進することです。

事例Ⅳは4つの事例の中で**最も時間配分を厳守すべき問題**ですので，ここを強く意識してください。極端にいえば，事例Ⅳは，受験者の財務・会計知識を問うているのではなく，受験者の計画力，課題対応力をみられているとも考えられるほどです。どんなに財務に強くても，1つの問題にこだわりすぎて失敗するような人間は中小企業診断士としてバランス感覚がないということかもしれません。

---

① 全体として冒頭10分，解答50分，見直し修正20分と決める

② 設問毎の時間配分は配点×0.5分で厳格に決める（早く解けても，まずはこれで各設問にあたる）

③ 最初にざっとボリューム確認

④ 5分以内で設問文を読み，設問で問われている分野や解答の方向性としてのイメージを膨らませる

⑤ その後，与件文を5分かけて読み，マーキングしておく

⑥ 配点と難易度をチェックして余裕時間を加味し，各設問に時間をかける優先順位を決める

　〜ここまでが**冒頭10分**〜

⑦ 問題を解いていき，すらすら解けない場合，いったん止めて他の設問に移る（最重要Action）

⑧ ひととおり最後の問題まであたったら，途中で止めておいた設問のうち，難易度をみて配点が高い設問に再度あたる

⑨ 1つの問題に時間配分×半分の時間を目安として，いったん解くのを止めるかどうか決断する（これ以上は後での挽回が困難になる）

⑩ ひととおり50分ですべての問題にあたる

　〜ここまでが**解答50分**〜

⑪ 最後の20分を使って，配点の高いポイントや未完成部分を再度見直し，修正する

⑫ すぐに解けない問題はずっと考え込まず，同時複数問題熟考型で浮気を繰り返してひらめきを促す

> ～これで 80 分終了～

■テクニック 2

電卓を効率的に活用せよ

電卓の使用方法も数多くありますが，$\boxed{\text{GT}}$，$\boxed{\text{M+}}$，$\boxed{\text{複利計算}}$ だけ押さえておくと便利です。

〈GT：Grand Total（総合算）〉

たとえば次のような 3 つの計算結果をすべて一気に足す場合，

① $50 \times 2 = 100$　　② $12 \times 4 = 48$　　③ $89 \times 11 = 979$

順に，$50 \times 2 = 12 \times 4 = 89 \times 11 = \boxed{\text{GT}}$ と押すと，1,127 と解答が出ます。

〈メモリー計算について〉

電卓の多くの機種には，メモリー計算用として $\boxed{\text{M+}}$ や $\boxed{\text{M-}}$ のキーがあります。このキーはそれまでの計算結果を一時的に覚えておく機能です（RPG の SAVE みたいなものです）。また，電卓のメーカーや機種によって違いますが，$\boxed{\text{MR}}$ や $\boxed{\text{RM}}$，$\boxed{\text{MC}}$ や $\boxed{\text{CM}}$ といったキーもあります。これらのキーを使ったメモリー計算の方法を簡単に説明します。

$\boxed{\text{M+}}$　　　… 直前の数値またはそれまでの計算結果をメモリーに足します。

$\boxed{\text{M-}}$　　　… 直前の数値またはそれまでの計算結果をメモリーから引きます。

$\boxed{\text{MR}} \cdot \boxed{\text{RM}}$ … それまでメモリーに覚えていた数値を呼び出します。

$\boxed{\text{MC}} \cdot \boxed{\text{CM}}$ … メモリーに覚えていた内容を消去します。

それでは，計算の例を確認してみましょう。

$$12 \times 4 \times 458 \times 45 \div 40 = \quad \cdots ①$$

$$49,464 \div ①$$

順に，$12 \times 4 \times 458 \times 45 \div 40 \boxed{\text{M+}} 49,464 \div \boxed{\text{MR}} =$ と押せば，2 と解答が出ます。

さらに，損益分岐点売上高の算出の計算をやってみましょう。

$$\frac{100}{1 - \dfrac{200}{1,000}} = 125$$

順に，$1 \boxed{\text{M+}} 200 \div 1,000 \boxed{\text{M-}} 100 \div \boxed{\text{MR}} =$ と押せば，125 と解答が出ます。

〈複利現価係数と年金現価係数の算出方法〉

【例】5 年間で資本コスト 5 ％の年金現価係数計算

① 1 年目の複利現価係数：順に $1 \div 1.05 =$

② 2 年目の複利現価係数：順に $1 \div 1.05 = =$　　　　（＝を 2 回押す）

③ 3 年目の複利現価係数：順に $1 \div 1.05 = = =$　　　（＝を 3 回押す）

④ 4 年目の複利現価係数：順に $1 \div 1.05 = = = =$　　（＝を 4 回押す）

⑤ 5 年目の複利現価係数：順に $1 \div 1.05 = = = = =$　（＝を 5 回押す）

1年目から順に書いては＝を押し，書いては＝を押していけば，円滑に各年複利現価係数が出ます。

⑥ 5年間の年金現価係数：順に $1÷1.05＝＝＝＝＝\boxed{GT}$ で4.329と瞬時に出ます。

■テクニック3

1つの大問の中に複数の設問がある場合，大抵は最初の設問は簡単で後の設問は難易度が高くなる。後の設問は特に深追いしすぎないことに留意する（設問が2つなら，最初の設問だけでも50％獲得できる）

■テクニック4

電卓は早く叩かなくても，そこでの時間差はそんなに出ない。ゆっくり確実に叩き，押し間違いを起こさないことを意識する

■テクニック5

最後に必ず解答の単位をもう一度確認する（よくあるのは，百万円と億円の記載ミスや小数点の記載ミス）

■テクニック6

与件文で明らかな企業の欠点や，在庫や債権，商品性などの課題や問題が記載される傾向あり。これは解答に改善策をしっかり反映させる意識で臨む

■テクニック7

論述系問題は，できる限り事例Ⅳを意識した解答にする

多面的な財務会計指標を用いた対応策の検討，リスクの評価，投資判断，費用構造の変化を確認するように助言する

■テクニック8

財務指標を用いた評価にはメリット・デメリットがあることを心得よ

大きさを判断できるが割合が評価できない財務指標，期間が判断できるが規模が評価できない財務指標等

参考文献

『組織論』（桑田耕太郎・田尾雅夫著／有斐閣）

『MBA マーケティング』（グロービス・マネジメント・インスティテュート著／ダイヤモンド社）

『MBA ファイナンス』（グロービス・マネジメント・インスティテュート著／ダイヤモンド社）

『ザ・ゴール―企業の究極の目的とは何か』（エリヤフ・ゴールドラット著，三本木亮訳／ダイヤモンド社）

『入門ベンチャーファイナンス　会社設立・公開・売却の実践知識』（水永政志著／ダイヤモンド社）

『ファミリービジネス永続の戦略　同族経営だから成功する』（デニス・ケニョン・ルヴィネ＋ジョン・L・ウォード編著／富樫直記監訳／ダイヤモンド社）

『現代の経営〈上・下〉』（ピーター・F・ドラッカー著，上田惇生翻訳／ダイヤモンド社）

『創造する経営者』（ピーター・F・ドラッカー著，上田惇生翻訳／ダイヤモンド社）

『最強組織の法則』（ピーター・M・センゲ著，守部信之翻訳／徳間書店）

『逃げる顧客を引き戻せ！サービス・リカバリーのシステムと実践』（ロン・ゼンケ＆チップ・R・ベル著，田辺希久子訳／ダイヤモンド社）

『生産情報システム』（島田達巳監修，太田雅晴著／日科技連出版社）

『中小企業白書』各年版（中小企業庁編集）

『中小企業診断士スピードテキストシリーズ』（TAC 中小企業診断士講座著／TAC 出版）

『集中特訓　財務・会計―中小企業診断士試験計算問題集』（TAC 中小企業診断士講座編集／TAC 出版）

『中小企業診断士 2 次試験　ふぞろいな合格答案』（ふぞろいな合格答案プロジェクトチーム編／同友館）

『中小企業診断士試験　2 次試験過去問題集』（同友館）

『中小企業診断士　第 2 次試験過去問題集』（TAC 中小企業診断士講座著／TAC 出版）

『ビジネス実務法務検定試験 2 級公式テキスト』（東京商工会議所編／東京商工会議所発行，中央経済社発売）

『経営をしっかり理解する』（岩崎尚人・神田良著／日本能率協会マネジメントセンター）

J-marketing.net　http://www.jmrlsi.co.jp/（JMR 生活総合研究所）

『スモールビジネス・マーケティング』（岩崎邦彦著／中央経済社）

『小が大を超えるマーケティングの法則』（岩崎邦彦著／日本経済新聞出版社）

『会計学大辞典』（安藤英義・新田忠誓・伊藤邦雄・廣本敏郎編／中央経済社）

『「まとめシート」流！　ゼロから始める 2 次対策』（野網美帆子／Kindle 版）

『両利きの経営』（チャールズ・A・オライリー＆マイケル・L・タッシュマン著／東洋経済新報社）

『世界標準の経営理論』（入山章栄著／ダイヤモンド社）

『「まとめシート」流！　実況解法』（野網美帆子／Kindle 版）

『TBC 中小企業診断士試験シリーズ　速修 2 次テキスト』（山口正浩監修／早稲田出版）

■編著者紹介

関山　春紀（せきやま　はるき）

2006年4月中小企業診断士登録。専門分野は，国際分野で，特に中国への中小企業の進出，パートナーシップ構築など。一介のサラリーマンとして会社で働く一方，飲食店，商店街などを中心に無償コンサルティング活動を行い，研究会活動，執筆活動，さらに企業経営者育成の独自研修資料制作を行う。2007年4月よりアメリカ・ニューヨークに転勤となり，中小企業診断士登録は07年5月をもって休止している。現在は，オンラインを中心に中小企業診断士試験を中心とした研究活動とアメリカ企業の研究を行っている。

川口　紀裕（かわぐち　のりひろ）

2006年中小企業診断士登録。食品商社にて人事・総務・経理の課長職として人事制度策定，人的資源管理，経営企画，財務会計等に従事。2009年川口経営コンサルティング事務所を開業。現在は，経営コンサルティング，人事制度設計コンサルティング，講演・研修講師，執筆などで活動。講演・研修テーマとしては，マネジメント研修，考課者研修，階層別研修，ハラスメント対策，メンタルヘルス対策，コンプライアンス研修など。メーカー，金融，商社，自治体，マスコミ，建設，サービス業，ITなど各業種で実績多数。

■執筆者紹介

中川　進次（なかがわ　しんじ）

2023年度中小企業診断士試験合格。大手電機メーカーに就職し，一貫して半導体の開発設計に従事。現在は商品化前の研究開発を担当している。資格取得で得た知識を活用して，受験生支援団体活動や執筆活動，地方の活性化に貢献すべく，中小企業への無償コンサルティングなど，積極的に活動の幅を広げている。

中野　葵（なかの　あおい）

2023年度中小企業診断士試験合格。医療系国家資格も保有。10数年間，医療機器メーカーや介護／医療系システムのITベンダーでマーケティングや広報などを経験した後，診断士合格を待たずに（待てずに）独立。独立後はマーケティングに関する支援を中心に新規事業立ち上げ，医療系ラボ設立などのコンサルティング業務も行っている。

岡崎　貴浩（おかざき　たかひろ）

2023年度中小企業診断士試験合格。プラントエンジニアリング会社に勤務。エンジニアとして複数の海外案件を担当後，新規事業開発部門や経営企画部門にて執務している。また，副業で中小企業向けのDX化支援，執筆活動を行っている。

吉田　和弘（よしだ　かずひろ）

2023年度中小企業診断士試験合格。印刷メーカーでの技術開発職（主に産官学連携事業），環境総合サービス業での計量管理者，品質保証部門，ISO内部監査員を経て，2023年にソピアコンサルを開業。受験生支援団体や士業のみで構成する一般社団法人に所属。科学技術と品質管理に強い経営コンサルタントとして，各所で執筆・講演・研究会など，積極的に活動の幅を広げている。

高橋　賢二（たかはし　けんじ）

2022 年度中小企業診断士試験合格。プラントエンジニアリング会社に勤務。配管エンジニア，プロジェクトエンジニアとして複数の海外案件を担当し，現在はプロジェクトマネージャーとして従事。資格取得を通じて得た知識を活用し，執筆活動や研究会での診断業務など，積極的に活動している。

戸松　隆宏（とまつ　たかひろ）

2022 年度中小企業診断士試験合格。地方公共団体勤務。産業振興部門で，中小企業向けの補助金，セミナー，新型コロナ・物価高騰経済対策等の企画立案や，中小企業・小規模企業振興基本条例制定等に従事。資格取得で得た知識を本業に活かしながら，受験生支援団体活動や執筆活動，中小企業への無償コンサルティングなど，活動の幅を広げている。

太田　拓己（おおた　たくみ）

2022 年度中小企業診断士試験合格。大手電機メーカーに就職し経験を重ねた後に，出身地の情報関連機器・精密機器メーカーに転職。一貫して経理・事業管理としてキャリアを重ねつつ，地方の活性化に貢献すべく，中小企業への無償コンサルティングや執筆活動と活動の幅を広げている。

成瀬　初之（なるせ　はつゆき）

2022 年度中小企業診断士試験合格。都市銀行に勤務し，中小企業・大企業の法人 RM として資金調達の支援，審査部としてファイナンス案件の審査業務に従事した後，現在は EB 関連の本部にて企業の DX 化を支援。資格取得で得た知識を本業に活かす一方，中小企業診断士として，受験生支援団体活動・執筆活動・研究会など，積極的に活動の幅を広げている。

2024 年 7 月 7 日　第 1 刷発行

2024 年版　中小企業診断士
2 次試験合格者の頭の中にあった全知識

Ⓒ編著者　関　山　春　紀
　　　　　川　口　紀　裕
発行者　脇　坂　康　弘

発行所　株式会社　同友館

東京都文京区本郷 2-29-1
郵便番号　113-0033
電話　03(3813)3966
FAX　03(3818)2774
https://www.doyukan.co.jp

美研プリンティング／東京美術紙工

ISBN 978-4-496-05715-1
Printed in Japan

［2024年改訂版］
中小企業診断士2次試験
事例Ⅳ（財務・会計）の
全知識&全ノウハウ

関山春紀・川口紀裕 監修
岩間隆寿・霜田亮・香川大輔 他著
B5判並製 定価（本体3,200円＋税）

『2次試験合格者の頭の中にあった全知識』と
『2次試験合格者の頭の中にあった全ノウハウ』
から派生した本書は、「2次試験を受験される
みなさまが、限られた準備期間内で、事例Ⅳの
対応力を合格レベルに高めること」を目的とし
ています。過去問（平成19年度〜令和4年度が
中心）をテーマ別に編集してあるので、出題頻
度の高い重要テーマから、優先順位をつけて効
率的に学習することができます！ 事例Ⅳを苦
手としている受験生待望の参考書です！

ISBN978-4-496-05715-1

C3034 ¥3000E

定価(本体 3,000円＋税)

同友館

2024
年版

中小企業診
2次試験合格者の頭

全知

ZEN CHISHIKI

事例別対策【事例Ⅰ】
事例別対策【事例Ⅱ】
事例別対策【事例Ⅲ】
事例別対策【事例Ⅳ】